シリーズ

社会学のアクチュアリティ：批判と創造　2

戦後日本社会学のリアリティ

Reality of Post-war Japanese Sociology

せめぎあうパラダイム

池岡義孝・西原和久［編］
Ikeoka Yoshitaka　Nishihara Kazuhisa

東信堂

シリーズ
社会学のアクチュアリティ：批判と創造
企画フェロー

武川　正吾（東京大学教授）
友枝　敏雄（大阪大学教授）
西原　和久（成城大学教授）
†藤田　弘夫（元慶應義塾大学教授）
山田　昌弘（中央大学教授）
吉原　直樹（大妻女子大学教授）
（五〇音順）

はしがき

本書は、戦後の日本社会学があゆんだ道を、日本社会の変動を念頭において論じたものである。その際とくに、戦後社会学のリアリティを描き出すために、せめぎあうパラダイムに留意したつもりである。多様な主題やアプローチから、戦後日本社会じたいのリアリティも読み取っていただければ幸いである。

今日、日本社会はグローバル化の波のただ中にあり、しかも二〇〇五年ごろから明確になったように、人口減少を伴うダウンサイジングの少子高齢社会に入っている。戦後の高度成長期に実感できたような、これまでの右肩上がりの成長を当然視した時代とは一見して様相を異にする社会の出現である。イノベーションの進展も著しい。コンピュータやインターネットの活用に伴う情報社会化の側面もすぐに思いつくことであろう。

だが、イノベーションに伴う日本社会の変化は顕著ではあっても、そこに暮らす人々の生活世界はタイムラグを伴うことも少なくない。また外国人居住者の増大によって日本社会の多文化状況が語られるなかで、日本の伝統や文化の独自性を論じる人も少なくない。そして、高齢社会ではそれまでの社会のあゆみとともに生活を営んできた年長世代の人びとの思いも決して無視できないものとなる。とりわけ若い世代においては、これまでの日本社会学と日本社会のあゆみに馴染みがない方も増えつつあるなかで、世代間理解も重要な課題となる。さらに、新たな技術革新の側面のみならず、自然科学が問題にする環境問題や災害問題ですら、社会がそれにどう対応するのかといった側面を無視して語れるものでもない。未来を展望しながらも、これまで日本の人びとはどのような社会生活を営んできたのかという問いは、決して後ろ向きの議論ではない。むしろ新たな時代への対応を迫られるからこそ、これまでの社会と社会学のあゆみを、この段階で再検討しておくことが重要な作業なのである。

もちろん、現在に至るまでの日本社会学と日本社会の全体の様相を論じることは本書のような小著では難しい。そこで本書では、家族、農村、都市、企業、階層、教育、宗教、社会意識、そして社会学理論のあゆみの九つの主題に限定して、論じるにふさわしい方々に執筆をお願いした。こうした主題は、日本社会学が大きな成果を上げてきた領域でもあり、同時に日本社会の戦後のあゆみを的確に映し出す領域でもあると判断したからである。さらに、執筆に当たっては、いきなり戦後から論じるのではなく、戦前の社会学にも言及するように各執筆者にお願いした。戦前と戦後の「断絶」とともに「連続」にも着目したかったからである。

本書に収められた諸論考は、それぞれの主題に関して、的確にこれまで日本社会学と日本社会のあゆみの基本を描き出していると編者たちは考えている。とはいえ、本書の刊行に至るまでには、思いもかけず長い時間がかかってしまった。早い段階で寄稿していただいた執筆者の方々には、お待ちいただいただけでなく、何回か追加の執筆をお願いすることになり、たいへん迷惑をおかけすることになった。また、各章の主題によって新しい事項を加筆しやすい章とそうでない章がある。そのため最近に至るまでの新しい事項が加筆されている章とそうでない章があるが、これは刊行が大幅に遅れたことによるもので、その責任は編者にある。心からお詫びしたい。また、一部の執筆依頼者の原稿がなかなか提出されずに、執筆者を差し換えるという事態も生じた。とくに、ピンチヒッターで執筆をお願いした藤田弘夫氏は、すぐに原稿を提出してくださったが、きわめて残念なことに本書の刊行をみる前に他界されてしまった。ご冥福を心からお祈りしたい。本書の予告が出てからお待ちいただいた読者の方々、ならびに東信堂の下田勝司社長および編集の向井智央氏にも、この場をお借りしてお詫び申し上げたい。編者としては、本書で示された日本社会学と日本社会の戦後のあゆみをふまえて、次の時代を切り拓いていくための跳躍台として、本書が活用されることを願っている。

編　者

目次／戦後日本社会学のリアリティ――せめぎあうパラダイム

戦後日本社会学のリアリティ——せめぎあうパラダイム

第1章　家族社会学からみる日本の社会と家族のリアリティ

――家族社会学の成立と展開

池岡　義孝

はじめに

本章の目的は、家族社会学という学問の営みが、社会や家族のリアリティとどのように対峙してきたのかを検討することにある。家族を対象とした社会学研究は、時代ごとにどのような問題意識にもとづき、家族の何を研究テーマとし、いかなる理論枠組みや方法論を用いて研究成果を紡ぎだしてきたのだろうか。家族に関する現象の何を研究テーマにするのかという問題意識の背景には、その時代の家族を取り巻く社会状況があるし、研究が依拠した理論枠組みや方法は、上位の親学問である社会学の、その時代の理論や方法論の水準に規定されたものである。個々の研究者による社会学的な家族研究の営みは、それがいかに個人的、個別的なものにみえようとも、時代や社会の大きな潮流とともにあるのであり、また社会学研究という共同的な学問的営為と不可分なものである。本章は、戦後の家族社会学研究の成立と展開を俯瞰し、現状での家族社会学研究の位置を定位し、その上で二一世紀の家族社会学研究を展望するものとしたい。

1　時代区分と方法

社会学研究は多くの領域で戦前からの蓄積があり、その点で、戦前と戦後の研究の関連をどのように位置づけるのかが、まず問題となる。とりわけ、村落研究および都市研究と並んで家・同族・親族の研究を含む家族研究は、戦前から理論社会学に対する数少ない実証的な研究領域のひとつとして、戦後に継承される重要な研究成果を数多く蓄積していた。もちろん、そうした戦前の研究成果が、無条件にそのまま戦後の研究に直結するわけではない。そこには戦後の新たな政治的・社会的状況のなかで修正や変更が加えられており、連続と断絶の両面を含む複雑な移行をたどるのだが、いずれにしても、戦前の研究に言及することなく戦後の家族研究の出発点を定位することは不可能である。本章の目的は、戦後の家族社会学研究の成立と展開を総括的に検討することにあるが、戦後の社会学的な家族研究の出発点を定位するためには、戦前の家族研究を概括的に整理することが不可欠な作業となる。

本章では、論述の基本的な枠組みとして時代区分を採用するが、前述の理由により、その最初には戦前の家族研究をおくことにする。それに続く戦後の時代区分は、これまで多くの家族社会学者によって、さまざまな試みがなされてきた（布施、一九八七など）ことを参照して、大きく三つの時代に区分する。戦前を含めた四つの時代区分とその概要は、次の通りである。

（1）戦前期（一九四五年以前）：多様な学問領域が未分化に融合して家族研究を行っていた時代

（2）確立期

①模索期（一九四五―一九五四年）：戦後の混乱と復興の時代に、戦後の家族と社会学的な家族研究のあり方を模索した時代

②確立期（一九五五―一九六〇年）：模索のなかから戦後家族社会学のパラダイムと研究者の共同体としての学会組織が誕生し、家族社会学が通常科学化した時代

（3）隆盛期

①定着期（一九六〇年代）：高度経済成長に支えられた戦後家族の安定化の中で、さらに明確な核家族パラダイムのもとで家族社会学が定着していった時代

②隆盛期（一九七〇年代）：核家族パラダイムのもとで研究成果が量産された時代。しかし、この時期の後半では核家族パラダイムの説明力に疑問も寄せられてくる

（4）転換期（一九八〇年代以降）：低経済成長のもとで変動し不安定化する現実の家族に対する核家族パラダイムの説明力の低下が明らかとなり、それに代わる新たなパラダイムを求めて模索する研究の転換の時代

以下では、この時代区分ごとに、家族の実態や変動と社会学的な家族研究のあり方の関係を検討していくことにする。具体的には、社会と家族の実態および変動を一方におき、他方に社会学的な家族研究の主題ならびに理論と方法をおいて、両者の関連性に着目して検討を加えていく。それらに加えて、学会組織の設立状況やそこに参加する研究者の世代構成等にも注目し、さらにその外延に、共同して家族研究を行う隣接する学問領域とのパートナー関係を配置し、それらを総合的に検討していくことにしたい。

2　戦前の家族研究

戦前の家族研究は、戦前の時代状況や学問水準に規定されたかたちで、学問領域間の連携のあり方や中心的なテーマ設定が戦後とは異なるものだった。社会学を中心にして、戦前の家族研究がどのような学問領域と連携して取り組まれていて、いかなる問題が家族研究の中心的なテーマだったかは、戦後いち早く小山隆（小山、一九四八）によって整理されている。小山はまず、一九二〇年の第一回国

勢調査のデータを統計的に分析するなど戦前の日本の家族の全体像を明らかにした戸田貞三の一連の研究を高く評価し、その他の社会学者による家族研究は、この戸田を先行研究とするものと位置づけている。具体的には、喜多野清一、及川宏、有賀喜左衛門の「同族の分析」、小山自身と有賀喜左衛門の「大家族の問題」、農村家族の周期的律動について独創的な見解を示した鈴木栄太郎の研究、さらには「婚姻に関する問題」、「親子関係」、「分家慣行」、「家族人口の問題」に関する代表的な研究、そして「東洋の諸民族に関する研究」として、台湾の岡田謙、朝鮮の秋葉隆と鈴木栄太郎、中国の清水盛光と牧野巽らの研究があげられている。

しかし、小山は、そうした社会学による家族研究を詳細に紹介する前に、「史学的研究」として三浦周行、中田薫、穂積陳重、穂積重遠の歴史的研究と、中山太郎、高群逸枝らの社会科学の立場からする母権・母系制の研究をあげ、また「民俗学的努力」として柳田国男、大間知篤三、橋浦泰雄、瀬川清子らの研究を紹介している。つまり、戦前の社会学による家族研究は、法制史や経済史を含む歴史学、民俗学、民族学と強いつながりをもつものだった。もちろん、家族はさまざまな側面をもつがゆえに、社会学のみならず関連する多くの学問領域によって多面的に取り組まれるものであることはいつの時代にも変わらぬ特徴である。戦後の家族社会学も、隣接する他の学問領域をパートナーとして、その協力関係のもとに家族研究を展開している。しかし、小山が提示した戦前の状況は、現在のように互いに分化しそれぞれが個別の独立した学問領域間で行われる協力関係とはやや異なるものであった。

とりわけ社会学による家族研究と民俗学、民族学による家族研究の間は、その境界が明確ではなく比較的未分化だった。その呉越同舟ともいえる研究の状況は、戦前のいくつかの出版物のなかにみることができる。社会学の側からみると、日本社会学会の戦時下の機関誌『年報社会学』（一九三三年―四三年）の各号には、「特輯」論文および「論説」に限っても、前述した小山論文に紹介されている戸田貞三、鈴木栄太郎、小山隆、喜多野清一、清水盛光、岡田謙、秋葉隆らが執筆しているが、それ以外にも大間知篤三と瀬川清子、関敬吾といった民俗学研究者も加わっている。一方、民族学の機関誌にも同様に、社会学と民族学が呉越同舟で研究活動を行っていた様子がみてとれる。とりわけ、村落を対象にしたモノグラフ研究を行っていた有賀喜左衛門や鈴木栄太郎、喜多野清一、及川宏らと、中国家族の文献研究を行っていた牧野巽、朝鮮家族の研究も手がけた秋葉隆は、日本民族学会の『民族学研究』にも論文を発表している。また、戦前に三巻だけ発行されて終わった民族学研究所編集の『民族学年報』には、人類学者の馬淵東一、石田英一郎、民俗学者の小川徹、宮本馨太郎らに加わって、喜多野清一と及川宏が論文を執筆している(1)。

また、社会学に限定した場合にも、戸田とそれ以外では、家族研究のテーマと方法が異なっていた。家族の実態と問題を小集団としての家族の構造と機能という面から明らかにすることを中心的なテーマとしていた戸田の家族研究は、戦後の家族社会学研究ときわめて類似しており、その原点となるものだった。しかし、その戸田以外は、典型的には農山村にみられる日本の伝統的な家族である家長的家族としての「家」や、その家の連合である「同族」をめぐる問題を、日本の伝統的な社会構造の典型である村落構造、さらには日本の民族的特質を明らかにすることを目的として、それとの関連で行われていたもので、狭義の家族社会学という枠には収まりきらない背景をもつ研究だった。あるいはまた、社会学者によって戦前の中国、台湾、朝鮮の家族に関して行われていた家族研究も、対象が異文化の社会であるがゆえに民族学とも融合した研究だった。戦後になると、戸田の現代家族の研究の流れと、有賀に代表される伝統的家族の研究の流れは、それぞれ家族社会学と村落社会学に分岐していくことになり、アジアの家族の研究は人類学者によって担われていくことになる（上野、一九八四）。しかし、戦後には分岐していくこれら社会学者による家族研究も、戦前段階ではその境界は明確ではなく、やはり呉越同舟といえる状況で行われていた。ここには、家族研究のスタイルからみると少数派であったが、戸田の強い求心力が働いていたとみることができる。戸田は、戦前の代表作『家族構成』（弘文堂書房、一九三七年）などで大きな影響力をもっただけでなく、東大の社会学科の主任教授として、喜多野清一や牧野巽、岡田謙らを門下生として育て、さらには一九三一年から鈴木栄太郎、滝川政次郎とともに主宰した「分家慣行調査」には早世した及川宏が加わるという指導力を発揮した。また、家族研究のテーマや方法が異なる有賀に対してもその研究の重要性を早くから評価していた。戦前段階で社会学会に勧誘して加入させたのも、戦後に新制大学の東京教育大学の社会学講座の主任教授に推薦したのも戸田であった。戦前は、戸田を中心とする人的つながりによって、社会学による多様な家族研究の連携が図られていた面があるのである。

このように、戦前の家族研究は、戦前の時代状況のもとでの社会的要請に規定されて、伝統的家族である家をめぐる問題を中心的なテーマとし、社会学のみならず関連する多様な学問領域によって、それらが未分化なかたちで融合して行われるものだった。

3 確立期

(1)模索期（一九四五―一九五四年）

戦後の家族研究は、戦前の未分化であったそれぞれの学問領域が次第に専門分化していき、新しい世代の研究者によって担われるようになる。しかし、戦後すぐにそれが実現したわけではない。戦後の大学教育を受けた戦後派の新しい世代の研究者が育って台頭してくる一九五〇年代半ば以降までは、戦前から研究を行っていた戦前派や戦中派の研究者たちが、戦後の新しい研究の方向性を探索した、いわば模索期の時代がある。

このことは、もちろん、家族社会学に限ったことではない。社会学全体にわたって、すでに富永健一（富永、一九九三）が指摘していることである。富永は、戦後すぐの段階から一九六〇年代ころまでの戦後社会学をリードし、後続する戦後世代に大きな影響を与えた戦前派の研究者たちとして、出生順に鈴木栄太郎、田辺寿利、蔵内数太、有賀喜左衛門、新明正道、喜多野清一、小山隆、清水盛光、牧野巽、岡田謙、清水幾太郎、尾高邦雄、福武直の一三名をあげている(2)。富永は、これら戦前派の研究者たちの研究活動は戦前・戦中・戦後にまたがっていること、敗戦という大きな転換があったにもかかわらず、彼らの戦前の大きな研究業績(有賀の一九四三年の『日本家族制度と小作制度』、鈴木の一九四〇年の『日本農村社会学原理』など)は、戦後においてもその意義を否定されていないだけでなく、それら戦前の研究業績を抜きにしては、彼らの戦後の研究も語れないという構造になっていることから、結果的に、日本の社会学には、戦前・戦後を通じて一貫した流れが確立されるに至ったと結論づけている。ここで、富永が列挙した戦前派の社会学者のうち、家族研究に関連のある研究者を抜き出してみると、鈴木、有賀、喜多野、小山、清水(盛)、牧野、岡田、福武と一三名中八名の多くを数え、これに戸田も加えることができる。富永も指摘するように、この戦前から戦後への一貫した研究の流れのコアを形成したのは、戦後の農村社会学、都市社会学、家族社会学につながる研究領域であったことが、その背景にある。

敗戦によって日本社会と国民生活は劇的に変化し、民主化をスローガンとした民法改正や農地改革に代表される戦後改革が進むなかで、すべての学問領域は戦前の時代とそこでの研究を反省し、戦後の新たな時代にふさわしい研究を展望することを要請された。しかし、戦後の出発点にあたってそれを担ったのは、戦前派の社会学者たちだったのである。これらの戦前派が指導的な役割を果たしている例として、田辺寿利編の『社会学体系』(一九四八年国立書院、一九五三年石泉社より復刊)があげられる。この戦後初の社会学の全集の第一巻が『家族』、第二巻が『都市と村落』であること自体にも、家族・都市・村落研究が、戦前からの研究の蓄積があった研究領域であることが示されている。この第一巻『家族』の執筆者は、まさに戦前派で占められていた。すなわち、有賀による冒頭の「解題」のあとは、戸田の「家族の構成と機能」、牧野の「家族の類型」、有賀の「日本古代家族」、小山の「日本近代家族」と続き、最後に当時の民法改正の影響力の大きさをふまえて民法学者の中川善之助が「家族制度」を執筆している。戦前派の家族研究の一方の代表格の戸田と小山が並び、そこにもう一方の代表格である有賀も加わるという構成がみてとれるのである。しかし、その内容は、戦後の家族社会学の方針をまだ明確に打ち出すものにはなっていない。戦後のその当時の現代家族について検討しているのは、中川を除けば小山だけであり、その他は戦前とさほど変わらない内容となっている。その小山にしても、基本的な立場は、日本の伝統的な直系家族と新民法が推進する方向に合致する「夫婦及び幼少の子女を中心とする、欧米風の一代家族」とが、家族に対して「鋭く相対立する見解」になっているというものである。もちろん、人口の都市集中と近代的職業としての俸給賃金生活者(いわゆるサラリーマン)の増大が資本主義社会の必然である限り、後者が次第に増大してくるだろうとは予想しているが、社会学研究の役割はそれをできるだけ客観的に観察し把握することだという認識であり、新しい「欧米風の一代家族」に大きく踏み出したものにはなっていない。

⑵確立期（一九五五―一九六〇年）

　模索期のなかで、戦後の家族社会学が進むべき方向性は、次第に明らかになってくる。この時期に、家族をめぐる問題としては二つの重要課題があったと考えることができる。ひとつは、家制度の廃止によって従来の日本の伝統的な家族はどうなるのかという課題であり、いまひとつは、その家制度に代わる民主的で近代的な新しい家族はどのような家族で、それをいかに実現していくのかという課題である。前者は、戦前の村落社会を対象にした家や同族の研究を継承し、それが家制度の廃止や農地改革などによってどのように変化していくかを研究テーマとする家族研究である。後者は、戦後の新しい家族のあり方がより早く実現される可能性が高い都市社会を主たる対象にして、戦前の戸田の研究を継承し、それにさらにアメリカの家族社会学研究の成果を加えて、戦後の新しい家族の実態と将来像を研究するものである。いずれも、戦前から戦後への民法改正や農地改革など、法的・制度的改革や社会変動を基本的な前提としているが、前者は戦前の日本社会の特質であった伝統的な家族がどうなるかにより関心を寄せ、後者は新たに実現すべき近代的家族により関心を寄せていたということができよう。模索期には、それらがまだ未分化な状態であり、前項でみたように一九四〇年代後半の編著書のなかでは、戦前と同様の呉越同舟的状態がみられたのである。

　この二つの方向性が、それぞれ有賀と小山の主導のもとに分岐していくのが一九五〇年代である。それはまず、研究者の組織化から始まる。先行したのは有賀で、一九五二年末に村落社会研究会（現在の「日本村落研究学会」。名称変更は一九九三年。以下、通称の「村研」とする)を設立し、フィールドを村落社会に限定して伝統的な家族の研究を行っていくようになり、都市を中心とした現代家族の研究に焦点化されていく戦後の家族社会学研究とは一線を画することになる。この戦後の家族社会学研究を中心的に担っていくのが小山隆であり、その小山も村研に遅れること三年、奇しくも戸田貞三の亡くなった一九五五年に、家族問題研究会(現在の「家族問題研究学会」。名称変更は二〇〇八年)を設立する。両研究会のメンバーの一部は重なっていたとはいえ、ここに戦前期そして戦後すぐの模索期にも呉越同舟で行われてきた家族研究の二つの潮流が、別個の研究テーマとフィールド、異なる研究のパラダイムと科学者の共同体をもって、それぞれ農村社会学と家族社会学への道を明確に歩み出すことになる。

しかし、両者は、同じく学会を組織化したとはいえ、その組織化や学会活動の特徴は大きく異なっていた。村研は、発足の翌年から一五七名と多くの会員を有し、年一回の学会大会を開催し、設立の翌々年一九五四年からは現在も名称を若干変更しながら継続して刊行されている機関誌『村落社会研究会年報』を刊行し、学会としての体裁を整えていく。当然、学会事務局も存在し、それは有賀が所属する東京教育大学の社会学研究室におかれた。それに対して、一九五五年に小山が組織化した家族問題研究会は、当初は明確な会員資格というものもなく、一〇数名の有志が東京家庭裁判所の所長室に月一回集まって研究会を行うというごくインフォーマルなかたちでスタートしたものだった。当然、会員名簿もなく事務局もおかず、ちょうどその当時、東京家庭裁判所の調査官であった湯沢雍彦が、小山の指示で月例研究会の連絡を行っていた(湯沢、二〇〇七)。この両者の設立当初の対比のなかに、戦後間もないこの時点では、戦前からの研究と研究者の継続性という点から、村研の方がはるかに多くの関心を集め、多数の研究者がそこに参集していたことがわかる。

では、そこから小山は、どのようにして戦後の家族社会学を立ち上げていったのか。その構想の骨子は、模索期のかなり早い時期の論文(小山、一九四八)のなかにすでにみてとれる。この論文で小山が主張した戦後の新たな家族研究をまとめるならば、アメリカの家族研究における社会調査の方法技術を参照し、独断に陥りやすい単独調査よりも共同調査によって、マクロには家族変動を動態的に分析し、ミクロには個々人の態度や意識まで明らかにし、そのことによって戦前から戦後の社会変動と民法改正等の制度的変化にともなう家族関係や家族機能の変化を仔細に観察することを基本的な方針とするもの、ということになる。

小山のその後の戦後家族社会学確立への歩みは、ここで宣言した課題をひとつずつ実現していくものだった。小山は戦後すぐの一九四六年から一九五〇年まで、連合軍総司令部(GHQ)民間情報教育局(CIE)の世論及社会調査部顧問として、アメリカ側のスタッフと協力して、おもに家族の調査研究を担当していた。したがって、アメリカの家族研究の動向や社会調査の方法を参照しようという小山の提案は、たんなる抽象的な掛け声ではなく、自らのCIEでの活動を通したアメリカの研究者や最新の著書・論文との直接的な接触にもとづく、具体的で説得力のあるものだった(日本民族學協会、一九五三)。その後、小山は一九五〇年からはCIEを離れて大阪大学教授となるが、この大阪大学時代にも、日本人文科学会の「社会的緊張の研究」、九学会連合の能登調査、日本社会学会の農村SSM（社会的成層と社会的移動）調査など、この時期を代表する多くの学際的な総合調査に社会学の立場から参加して、共同的な社会調査の経験と実績を積むことになる。

そして一九五五年、東京都立大学教授となり研究活動の拠点を東京にすえると、同年秋に家族問題研究会を組織化し、戦後家族社会学確立の最終段階に取りかかる。この家族問題研究会は、「今日の家族の実態を、その一般的な動向と、問題解決の両面から、科学的に追及しようとする意図の下に、各大学・家庭裁判所・精神衛生研究所等の家族に関心をもつ同好の士」（小山、一九六〇：まえがき二）を構成メンバーとして設立されたものだった。一九四八年論文と比較すると、新たに「問題解決」が課題として明記されている。戦後すぐの段階では明確には提示されていなかったが、戦前から戦後への急激な家族変動にともなう「家族問題とその解決」が、家族の実態の一般的な動向の把握に加えて、戦後家族社会学の課題として明確化され、研究会の名称にもそれを冠したのである。このことは、科学的な研究活動と実用的な実践活動を統合するという、戦後のすべての科学的研究に要請された重要な課題に応えるものだった。そのことと関連して、「同好の士」の所属機関として、大学だけでなく、家庭裁判所と精神衛生研究所があげられていることも注目される。つまり、社会学の家族研究のパートナーが、戦前の歴史学や経済史学、民族学や民俗学から、家族問題とその解決に関連する領域である心理学や精神医学、民法学にシフトしているのである。このパートナー関係の変化は、家族問題研究会の設立とほぼ同時期に、小山が都市社会学者の磯村英一、民法学者の川島武宜とともに編纂した戦後初の家族の講座シリーズである『現代家族講座』全六巻(一九五五年―五六年)にも明確に現れている。全六巻のなかには、『結婚の病理と処方』『離婚』『家族の扶養』など、タイトルに家族問題をテーマとするものが含まれている。執筆者で中心となるのは、リーダーとしての小山と、山室周平、青井和夫、山根常男、大橋薫、田村健二、大塩俊介、森岡清美、那須宗一ら、家族問題研究会の主要メンバーであり、戦後の家族社会学の中軸を担う若い世代の研究者たちである。しかし、模索期に同舟していた有賀ら農村家族や伝統的家族の研究者はほとんど姿を消し、その代わりに法学、心理学、教育学関連の研究者が多くみられ、さらには家庭裁判所の判事や調査官、国立精神衛生研究所の研究員も参加している。ここにも、戦後の家族社会学が必要とした隣接研究領域の変化をみることができる。

小山のこのような戦後家族社会学の構想を具体的に示して見せたのが、家族問題研究会を母体にして取り組んだ共同調査であり、その成果として刊行された『現代家族の研究：意識の実態と緊張の調整』(一九六〇年)である。小山は家族問題研究会の設立にあわせて、一九五六年から五七年に文部省科学試験研究費の交付を受け、東京都で共同調査を実施した。このうち、家族の一般的動向の実態調査は、戦後の新しい家族の影響の度合いが異なる区部、郊外、山間部の三地点で、多くの調査員を動員して共通の調査票を用いた面接調査として実施された。一方、家族問題とその解決についての研究は、東京家庭裁判所の紛争事例と国立精神衛生研究所の相談ケースが、それぞれ両機関の調査官と研究員によって詳細に分析された。成果として刊行された『現代家族の研究』は、この二つをそれぞれ第Ⅰ部、第Ⅱ部とする構成で、戦後家族社会学の取り組むべき二つの課題に応えるものとなっている。さらにまた、第Ⅰ部は統計的分析によって、第Ⅱは事例研究法で行われており、これも戦後の社会調査の分類として定式化されていくことになる統計的方法と事例的方法という二分法に対応している（池岡、二〇〇〇）。このように『現代家族の研究』は、研究テーマと研究方法の両面から戦後の家族社会学研究のパラダイムとなるものだった。小山は、この第Ⅰ部の巨視的で一般的で計量的な方法と、第Ⅱ部の微視的で臨床的で事例的な方法を綜合し組織化することが、現状では十分に実現されていないが、最終的な研究目標だとしている。小山が構想した戦後家族社会学の最終目標と、この時点での到達点を確認することができるだろう。

また、この模索期から確立期にかけては、家族の実態と理念の間に距離があった時代でもある。家族社会学の課題は、当該社会の家族の実態や家族がおかれた状況を的確に説明することにある。しかし、それだけでなく同時に、将来に向けて家族のあるべき理念を語ることも、つねに社会から要請される。そうした要請がきわめて強かったのが、戦後直後の時代だった。戦前から戦後への大転換のなかで、戦前に支配的だった伝統的な家制度が否定され、それに代わる新たな家族が求められた。その新たな家族の基盤は民法改正などの制度的改革に支えられていたが、日本の実情に即した民主的な家族モデルは、まだ具体的に打ち出すことができなかった。実際には、伝統的な家意識もいまだ強固に存在し、戦後の混乱や生活の困窮は、新しい民主的な家族の実現を困難なものにしていた。したがって、この戦後すぐの模索期と確立期は、家族の実態に理念もしくは制度が先行する、理念先行型もしくは制度先行型の時代だったということができるだろう。

4　隆盛期

⑴定着期（一九六〇年代）

小山のリーダーシップによって戦後家族社会学のパラダイムが共有された一九六〇年以降は、そのパラダイムのもとで研究成果が堰を切ったように生産され、戦後家族社会学が定着し隆盛に向かう時代を迎える。一九六〇年代以降も小山を中心とした共同調査は引き続き実施されたが、定着期をリードしたのは、小山によって指導された戦後派の新しい世代の若手研究者たちであった。かれらが小山の路線を基本的に継承し、しかし、それだけでなく新しい世代の特徴も加味して修正し、定着させていった。そこには、戦後すぐ戦前派が戦後の研究の方向性を打ち出し、その後、戦後派が加わることでさらにそれを展開していくという、この時期の研究者の世代間の移行をまさにみることができる。

これを、戦後派の若手研究者の側からみるとどうなるのか。小山が設定した戦後家族社会学の路線を継承し、それをさらに確固たるものとして定着させた森岡清美の述懐は、この点について示唆的である。「敗戦直後に研究生活を開始あるいは再開した私の世代の人々は、いずれも戦陣から学窓に帰還した復員兵であって、戸田貞三、鈴木栄太郎、有賀喜左衛門、喜多野清一、小山隆、牧野巽等大先達の、主に家パラダイムに依拠する戦前戦中の研究業績を貪るように学んだ。しかし、戦後の民主改革のなかで激動する日本家族の研究を進めるためには、家研究の遺産だけでは不十分であった。そこでアクセスの便のあるアメリカ家族社会学の成果と方法を競って取り入れようとしたのである」（森岡、一九九八：一四二）。戦後派の森岡らは、まずは戸田、鈴木、有賀、喜多野、小山、牧野ら戦前派の、戦前戦中の研究業績を参照した。そのことで、戦前から戦後への家族研究の連続性がある程度担保されたが、戦後の新しい家族研究を推進するためにはそれだけでは不十分で、その点を埋めたのがアメリカ家族社会学の成果と方法の導入だった。もちろん、アメリカの家族研究の動向や社会調査の方法を参照しようという提案は戦後いち早く小山によってなされていたが、それを森岡らは、より自覚的、積極的に行ったのである。こうした戦前派から戦後派への世代交代は、この前の確立期の一九五〇年代半ば以降からみられるが、この時期の社会学の代表的な出版物のなかにもみてとることができる。その代表的なものが、東京大学出版会による第一期の講座・社会学である。その後の一九七〇年代に刊行された同じく東京大学出版会の第二期の社会学講座では、家族社会学と農村社会学、都市社会学がそれぞれ一巻となって独立したが、まだこの第一期にあっては、これら三つの研究領域、家族・農村(村落)・都市は、第四巻の一冊のなかに収められていた(『講座・社会学第四巻　家族・村落・都市』(一九五七)東京大学出版会)。このうち、家族の章の執筆者は、第一節：家族の歴史的発展(山室周平)、第二節：家族の構造と機能(森岡清美)、第三節：家族と親族(中野卓)、第四節：家族のイデオロギー(塚本哲人)、第五節：家族と社会(塚本哲人)、第六節：家族生活の諸問題(大橋薫)となっている。ここには小山は加わっておらず、もっとも年長の山室でも四〇歳代で、他は純然たる戦後派である。村落や都市を扱った章も同様に、その執筆者はすべて戦後派によって占められていた。この講座の特徴を代表編者の福武直はのちに、「当時の若い研究者が精力的にアメリカ社会学を吸収した努力の結実」であり、「この出版によって、日本社会学の大勢は、戦前の世代から戦中戦後の世代に移ったといっても過言ではないだろう」と述べ、戦後一〇年余が経過したこの時点で、戦後の新しい世代によって、アメリカ社会学の吸収を通じて戦前とは異なる新たな戦後の社会学が確立したと指摘している(福武、一九七四：二六六)。ただし、アメリカ社会学の影響という点からみると、家族社会学と農村社会学の間には大きな違いがあったことも事実である。アメリカ社会学の成果と方法を積極的に導入した家族社会学に対して、農村社会学はアメリカ社会学の影響を受けることが少なかった代表的な領域のひとつとなる。「農村社会学がしめている位置は、多分に特異なものであったということができよう。端的にいって、農村社会学は、戦後日本社会学が圧倒的にアメリカ社会学の影響の下に研究を展開せしめてきた中で、もっともその影響を受けることの少なかったものということができよう。それは戦後前半期(加筆注：

一九五〇年代のことをさす）においてもいえることであるが、後半期になるといっそうその傾向を強めた

ように思われる」（高橋・蓮見、一九七七：六九）。農村社会学が強い影響下にあったのは、一方で戦前か

ら大きな遺産として継承した鈴木栄太郎と有賀喜左衛門に代表されるイエ・ムラ理論であり、他方で

は戦後新たに加わったマルクス主義社会学であった。

なお、家族、都市、農村が、それぞれ独立した一冊になった一九七〇年代の第二期社会学講座では、それぞれの巻の編者は、この第一期の執筆者のなかから、家族は森岡清美、農村は蓮見音彦、都市は倉沢進がそれぞれ担当している。一九五〇年代後半に頭角を現して抜擢された戦後の新しい世代が、一九六〇年代以降一九七〇年代にかけて、名実ともに戦後社会学の中心となっていったことがわかる。

では、一九六〇年代の定着期はどのような時代だったのか。それを主導した森岡の動きを、①一九六〇年の書評にみる『現代家族の研究』への評価、②一九六三年から一九六八年に至る「核家族論争」、③一九六五年の第九回国際家族研究セミナーの東京開催、④一九六八年からの国内家族社会学セミナーの開催、⑤一九六〇年代後半からの家族社会学のテキストの刊行、という流れでみていこう。

①は小山が主導した戦後家族社会学のパラダイムへの森岡の評価がわかるものである。森岡自身は、自らの博士論文執筆のため、この共同調査には加わっていない。しかし、森岡の書評（『社会学評論』（一九六〇：一二四―一二八））には、小山による成果のさらにその先を見据えた、その後の家族社会学の方向性が示唆されている。森岡はこの書評で、第Ⅰ部の一般家族の統計的研究と第Ⅱ部の問題家族の事

例的研究の間に、それらの媒介項として一般家族の事例的研究をおくことを提案した。この一般家族の事例的研究が、その後は問題家族との媒介項としてではなく、一般家族の統計的研究に対する事例的研究と位置づけられ、それらを併用するという一般家族をより重視した研究スタイルとして定着していくことになる。これは、時代背景としては、小山が家族問題を喫緊の課題とした戦後の混乱と復興の時代も過ぎ去り、折からの高度経済成長によって家族の安定化が図られ、家族問題への比重が相対的に低下したということがあるだろう。また、この時期の社会学が全体として、構造・機能主義を中心として一般化、理論化、体系化をつよく志向していくことに対応して、家族社会学が家族問題や問題家族よりも一般家族を対象にして家族の社会学理論を構築しようとする研究スタイルを志向したことにもよるだろう。

その理論の基礎となったのが、核家族論だった。小山が確立した戦後家族社会学の構想よりも、アメリカ家族社会学の成果と方法をさらに積極的に導入し、家族研究の基礎理論として核家族論を明確に標榜したのである。それを集合的に自覚したことが、山室周平との間で交わされた②の核家族論争の役割であったと、のちに森岡は記している。「アメリカの影響を吸収するなかで、核家族パラダイムが吸収の受け皿として、研究者の間で知らず識らずのうちに形成されていったのであろう。一九六三年から六六年[3]に至る『核家族論争』は、パラダイムの存在を意識化し自覚化する集合的な営みであったといえる」(森岡、一九九八：一四二)。この論争は、アメリカの人類学者マードックが提唱し、社会学者パーソンズによって小集団論で精緻化された核家族論を、戦後日本の家族社会学の基礎理論とすることの是非をめぐる論争であった。しかし、核家族論はすでに一九五〇年代から日本に紹介され、戦前の伝統的家族の家モデルに替わる新たな家族モデルとして受容されつつあった。また、現実の家族構成でも、一九六〇年の国勢調査データから、夫婦と未婚の子女からなる核家族的世帯の増加傾向が明らかになってきていた。この時期に先立つ模索期と確立期は、家族の実態に家族の民主化・近代化という抽象的な理念が先行する理念先行型の時代だと述べたが、一九六〇年代の定着期は、高度経済成長を背景として家族の実態も大きく動き出し、民主化・近代化という理念に追いついてくる。つまり、家族の実態と理念が一致してきたのがこの時期で、そのシンボルが核家族だったのである。このように、家族の実態も、それに対応する家族研究のモデルも、いずれも核家族論を支持する方向だったので、核家族論争の帰趨は自ずと明らかであった。一九六三年の論文で核家族論に疑問を呈するかたちで論争を提起し、その後も論争を終始リードした山室だったが、一九六八年の論文で自ら論争の終結を宣言してしまう。

結果的には孤軍奮闘に終わった山室だが、その問題提起は重要な問題を含むものだった。そのひとつは、これが、時期をほぼ同じくする有賀・喜多野論争(4)の開始を告げる有賀喜左衛門の一九六〇年論文(「日本の家と家族」慶應大学文学部紀要『哲学』)を意識していたことである。有賀はこの論文で、日本固有の文化と歴史に規定された家を、小家族が複数含まれたものに還元して理解することはできないとして、マードックの核家族論の日本への適用に明確に反対している。つまり、山室は有賀に賛意を示すことで、有賀・喜多野論争という枠組みでは、家族社会学者のなかでは少数派の有賀支持の立場に立つことになる。しかし、その一方で、家族の将来に目を向け、核家族を形成し得ない、さらに小さな単位である母子、父子、単身の世帯が将来的に増加する兆しを問題視して、家族研究の基本的で最小の単位を核家族とすることに対して、それでいいのかという問題提起もしている。その際には、核家族論に通じる小家族論の立場を戦前から打ち出していた戸田貞三が、その小家族からはみ出す人々にも「非家族的生活者」として目配りをしていたとして、戸田を支持する立場に立つのである。その当時は、日本の家族をめぐって有賀と喜多野・戸田、大家族論と小家族論、直系家族と核家族という対立軸で、学会を二分した論争が行われていたが、山室はそのいずれか一方に与するのではなく、両者を考慮に入れて日本の家族の歴史と現状、さらには将来を一貫して考えるために何が必要かという観点から核家族論の安易な導入に反対していたと考えることができる。残念ながら論争では、山室が提起した問題に核家族賛成派から有効な反論があまり寄せられることはなく、多くの問題を積み残しにしたままで論争は終結する。現在から考えると、むしろ山室のほうが、日本の伝統的な家族からより新しい家族の傾向まで幅広いパースペクティヴで論争を提起していたことがわかる。この核家族論争を経て、いわゆる核家族パラダイムもしくは集団論的パラダイムが名実ともに確立するが、一九八〇年代になると伝統的家族を含めた家族への歴史的視点が再び見直され、また最小単位とされた核家族がさらに夫婦や親子のダイアドや単身者に分裂していく家族の個人化の傾向が顕著になってくる。それはまさに、一九六〇年代の核家族論争で山室が提起した問題であり、早すぎた山室の問題提起が悔やまれるのである。

この核家族論争が行われている最中、一九六五年に③の第九回国際家族研究セミナーが東京で開催された。戦後の復興を成し遂げて高度経済成長期にあった日本が、世界に追いつき追いこせのかけ声のもと国際社会にさまざまなかたちで復帰していくのがこの一九六〇年代半ばであり、その前年には東京オリンピックも開催された。家族研究の国際学会の開催も、こうした戦後日本の復興と成長のシンボルであった。この国際学会の組織運営は小山委員長、森岡事務局長の体制で行われたが、戦後の家族社会学の第一走者と第二走者があい並び、あたかもバトンタッチをするかのようなかたちだった。そして、成功裡に終わったこの国際会議の経験から森岡は、小山の設立した家族問題研究会とは、会員と目的が重複しながらも、いくつかの点で異なる④の「家族社会学セミナー」を組織化することになる。家族問題研究会のような固定的な学会組織ではなく、共通テーマのもとに合宿形式で行うセミナーを年一回開催し、その成果を出版社培風館からほぼ二年分を一冊にして刊行していく。森岡は、この家族社会学セミナーをスタートさせることで、小山の形成した研究者の共同体である家族問題研究会とは、一部重なり一部異なる研究者の共同体を組織化することができたのである。その異なる特徴の重要なひとつは、参加者が家族社会学者により限定されていたことだろう。小山の家族問題研究会は、家族問題、問題家族を研究課題とする点で、研究のパートナーとして必要な家庭裁判所の調査官、国立精神衛生研究所の研究員、心理学、精神医学、法学、教育学、経済学など隣接領域の研究者を含めて学際的なかたちでの組織だったが、森岡の家族社会学セミナーは社会学者により限定されたのである。つまり、森岡は、小山のように学際的に家族研究に取り組むのではなく、独り立ちした家族社会学により特化して、社会学的に家族を研究するための理論と方法を検討する場として家族社会学セミナーを組織化したのである。

その結果、一九六〇年代後半から、この核家族論にもとづく家族社会学の体系化の試みが盛んになり、それにもとづくテキストが相次いで出版されるようになる。出版年からすると大橋薫・増田光吉編『家族社会学』（一九六六年）が先行するが、森岡がはじめて編者となったテキストで長く重版されてきた有斐閣の『家族社会学』（一九六七年）がその代表的なものといえる。森岡は、そのまえがきで「本書の特色は何にもまして、核家族説に立脚していること、用語の統一を図ったこと、の二点に求められる」（森岡、一九六七：はしがき）と、核家族論にもとづいていることを特色の第一にあげて、それが実現したことを特筆している。

この一九六〇年代の定着期には、核家族が、社会からも目標とすべき家族のあり方だとされ、実態としても折からの高度経済成長を背景に増加し、研究面でも家族研究の基礎的な単位としての承認を受けることになる。戦前の社会では、三世代家族を典型として戸主もしくは家長が絶対的な権限を有していた直系家族の家が、社会にとっても研究面でも家族のモデルであったが、戦後のこの時代に、アメリカから導入された「夫婦と未婚の子女からなる小集団」としての核家族が、社会が求める目標としての家族でもあり、実態としても支配的になり、研究面でも基本的なモデルとなったのである。

(2)隆盛期（一九七〇年代）

戦後家族社会学の隆盛期は、一九七〇年代である。一九六〇年代の定着期に、家族の民主化・近代化という理念に、ようやく家族の実態が追いついてくる。その理念と実態が合致したシンボルが核家族であったが、一九七〇年代もそれが継続した。一九六〇年代半ば以降は、戦後すぐの一九四七年から四九年に生まれた人口規模の大きないわゆる団塊の世代の結婚時期と重なり、婚姻件数も婚姻率も上昇し、初婚年齢も平均して低く、安定した家族形成が行われた。落合恵美子が「家族の戦後体制」（落合、一九九四）と呼んだ戦後家族の安定期の、結果的には最終段階となるのであるが、依然として安定した家族の実態に支えられて、家族社会学研究も核家族パラダイムのもとで、安定的に研究成果を量産していくことができたのである。

この人口規模の大きな団塊世代によって、戦後日本の安定した社会が築かれていった。かれらが高等教育年齢にさしかかると、大学進学者が急増し高等教育を含めた教育の拡充が果たされた。かれらが学校教育を終え社会に出ると、折からの高度経済成長で大量のサラリーマンを生み出し、日本的経営の安定した雇用のもとで生活の豊かさを享受できるようになる。そしてかれらが結婚適齢期を迎えると、見合いから恋愛へという結婚形態の変化のなか、平均して低い年齢で多くの結婚が実現され、安定した家族形成が行われた。このように、高度経済成長期の日本社会は、明確な領域として安定化し自立した教育、産業、家族、地域社会等の各領域に支えられていた。社会を構成するこれらの領域ごとに成立したいわゆる連字符社会学は、このような各領域の自立化に支えられており、家族社会学もそうした連字符社会学のひとつとして市民権を得たのである。

それを象徴的に示すのが、東京大学出版会の第二期社会学講座である。前述したように、一九五〇年代後半の第一期では、家族、村落、都市が一巻にまとめられていたものが、それぞれ『家族社会学』（一九七二年刊）、『農村社会学』（一九七三年刊）、『都市社会学』（一九七三年刊）として独立した一巻を構成するようになったのである。このようにして成立した連字符社会学としての家族社会学のもと、一九七〇年代の隆盛期には家族社会学の研究成果が量産される。一九七〇年代初めには、この時期の家族社会学のリーダーであった山根常男と森岡清美がそれぞれ専門的な単著を出版する（山根、一九七二／森岡、一九七三）。さらには、前期の定着期から始まった家族社会学の組織的な体系化と、それにもとづく標準的なテキストの刊行が続く(5)。それに加えて、一九六八年から開始された家族社会学セミナーの成果が、一九七〇年の『現代家族の社会学』（山室周平・姫岡勤編、一九七〇年）を皮切りに、原則として二年分を一冊にして刊行されるようになった(6)。これらに執筆できるのは中堅以上の研究者だけだったが、一九七五年からは家族問題研究会が、創設者小山の資金提供により機関誌『家族研究年報』を刊行するようになり、大学院生を含む若手研究者の論文投稿の機会が増えることになる。それまでは、論文を投稿する場は、日本社会学会の機関誌『社会学評論』以外では、いずれも裁判所関係の『ケース研究』(東京家庭裁判所・家庭事件研究会)と『家庭裁判月報』(最高裁事務総局家庭局)がおもなもので、それ以外には大学紀要しかなかったが、ここにきて家族社会学関連の学会でも論文を発表できる機関誌が生まれたのである。この時期、家族社会学者の多くは、家族問題研究会と家族社会学セミナーの両者に参加するなかで研究成果を量産し、森岡らの戦後第一世代に育てられた次の世代も台頭してくるようになる。

このような連字符社会学としての家族社会学の成立は、他の学問領域との連携パートナー関係にも影響を与えた。家族社会学により特化したかたちで組織化された家族社会学セミナーにみられるように、家族社会学が単独で独立して家族の社会学的な研究に取り組むという研究スタイルが中心となるのである。戦後すぐは、民法改正と関連して家族法学との連携がつよくみられたが、それも低下してくる。たとえば一九七〇年代には、家族をテーマにした講座もので『家族―政策と法』全六巻が刊行された。編者が法学者の福島正夫であり講座の趣旨が法律中心ということもあるだろうが、そこには湯沢雍彦しか参加していない。一方、一九七〇年代のもうひとつの代表的な講座ものである『講座・家族』(青山道夫・竹田旦、有地亨・江守五夫・松原治郎編)全八巻の場合には、編者が法学、人類学、民俗学、社会学と多岐にわたっているということもあり、多くの家族社会学者がそこに参加している。しかし、これはもはや一九五〇年代の未分化な呉越同舟ではなく、家族社会学を含めて一九六〇年代を通じてそれぞれ通常科学として独立した学問領域が、それぞれの戦後の成果を持ち寄って編んだものと理解することができる。

そうであるがゆえに、他の学問領域との間での論争もこの時期に起こっている。一九六〇年の有賀喜左衛門の問題提起に始まる有賀・喜多野論争は、ある意味で戦後分岐した村落社会学と家族社会学の間の論争だったが、一九七〇年代にも継続していた。また、人類学から家族社会学へ批判が寄せられたのも、この時期である。人類学の蒲生正男による家族社会学の家族・親族論批判（蒲生、一九七四）がその代表的なもので、このような批判と論争が提起されるということ自体、この時期の家族社会学が他の領域からしても明確な理論と方法を有する独立した研究領域として認識されていたということの証左に他ならない。

しかし、家族の実態も家族研究も安定していた時期は、一九七〇年代を通じて継続することはなかった。戦後の家族と社会の安定の基盤となっていた高度経済成長も一九七三年のオイルショックから陰りをみせはじめ、戦後世代を代表する団塊の世代を中心とする結婚ブームも、この世代の結婚適齢期が過ぎると次第に沈静化してくる。その結果、家族の実態面では、一九七五年あたりをピークにして、徐々に晩婚化、少子化の傾向が現れはじめ、戦後の新たな家族のモデルとなった核家族的世帯の割合も低下してくる。社会全体の近代化・民主化を背景に、核家族化の動きを基軸に突き進んできた戦後の家族社会学も、ここにきて逡巡せざるを得なくなる。戦後すぐは家族の民主化、近代化という理念が現実に先行し、一九六〇年代から七〇年代にかけて「核家族」をシンボルに理念と現実が合致したが、一九七〇年代半ばからは家族の実態が理念に先行して変化しはじめ、家族の理念が現実を説明できない時代に突入していく。社会全体でも、一九六〇年代の終わりから、民主化・近代化の裏面や弊害が指摘され、民主化・近代化が普遍的によいものだという思想それ自体が相対化される。家族に関しても同様に、核家族が理想的で普遍的な家族モデルだという考え方に対する批判が多く寄せられるようになり、同時に核家族化による弊害もいろいろと指摘されはじめる。しかし、家族社会学の主流は、家族の民主化・近代化という理念、核家族パラダイムによる家族研究をすぐには放棄しなかった。そのため、その後、家族の理念や理論を、家族の現実や実態が追い越して先行する時代となる。

5　転換期

一九七〇年代半ば以降の家族の実態および家族研究の不透明感を経て、一九八〇年代は家族研究の転換期を迎える。多くの研究者によってこの時期は共通して転換期ととらえられている（布施、一九八七）。家族社会学からすると、戦後それまでに確立して、それにもとづいて研究が行われてきた、いわゆる核家族パラダイムからの脱却を図り、それに代わる新たな家族研究のパラダイムを模索する時代に突入したのだといえよう。

しかし、この模索は、森岡をはじめとして核家族パラダイムを導入した戦後家族社会学の主流派の間で、すでに一九七〇年代からはじまっていた。森岡は、自らが企画した一九七四年の『社会学評論』の特集「家族と現代社会」の掲載論文のなかに、最新の社会的ネットワーク理論を用いた、当時では異色ともいえる野尻依子の論文（野尻、一九七四）を加えた。そのことで、新しく台頭してきた家族研究のアプローチを支持したのである。従来の核家族パラダイムは、家族を小集団としてとらえるものであることから、集団論パラダイムともいわれていた。これに対して、社会的ネットワーク理論を用いた家族研究は、個人を分析単位とし、家族外部の関係を組み入れた研究を可能にするもので、そうした点から従来の集団論パラダイム、核家族パラダイムを乗り越える試みのひとつだと位置づけることができる。さらに森岡は、一九八〇年代に入ると日本の家族研究者を率いてアメリカの研究者と交流することで、一九七〇年代にアメリカで開発されたライフコース・アプローチを日本に導入し、一九八〇年代半ば以降にはその研究成果を世に問うまでに至っている（森岡・青井共編、一九八五／森岡・青井共編、一九八七）。このライフコース・アプローチも分析単位を小集団としての家族から個人もしくは出生コーホートにシフトし、社会変動や歴史的視点をその枠組みに組み込むもので、新たな家族研究の模索の試みといえた。

このように、一九八〇年代の転換期に目指されたのは、核家族パラダイムが小集団としての家族を前提にしている点、その内部構造の分析を中心にしていて没歴史的である点を乗り越えることで、それが分析単位を個人にシフトし、家族と外部社会の関係や歴史的視点を重視するアプローチの検討へとつながったのである。また、一九八〇年代は、欧米から導入されたフェミニズム理論が普及した時代でもある。小集団としての核家族は、暗黙のうちに「男は外、女は内」という固定的な性別役割分業を前提にしていたので、そうした性別役割分業とその権力関係のあり方が批判された。さらに、一九八〇年代の家族研究の転換期は、家族問題が多発して注目され、問題解決志向の研究が見直された時代でもあった。そのことは、社会学とその隣接領域で家族や家族問題をテーマに掲げた学会が相次いで設立されたことに表れている。その代表的なものは一九八三年の「日本家族〈社会と法〉学会」、一九八四年の「日本家族研究・家族療法学会」、一九八五年の「日本社会病理学会」と「日本ストレス学会」などで、戦後すぐの家族研究のパートナーであった家族法学や心理学の領域でも、家族と家族問題をテーマにした学会が独立したのである。

このような家族関連の学会の設立ラッシュのなかで、一九六〇年代後半から森岡清美の主導によって活動してきた家族社会学セミナーも恒常的な組織をもつ学会化への動きをみせ、一九九一年に日本家族社会学会として再スタートした。また、学会設立に先立って一九八九年から、機関誌『家族社会学研究』を刊行することになる。その創刊号を飾った特集のテーマは「転換期の社会と家族」であり、企画者の野々山久也は、特集冒頭の「問題提起」で、「家族多様化説」を提唱している（野々山、一九八九）。ここに、転換期の新たなパラダイムの模索のなかから、一九八〇年代後半に有力になってきたのが、家族多様化説だったことが示されている。戦後の家族社会学は、戦前の伝統的な家から民主的な家族へ、直系家族から核家族へと、明確な家族モデルによって家族変動を説明してきた。一九八〇年代の転換期には、その核家族に代わる新たな家族モデルが求められたわけだが、さまざまな模索にもかかわらず、明確な家族モデルをひとつにしぼって提示することはできなかった。そこで、提示されたのが「家族多様化説」だった。これは、さまざまに模索され提起された試みの多くのものと親和性があり、それらの最大公約数ともいえるものだった。社会的ネットワーク理論やライフコース・アプローチなどの個人を分析単位とする試みは、個人の選択の結果としての多様なライフコースや多様な人間関係のネットワークと関連づけて多様な家族を構想することができるという点でつながりがあった。フェミニズム理論とも、固定的な性別役割分業から脱却して夫婦の多様な役割関係のあり方を展望するという点で結びつく。さらに家族集団よりも個人の選択が重視される社会の動きを背景にした、家族の個人化（目黒、一九八七）、私事化に注目する研究とも関連性があった。

この家族多様化説は、従来の核家族モデルのように画一的で支配的な家族モデルを設定しないことを特徴としており、そこに個人の選択を重視する時代や社会との親和性を主張するものでもあった。しかし、それは同時に家族の相対主義的な見方とも結びつき、その点で歴史的視点が弱く、戦後の家族社会学の重要課題である家族変動の説明としては弱点のあるものだった。それを補強して家族多様化説の説明力を飛躍的に増大させたのが、ほぼ同時期に登場してきた近代家族論であった(落合、一九八九)。近代家族論では、近代社会以降にみられる典型的には核家族のかたちをとる「近代家族」は、マードック(Murdock, 1949=一九八六)が主張したように、いつの時代どのような社会にもみられる普遍的なものではなく、市民革命と産業革命によって誕生した近代社会の仕組みや、そこでの人々の生活と労働形態に適合的なものとして位置づけられる。したがって、近代社会それ自体が変化していけば、それに応じて必然的に近代家族も変わるということになる。これは、近代家族の典型として位置づけられていた核家族がなぜ変化するのかを、その変化の必然性も含めて歴史的な観点から説明するものであった。一九九〇年代には、この近代家族論と家族多様化説が連携することによって、核家族を相対化し、画一的な核家族から多様なかたちに変化する家族を肯定的に位置づける議論が有力なものとなる。

しかし、近代家族論は歴史人口学や家族史研究にその出自をもつもので、基本的には過去の家族の分析を目的としたものである。近代家族のメカニズムと成立の歴史を、公私の分離を基軸として、私的領域としての家族と公的領域としての市場や労働、教育等と関連づけながら明らかにすることが中心的な研究課題であり、その近代家族がどのように変化するかの将来予測は本来の守備範囲ではない。だが、近代家族論は、近代社会と近代家族が安定したかたちで存在していた時代に登場したのではなく、両者がともに揺らぎ公私の再編など近代の見直しが行われるなかで登場してきた。そのため、登場したはじめから近代家族の将来つまりポスト近代家族についての説明も求められる宿命にあり、フェミニズム理論やジェンダー研究、さらにはギデンズらの現代社会に関する論考を援用して、家族多様化説と重なるポスト近代家族を構想してきたのである。

核家族パラダイムを批判し家族の多様化、個人化を推進する研究の方向性は、欧米にも共通するもので、時代の必然であったといえる。とりわけ、わが国で根強い固定的な性別役割分業を前提にしていた核家族モデルを批判し、それに代わる平等的な夫婦関係と家族を多様なかたちで構想することは、男女共同参画社会の提案とも軌を一にするもので、積極的に評価できるものだった。しかし、一九九〇年代という時代は、その当初からバブル経済の崩壊が起こり、その後も経済不況が回復しないまま、世紀末に向けて見通しのきかない経済のグローバル化のなかに日本社会が投げ込まれた時代であった。高度経済成長のもとで安定していた雇用システムは崩壊し、家族についても少子化・高齢化、未婚化・晩婚化が進行し、さらに貧困や格差の問題も潜在的なかたちで深く進行していた。そうした経済が困難で将来の社会が展望できないような時代に、家族の多様化、個人化を提案することになってしまったのである。

これに関連して、二〇〇〇年代になると山田昌弘は、世紀の変わり目に生じた社会や家族に対する自らの状況認識の大転換を次のように述べている。「現在起こっている状況は、家族の多様化というより家族の階層化であり、また家族の変遷（ある形態から別の形態への移行）というよりは、移行先が不明という意味で『家族の迷走』の始まりであると見解を変えた」（山田、二〇〇五：二七二―二七三）。家族研究が、対象とする家族の実態に規定されているとすると、家族研究も「迷走」していることになる。ポスト近代社会の理念とも重なる個人の多様な選択と両立する家族のあり方は、その理念と方向性が打ち出されたものの、実態と現実がそれにともなうことが困難な状況にあり、家族社会学研究は、長い転換期からいまだに抜け出せずにいるのである。

おわりに――家族社会学のアイデンティティ再考

戦前からはじまる家族研究の歴史を俯瞰してみえてくるのは、家族社会学がつねにその時代の社会学理論や研究の水準に規定された研究を行ってきたことと、その一方で他の研究領域をパートナーとすることでその都度の社会からの要請と研究課題に応えてきたことである。おもに農山村を対象にして、制度論的なアプローチで伝統的な家の研究をしていた戦前は、経済史や法制史、民族学や民俗学などがそうしたパートナーであった。戦後の家族社会学の再出発にあたっては、アプローチが集団論的なものに変わり、戦前から戦後への急激な社会変動を背景として民法改正に代表される戦後改革にともなう家族変動と家族問題が研究課題とされたことで、研究のパートナーは家族法学や心理学などへと変化した。それに対して、世紀末から世紀を超えた現在の家族社会学では、未婚化・晩婚化、少子化・高齢化が進行するなかでの子育てや介護の問題、グローバル化やＩＴ社会化が進行するなかでの社会変動にともなう貧困や格差の問題が重要な研究課題として浮上している。したがって、これらの研究課題に関連する他の研究領域をパートナーとして連携する必要があるが、従来のようにそのパートナーは社会学の外部だけではなく内部にも存在するようになってきている。つまり、社会学の外部にある経済学や教育学、社会福祉学だけをパートナーにするのではなく、社会学内部にある福祉社会学、教育社会学、職業社会学、階層研究、ジェンダー研究などともパートナーとして連携していく必要がある。いまや家族は家族社会学独自の研究テーマなのではなく、社会学の他の多くの領域によっても取り組まれる研究テーマとなってきている。これは、一九六〇年代から七〇年代にかけての高度経済成長で安定した社会を背景に隆盛をきわめた、社会の領域ごとに確立した連字符社会学がリアリティを失い、社会学の再編が模索されていることを反映している。現在、社会学の家族研究は、家族社会学の独壇場ではなくなってきているのである。そうした状況のなかで、では家族社会学は家族の何を研究課題としてどのような研究を行うべきなのか、家族社会学の学問的アイデンティティをどこに求めるのか、そうしたことがいま問われている。

日本家族社会学会は、一九九八年に全国家族調査（National Family Research of Japan=NFRJ）プロジェクトをスタートさせた（渡辺・稲葉・嶋崎、二〇〇四）。これは全国規模の確率標本にもとづく家族調査を定期的に実施し、そのデータを公開して多くの研究者の公共利用に提供するもので、これまで全国調査を四回とパネル調査を実施している。これにより、現代日本の家族の一般的実態とその変動について、マクロな信頼できるデータを共有することができるようになった。研究者の共同体としての学会組織とその活動は、学問的アイデンティティを形成する役割を果たすものだが、この全国家族調査のプロジェクトはそうした可能性をもつものだろう。

本章では、個別に家族社会学について検討してきたが、これは他の個別領域をテーマとした後続する本書の各章にも、ある程度共通にみられることではないだろうか。戦後立ち上がった社会学の各領域はそれぞれ、このような流れのなかで半世紀を経て世紀末を乗り越え、新しい二一世紀の課題に直面し、現在それと格闘しているのである。

注

(1)しかも、この『民族学年報第二巻』(一九四〇年、三省堂)に掲載された喜多野清一の「甲州山村の同族組織と親方子方慣行」と及川宏の「同族組織と婚姻及び葬送の儀礼」は、周知のようにいずれもその後、二人の代表的論文として高く評価されるものである。

(2)それ以外にも、その研究活動が戦前と戦後にまたがる有力な研究者としては高田保馬や松本潤一郎、戸田貞三がいるが、高田は経済学者という位置づけによって、松本と戸田は戦後早い時期に亡くなったという理由で除外されている。

(3)六六年とあるが、実際には山室によって論争終結が宣言されたのは一九六八年論文である。
(4)有賀喜左衛門と喜多野清一によって一九六〇年代から七〇年代にかけて、日本の家族と家さらには同族の定義をめぐって行われた論争。日本の家を、その歴史・文化的な特殊性を重視して普遍的な家族概念とあくまでも区別する有賀に対して、喜多野は普遍的な小家族結合が家父長制的な家権力のもとに統率された歴史的形態と位置づけた。論争の対立点は、家を家族の一歴史的形態として家族・親族論のなかで扱おうとする喜多野に対して、有賀が非血縁者が家の成員に含み入れられることをもって家は家族ではなく生活集団であるとするところに典型的に表れていた。
(5)代表的なものだけでも、大橋薫・増田光吉編『家族社会学』(一九六六年)、森岡清美編『家族社会学』(一九六七年)、姫岡勤・上子武次編『家族―その理論と実態』(一九七一年)、森岡清美編『家族社会学』(一九七二年)、山根常男・森岡清美編『テキストブック社会学２家族』(一九七七年)など。
(6)その後、青井和夫・増田光吉編『家族変動の社会学』(一九七三年)、森岡清美・山根常男編『家と現代家族』(一九七六年)、那須宗一・上子武次編『家族病理の社会学』(一九八〇年)、篠原武夫・土田英雄編『地域社会と家族』(一九八一年)、湯沢雍彦・阪井敏郎編『現代の性差と性役割』(一九八二年)と続く。

文献

青山道夫・竹田旦・有地亨・江守五夫・松原治郎編、一九七三―七四年、『講座・家族』全八巻、弘文堂。

福武直・日高六郎・高橋徹編、一九五七年、『講座社会学　第四巻　家族・村落・都市』東京大学出版会。

布施晶子、一九八七年、「家族研究の軌跡と課題」『社会学評論』三八巻二号、日本社会学会。

蒲生正男編、一九七四、『現代のエスプリ八〇　人間と親族』至文堂。

池岡義孝、二〇〇〇年、「家族社会学における量的／質的方法の二分法的理解とその成立」『家族社会学研究』第一二巻第一号、日本家族社会学会。

――――、二〇〇七年、「家族問題研究会にみる戦後日本の家族研究の展開」『家族研究年報』第三二号、家族問題研究会。

――――、二〇〇九年、「第Ⅰ期解説」『戦後家族社会学文献選集　解説・解題』日本図書センター。

――――、二〇一〇年、「戦後家族社会学の展開とその現代的位相」『家族社会学研究』第二二巻第二号、日本家族社会学会。

磯村英一・川島武宜・小山隆編、一九五五年―五六年、『現代家族講座』全六巻、河出書房。

福武直、一九七四年、「日本社会学」『社会学講座一八 歴史と課題』東京大学出版会。

小山隆、一九四八年、「家族研究の回顧と展望」『家族調査の理論と実際』青山書院。

小山隆編、一九六〇年、『現代家族の研究――意識の実態と緊張の調整』弘文堂。

目黒依子、一九八七、『個人化する家族』勁草書房。

森岡清美、一九七三年、『家族周期論』培風館。

――――、一九七四年、「家族社会学の現代的課題」『社会学評論』二五巻二号、日本社会学会。

――――、一九九八年、「家族社会学のパラダイム転換をめざして」『家族社会学研究』第一〇巻、日本家族社会学会。

森岡清美編、一九六七年、『家族社会学』有斐閣。

――――、一九七二年、『社会学講座三　家族社会学』東京大学出版会。

森岡清美・青井和夫編、一九八五年、『ライフコースと世代――現代家族論再考』垣内出版。

――――、一九八七年、『現代日本人のライフコース』日本学術振興会。

Murdock, G., P., 1949, *Social Structure*, Macmillan.= 一九八六、内藤莞爾監訳、『社会構造――核家族の社会人類学』新泉社。

日本民族學協会、一九五三年、「特集・社会調査」『民族学研究』一七巻一号、日本民族学協会。

野尻依子、一九七四年、「現代家族の社会的ネットワーク」『社会学評論』二五巻二号、日本社会学会。

野々山久也、一九八九年、「いま家族に何が起こっているのか――問題提起」『家族社会学研究』第一号、日本家族社会学会。

落合恵美子、一九八九年、『近代家族とフェミニズム』勁草書房。

――、一九九四年、『二一世紀家族へ――家族の戦後体制の見かた・超えかた』有斐閣。

高橋明善・蓮見音彦、一九七七年、「戦後日本社会学と農村社会学」福武直編『戦後日本の農村社会学』東京大学出版会。

冨永健一、一九九三年、「戦後日本社会学の発展とその問題」『社会学史研究』第一五号、日本社会学史学会。

田辺寿利編、一九四八年、『社会学体系　第一巻家族』国立書院。

上野和男、一九八四年、「大家族・小家族・直系家族――日本の家族研究の三つの系譜」『社会人類学年報』第一〇巻、東京都立大学社会人類学会。

渡辺秀樹・稲葉昭英・嶋﨑尚子編著、二〇〇四年、『現代家族の構造と変容――全国家族調査（NFRJ98）による計量分析』東京大学出版会。

山田昌弘、二〇〇五年、『迷走する家族――戦後家族モデルの形成と解体』有斐閣。

山室周平、一九六三年、「核家族論と日本の家族」（一）（二）『ケース研究』七七号、七八号、東京家庭裁判所・家庭事件研究会。

――、一九六四年、「核家族論批判の立場――現代家族社会学の前進のために」『社会学評論』一五巻一号、日本社会学会。

山根常男、一九七二年、『家族の論理』垣内出版。

湯沢雍彦、二〇〇七年、「家族問題研究会設立の頃と初期の研究」『家族研究年報』第三二号、家族問題研究会。

第2章　日本の農村と戦後農村社会学の展開

吉野　英岐

1　農村の変貌と農村研究の軌跡

戦後の日本社会は産業化・工業化をおし進めた結果、急激に都市化していった。一九六〇年から二〇一〇年までの間に、総農家数は六〇六万戸から二五三万戸へ、農業就業人口は一四五四万人から二六一万人へ、GDPに占める農林水産業生産額は一三・一%から一・二%へと大幅に減少した。一九五〇年に全人口の六二・五%(約五二〇〇万人)を占めていた町村(郡部)の人口は、一九五五年に初めて都市(市部)の人口に抜かれて以降、その差は拡大し続け、一九九五年の町村部人口は約二七五六万人で全人口の二一・九%となった。さらに、平成の大合併を経た二〇一四年の町村部人口は約一三四〇万人で全人口の九・六％まで減少した（矢野恒太記念会、二〇一三：一一七、一二二、一七一、一七二、一七五、一七六／市町村要覧編集委員会編、二〇一四：三六―三七）。

このような激しい都市化のなかで、農村は大きく変貌した。農村社会学あるいは農村研究は、研究テーマや研究手法を幾度となく変えながら農村の分析を行ってきた。日本の農村社会学は、戦後日本社会の民主化、近代化、資本主義化の過程のなかで社会学のひとつの専門領域として一定の市民権を獲得してきた（塚本、一九九二：四二四）。あるいは、農村社会学は社会学の諸領域のなかでも輝かしい業績をあげてきた分野のひとつであると評価されてきた（細谷、一九九八：九）。しかし、これらの評価は一九七〇年前後までの研究に対する評価であり、二一世紀の今日の農村を研究するには、これまでとは異なった視点や考え方が必要とされているのではないか。

本章では戦後の農村社会学の軌跡を振り返るにあたり、一九七〇年前後と二〇〇〇年前後を区切りとして、各時期における研究テーマや手法を概説し、さらに農村に関わってきた隣接領域の研究にも焦点をあてながら、これまでの流れを整理する。そのうえで、都市化が進んだ今日の日本社会において農村の問題を研究する意義について考えてみたい。

2　分水嶺としての一九七〇年と二〇〇〇年

⑴農村の変動の画期

日本の農村は一九五〇年代前半までの一連の戦後改革（農地改革、農村民主化、家制度の廃止等）によって大きく変貌したが、一九七〇年前後と二〇〇〇年前後にも大きな画期があったと思われる。戦後の農村と農村社会学を概観した蓮見音彦が「村落社会の変動には地域差も大きく変動の画期を一義的に示すことは困難ではあるが、おおむね一九七〇年前後を境に、村落の様相も、そこで取り上げるべき課題も大きく変化したのではないかと思われる」（蓮見、二〇〇七：七）と述べているように、一九七〇年前後は人口や生活様式の都市化基調が明確に現れ、農政の変化、技術革新などの影響を受けて、農業生産と農村生活のあり方が大きく変化した時期である。さらに一九九〇年代以降、グローバリゼーションの本格的な進展、それに伴う産業の空洞化や地方経済の衰退、人口の高齢化や担い手不足による農業の不振が顕在化するようになった。一九六〇年に制定された農業基本法にかわって、一九九九年には食料・農業・農村基本法が定められ、新しい法律に基づく農業政策が始まった。農村をめぐる状況は再び大きく変化し、二一世紀の社会科学の共通課題である少子・高齢社会、福祉、ジェンダー、環境、エネルギー、食料、ツーリズムなどの課題群が農村社会学の分野でも取り上げられるようになった。二〇〇〇年以降は平成の市町村合併による地方自治体の再編や、限界集落の増大など農村の衰退が顕著になり、農村居住者および自治体の危機感が増大した。その結果、農村の存続自体が問題になってきた。

(2)農村社会学における研究の画期

戦後の農村社会学における研究の体系化は、ほぼ上述した時代の節目ごとに試みられてきた。一九六八年に刊行された『農村社会学』のはしがきで、「少なくとも終戦後、日本農村社会学のいわゆる体系的な教科書といってよい書物はほとんど刊行されていない。（中略）しかしながら、私たちはいつまでもこのままでよいとは思わない。たとえ拙劣であっても、あるいは多少強引であっても、整理をこころみる努力をするべきである」（余田・松原編、一九六八）と述べられているように、戦後の農村社会学は一九七〇年前後に初めてひとつの研究分野としての体系化が図られた。そして、一九七三年には戦後から一九七〇年ごろまでの研究の総括として、「社会学講座」（全一八巻、一九七二―七六、東京大学出版会）の第四巻『農村社会学』が刊行された。「農村社会学」と銘打たれた独立した巻が講座の一巻として出たことは、農村社会学が日本の社会学におけるひとつの研究領域として認知されたことを物語っている[1]。

次に、一九七〇年以降の二〇〇〇年ごろまでの研究（一九七〇年までの研究も含む）の体系化については、これまでに刊行された二つのシリーズで知ることができる。ひとつは社会学の重要文献を収集・紹介する「リーディングス日本の社会学」（全二〇巻、一九八五―九七、東京大学出版会）の第六巻として、一九八六年に刊行された『農村』である。この巻には二一本の論文が収録（抄録を含む）されているが、一九四〇年代から六〇年代までの論文が九本、一九七〇年代から一九八三年までの論文が一二本であり、一九七〇年以降八〇年代前半までの代表的な論文をみることができる。もうひとつは「講座社会学」（全一六巻、一九九八―二〇一〇、東京大学出版会）の第三巻として二〇〇七年に刊行された「村落と地域」である。この巻には六本の論文が収録されており、一九七〇年以降の農村の変容が主なテーマになっている。また、この巻の冒頭で蓮見音彦が執筆した論文（蓮見、二〇〇七）の巻末文献欄には、戦後から一九九九年までの農村社会学の文献（主として単行本）が掲載されているが、四つの著作集を除いた一五五本の文献のうち一九六〇年代までが四六本、一九七〇年以降一九九八年までが一〇九本あり、一九七〇年以降二〇〇〇年直前までの農村社会学の研究動向がほぼ網羅されている。

しかしながら、ほぼ同時期に刊行された「岩波講座現代社会学」（全二六巻、別巻1、一九九五―九七、岩波書店）では「農村社会学」の巻はみられなかった。一九八〇年代から一九九〇年代にかけての農村社会学は、専門領域での研究は続けられていたが、グローバリゼーションの進展のもと、都市論に注目が集まる一方で、農村社会を捉える視点が多様化し、共通のテーマを見出しにくくなっていた。農村社会学の巻の不在はこうした状況を反映し、社会学のひとつの研究領域として農村社会学の存在感が低下していたことを示している。

それでも二〇〇〇年前後から新しいテーマや方法論による農村研究が試みられるようになった。日本の村落研究の中心的な学会である日本村落研究学会では一九九九年開催の大会共通テーマを「日本農村の二〇世紀システム　生産力主義を超えて」と設定し、従来の方法論を総括し、二一世紀の農村を把握する試みを行った。二〇〇二年には「二一世紀村落研究の視点」という大会テーマが設定され、ここでも従来の研究枠組みを検討し、新しい視点に基づく研究が提案された。農村社会学でも、地域の再生あるいは人間性の回復という文脈から、農村の共同性の捉え直しや地域の再生、あるいは農業・農村の公益的な機能に着目した研究がみられるようになった。

以上のように日本の農村と農村社会学には、共通して一九七〇年前後と二〇〇〇年前後にそれぞれの画期があったと想定される。本章では、まず、戦後改革から一九七〇年ころまでの研究として、農村の独自性や固有性を「いえ」・「むら」論または文化論的立場から解明した研究、戦後の民主化・近代化のなかで新しい農村社会の形成を目指した研究、農村の変動を日本資本主義批判、農業政策批判の立場から社会科学的に解明した研究を取り上げる。次いで、一九七〇年代以降二〇〇〇年ごろまでの研究として、集落や農村コミュニティの構造や機能に関する研究、農村社会および農村生活の変容に焦点をあてた研究、農政や資本主義の再編過程における農業・農村の構造変動と環境・女性・食料・ツーリズムといった現代社会が直面するグローバルな課題を対象とした研究を取り上げる。最後に、二〇〇〇年以降の農村社会学として、過疎化や高齢化が進行する農村の持続可能性や、共同性の構築に焦点をあてた研究を取り上げる。それぞれの時期区分を通じて、農村社会学の担い手や研究体制の変化についても言及していくが、与えられた分量の関係から、すべての状況を網羅することができない点をおことわりしておく。

3　一九七〇年まで農村社会学——民主化・近代化・資本主義化のもとでの農村研究

(1)「いえ」・「むら」論の展開

戦後の農村社会学の源流として、戦前から研究の蓄積がある「いえ」と「むら」の研究がある。そのなかでも鈴木榮太郎[2]の『日本農村社会学原理』(鈴木、一九四〇)が、農村社会学の大きな金字塔であることは周知のことであり、鈴木が体系化した自然村理論が、その後の農村社会学の重要なキーワードになった。鈴木は部落あるいは「むら」ないしは村落と呼ばれてきた地域に対して、集団の累積と社会関係の堆積をもとに第一社会地区、第二社会地区、第三社会地区の区別を設け、それぞれが外延的にひろがっていくものとした。そしてこのうち第二社会地区を自然村と定義し、この地区を統御するものとして「村の精神」をあげた。鈴木は自然村を社会的統一体として、自主性、自律性をもち、超個人的、超時間的協同体とみなした(鈴木、一九四〇)。

鈴木と並んで戦後の農村社会学の基礎を築き、モノグラフ研究を中心に「いえ」と「むら」の本質に関わる研究に取り組んできたのが有賀喜左衛門[3]である。有賀は「いえ」の研究を中心としつつも、「いえ」の連合体によって構成される「むら」の構造と機能を実証的に分析した。有賀は鈴木の自然村理論に基づく村落の本質規定の重要さを十分評価しつつも、村の精神の作用をめぐる行動規範と個人の関係、自然村の超歴史的な自主性・自律性の可能性、村落の成立の多様性の三つの点から、自然村理論を批判した（有賀、一九五八）。そして、終始、村落を規定する全体社会の政治構造による規制と、それに規定されながらも生活をまもることを最大の目的とした家や住民たちの結合のあり方を追及していた。有賀は村落構造の基礎に永遠不変の「村の精神」をおくことには、否定的であったが、鈴木自身も都市化のなかでこの精神が姿を消しつつあることを一方では認めていた。しかし、戦後改革のなかで農村には大きく変貌しつつも、依然として伝統的な規範意識や共同作業などは存続していた。そこで「むら」をめぐる議論では、戦後の急激な社会変動のなかで、自然村理論にみられた村落の独自性が存続するか否かが論点になった。

戦後に鈴木や有賀の研究成果をふまえて、「むら」論の立場で一九五〇年代後半から一九六〇年代の農村社会学を主導した研究者として、余田博通や竹内利美をあげることができる。余田は西洋経済史学の村落共同体の理論をふまえて、ヨーロッパの農地管理・利用形態と日本の水田稲作経営における圃場および水路の管理・利用形態の違いから日本における部落社会の規定構造を明らかにした（余田、一九六一）。余田が農地や水路に着目したのに対して、部落の社会集団に着目して研究を進めていったのが竹内である。竹内は村落の内部構造を伝統的な組と講の存在形態から分析した（竹内、一九五七＝一九九〇）。その後、竹内は村落の変動のなかで新しく誕生する新集団と地域社会の統制との関連性を分析する実証研究を展開した（竹内編、一九六三）。このほか、社会学に隣接する経済史学分野で「むら」

を論じた中村吉治らの業績（中村編、一九五六）も重要である。

ところで竹内は研究チーム体制の確立、複数地点での比較調査法と集団分析法を採用し、その後の農村社会学の研究体制のひとつの雛形を作り上げた。そして十分に展開できなかったが、サンプリング技法や意識や態度の測定尺度などアメリカ農村社会学の方法論をもとに新しい調査方法の導入を試みた。アメリカ社会学の研究方法については鈴木榮太郎が戦前から紹介していたし、比較分析手法や意識調査の導入は、後述するように戦後すぐに福武直や塚本哲人らによる東京大学の社会学研究室が採用した手法である。このように戦後農村の変動を捉えるうえで、十分には定着しなかったにせよ、「いえ」と「むら」の研究においても農村社会学の新たな調査手法の必要性が認識されていた点は重要である。

(2)民主化・近代化の研究

戦後の日本農村の最大の課題は民主化あるいは近代化であったが、この課題に対して農村社会学から積極的に研究を進めたのが、福武直[4]であることは言を待たない。福武は一九四九年時点で「農村社会の日本的性格を追求することは、農村民主化の、そしてまた我国の民主化のための前提である」（福武、一九四九＝一九七六：五）と記し、農村民主化を阻む条件の克服を科学的に検討する姿勢を鮮明にしている（福武、一九四九＝一九七六：一〇）。そして、「単なる農地の解放ではなく、農民の人間としての解放とその新しい社会の建設」(福武、一九四九＝一九七六：二一)を社会学の目標として、各地の農村で組織的な現地調査を行い、その成果を次々と発表した。

戦後の農村社会学を担った福武の最も有名な学説は「同族結合」と「講組結合」、あるいは「東北型農村」と「西南型農村」という生産力の発展段階に応じた村落類型論であろう(福武、一九四八)。福武は農地解放によっても解消されなかった過小農社会に対して、「部落の内部構造は、部落的強制からの解放を可能にするほどの変動はしなかった」(福武、一九五九：五三)と述べ、部落的強制を封建性と規定したうえで、この封建性を生むものとして村落共同体という概念を使用した。福武は幼弱な農業生産が共同なくして成り立たない現状が生産＝生活の共同組織を基礎付けており、この状況を脱するには、生産力の上昇による個別的独立的生産と、社会的移動の自由化、社会経済的構造の開放そして機能集団の目的的な分立が必要であり、「村落共同体を新しい結合の原理によって再組織し、そのことによって共同体の克服を計るよりほかに道はない」(福武、一九五九：七八—七九)と述べている。

一九四〇年代から一九五〇年代半ばまでの農村は、農地改革が実施され、農村を統制してきた地主制支配は終焉したものの、社会全体の民主化にはほど遠く、村落に対する社会的規制(たとえば共同体的規制)を解明することが農村研究の使命とされた。その背景には日本社会の民主化を進めたいGHQ、農地改革後の戦後農政を進めるために農村の実態を把握したい農林省、学術的な研究成果をだしたい文部省の意向などがあった。そのため研究者、研究機関、官僚、ジャーナリズムなどが学際的な共同研究チームを組織し、現地調査を実施し、その結果を公刊する研究スタイルが盛んであった。

一九五〇年に発足した農村人口問題研究会は、会長に東畑精一東京大学教授、会員には大学教員（福武直も会員の一人）、毎日新聞人口問題調査会役員、経済安定本部・農林省・厚生省・労働省などの官僚が名前を連ね、当時の大きな社会問題であった農村過剰人口について組織的に研究し、研究成果を次々に刊行した。一九五三年には小倉武一農林省農林経済局長の指示のもと、東京大学文学部社会学教室の教員（福武直、塚本哲人ら）、農業総合研究所、農林省官僚の共同研究として、岡山県と秋田県で農村調査が実施された。この調査結果は初めは農林省の調査報告書という形で刊行されたのちに、福武編の研究学術書として出版された（福武、一九五四）。この調査結果に基づき、福武は村落類型論を展開したことから、農林省の調査はその後の学説の形成に大きく寄与することとなった。

また、財界人であった渋沢敬三は学際的な研究をもとめて一九四七年に九学会連合[5]を発足させ、自然科学、社会科学、人文科学にまたがるさまざまな領域の研究者が共同で地域社会の調査に従事した。一九五〇年に文部省から独立して日本人文科学会（初代会長は尾高朝雄、福武はその後会長に就任）が発足し、当初は尾高、その後は福武を中心にした研究グループが形成され、近代産業と地域社会の関連をテーマに、日本ユネスコ国内委員会の委託調査の形式で数多くの調査を実施し報告書を作成した[6]。福武は一九五七年にも静岡県からの委嘱を受け、彼を中心とする調査チームが合併町村（静岡県湖西町）の研究（福武編、一九五八）を行うなど、この時期の産官学の共同研究の中心的な役割をはたしていた。

一九五〇年代は農村社会学が専門領域として確立し、村落共同体の研究が主要な課題となり、福武が提出した村落類型論などの研究成果が一般社会にむけて出された時期であった。これらの流れをうけて、前述したように村落を研究する学際的な研究組織として村落社会研究会（一九九二年に現在の日本村落研究学会に名称変更）が一九五三年に誕生した。戦後の新社会建設の機運が高まるなかで、大学研究者、農林省や文部省、マスコミなど、まさしく官学民の共同で農村社会学はスタートしたといえる。

⑶資本主義の発展段階と農村研究

一九六〇年前後は経済の高度成長が始まった時期であるが、農村社会学では日本資本主義の発展段階が生活に与えるさまざまな影響を研究するテーマがみられるようになった。その先鞭をつけたのが一九五八年に発表された論文（河村・蓮見、一九五八）である。河村望らは福武の村落類型論を、資本主義の発展段階を無視した超歴史的な概念として批判し、全体社会の経済構造と農村との関連を重視する立場をとった。福武の村落類型論は後に福武自身によっても修正されたが（福武、一九七六・河村、一九七六：四四二）、研究課題は村落類型論から、国家独占資本主義段階に対応した農民層分解過程の把握へと移行しつつあった。その主たる担い手の一人となったのが島崎稔(7)であった。

島崎は「歴史科学としての農村社会学が、史的唯物論の立場にたつ社会科学の特殊体系として、現段階においてその特殊性を主張しうるいかなる過程にあり、その過程のなかで問うべき課題がどのようなかたちをとるか」という課題を提起して、「労働者階級との同盟の新たな展望をもつ農民組織化の論理」を明らかにしようとした。島崎はその農民組織を「解体過程の共同体とは異なった原理のうえに、しかも『官製の団体』ではなく、『自分が都市の労働者と団結しなければならないことを理解した人々だけの団体』として編成される」と規定し、農民層の分解過程と新しい農民組織の展開過程を経営耕地面積や農業所得や経費をもとに実証的に分析した（島崎、一九六五：二七）。島崎は農村社会学をマルクス主義経済学に基づいて社会科学に再編していくことを目指していた。当時の日本社会では急速な資本主義化の歪みが顕在化し、炭鉱を中心に労働闘争が繰り広げられた。そこでこの時期の研究は資本主義社会の止揚の後に来るべき社会の実現にむけた動き（資本主義の一般法則の具現化）が、農村でみられるかどうかを検証するというスタイルであった。

同様の問題関心から、「生産・労働・生活過程」分析という手法を使って北海道を中心に研究を重ねていたのが布施鉄治を中心とするグループであった（布施、一九七五／二〇〇〇）。布施グループが用いた研究手法は島崎のものと全く同じではないが、広い意味で村落構造分析と呼ばれる手法であった。この手法は研究対象となった一定の地域内の人口、家族、産業、財政、意思決定、生活の諸構造を詳細に分析し、それぞれの変動状況や関連性を明らかにしていく手法である。構造分析は農村研究から都市研究の多方面にわたって使われた手法で、農村社会学の代表的な手法となったが、その限界性についでは後継世代の研究者が批判的に検証している（中澤、二〇〇七）。

4　一九七〇年代以降の研究——動揺する「むら」の把握をめぐって

(1)農業政策の変容と「むら」の動揺

一九五〇年の国土総合開発法に基づく特定地域開発計画、人口と産業の分散を目指した一九六二年の全国総合開発計画、そして拠点開発を目指した一九六九年の新全国総合開発計画により、一九五〇年以降、多くの地域で地域開発が進んだ。農村でも同じ時期に新しい生産団地の形成や圃場整備・農業機械化が進み、近代的な農業生産が浸透しつつあった。秋田県の八郎潟を埋めたて、大規模な区画の水田を整備し、入植者を募集して米の生産を進めたのもこの時期である（一九五七年着工、一九六七年入植開始）。

しかし、一九七〇年から実施された米の生産調整（いわゆる減反）政策は、それまでの増産を目指した農業生産の方向性を大きく転換する政策であった。生産調整政策は当初は臨時的な政策として始まったが、結果的に恒久化した。農民は米を作る自由を制限されることになり、農村では戸惑いや不満が広がっていった。そしてこのころから、農業から他産業へ家計収入の軸足を動かす動きが広まった。家計収入において農業収入を主としない第二種兼業農家数は、一九六〇年の一九四万戸（総農家数の三二%）から一九八〇年には三〇四万戸（同六五%）まで一〇〇万戸以上も増加した。総農家数の統計数値を示した最終年である一九八五年には二九七万戸とやや減少したが、総農家数の六八%を占めるに至った（農林水産省統計情報部、二〇〇七a、二〇〇七b）。農家の所得水準は向上したが、農村は兼業化が進むと同時に、新住民の流入による混住化に直面するようになった。専業農家が中心であった「むら」は大きく変貌し、「むら」の変動あるいは解体が進行していった。

こうして、一九七〇年代以降の「むら」に対しては、それまでの歴史的、民族的な本質規定や構造分析より、住民の共同活動面に着目した動態的な把握や、農村コミュニティの建設や集落の再編など、政策的な動きを反映した研究が多く現れるようになった。そして、社会変動のなかでの新しい「むら」の動きや、変わらない「むら」の論理を追求する研究もみられるようになった。

(2)農村空間の構造と機能を把握する研究

動揺する「むら」をひとつの生産・生活空間として把握しようとする新しい試みが、一九七〇年の集落センサスである。集落調査自体は一九五五年の臨時農業基本調査から始まっていたが、一九七〇年に世界農林業センサスの一環として実施された農業集落調査は、統計的なデータによる集落の数量的把握を目指し、集落の領域を重視する集落構造論と、集落を維持する活動に注目する集落機能論に基づいて設計実施された。この点について、蓮見は「一九六〇年までのセンサスは村落を諸集団の累積体として認識しており、これは鈴木榮太郎の『自然村の理論』の延長線上の考え方である」（渡辺編、一九七八：三〇〇）と指摘しているように、一九七〇年の農業集落調査は一九六〇年の調査とは設計思想の点で大きく異なっていた。

集落センサスの企画実施自体は農林省統計情報部であるが、結果の分析や評価については、農林省直属の研究機関として一九四六年に設立された農業総合研究所（二〇〇一年に農林水産政策研究所に名称変更）(8)の研究者も関わっている。当時の農業総合研究所の研究官で調査の設計を担当した渡辺兵力は、一九七〇年の調査では、「農家の居住集落区で代表されるような可視的なあるいは物理的空間を指しているムラ（地域の側面を重視する）」と、「部落を部落の意向という表現で語られる不可視的な社会集団としてのムラ」を弁別し、村落を集落と部落とを統一総称する用語として定義している（渡辺、一九七八：一三―一二）。さらに、渡辺は「村落には原則として地理的な拡がりをもった固有の領域があり、その領域に規制された社会集団の範域がある」と考え、「村落を『構造と機能』の側面で具体的にとらえ、その変化の実態の究明、あるいは村落機能の向上を課題とした村落構造の再編成などを扱かう必要がある」として、調査を通じて、集落数が減少し機能が弱体化しつつある状況への政策的対応を想定していた（渡辺、一九七八：一五―一六）。

渡辺は村落構造要因の基礎的項目として「土地」を、部落構造要因の基礎的項目として「家」をあげ、村落においては、社会諸関係が「土地と主体」との関係を媒介に成立している場合が多いことから、「土地関連社会関係」が人間諸関係の基盤であるとした（渡辺、一九七八：三〇）。村落分析における土地の重視、あるいは領域・領土的な考え方は、一九七〇年の農業集落調査を渡辺とともに設計した川本彰の業績(川本、一九七二／一九七八)でも顕著である。渡辺は「社会学の方は『土地』をはなれて、すぐ『家』関係、『家』制度を問題にした」(渡辺、一九七八：三一〇)と共同討論のなかでも述べており、土地の問題を媒介に村落の社会関係を考察する重要性を強調している。

その後の集落の動向に関連した研究として齋藤吉雄らの調査研究がある。齋藤らは当時盛んに使われ始めたコミュニティという用語を積極的に使用し、コミュニティ研究の課題を整理したうえで、岩手県と宮城県の二つの集落移転を事例に、住民と行政のやりとりのなかに現れる住民の自発性や住民間の合意形成の様態、あるいは農村コミュニティの機能的要件を分析した(齋藤編、一九七九)。

⑶調査研究機関の設立

一九七〇年代以降の農村では機械化と基盤整備が本格化し、一方で生産調整が導入され、兼業化も進むなど生産と生活の環境が大きく変りつつあった。そこで農地、水利、居住環境、跡継ぎ、女性、労働状況、集団化など直面する多様な課題の解決にむけた研究が必要とされた。そのため農村の生産・生活の環境や様式および住民の意識の変化に焦点をあて、多地点の実態を比較するような実態調査に基づく研究が盛んになった。

農村社会学の研究史ではこれまであまり触れられてはこなかったが、この分野の研究を大学とともに担ってきた主体として、公益法人の調査研究機関の存在がある。戦後に設立された研究機関で最も歴史のあるものは、一九四五年に設立された財団法人日本農業研究所(前身は一九四二年に設立された財団法人東亜農業研究所)である。その後、財団法人農政調査委員会が一九六一年に設立され、一九七〇年代に入ると、財団法人農村開発企画委員会(一九七一年設立)、社団法人地域社会計画センター(一九七四年設立)、社団法人農村生活総合研究センター(一九七五年設立)などが相次いで設立された(名称は設立時のもの)。また一九七一年には日本農業研究所内に農事懇話会が発足し、現場の農家や農業団体の意見を直接きき、それを記録に残している(農事懇話会、一九七三—一九九〇)。

ところで米の生産調整政策は、「むら」の統合機能に着目し、地域の意思決定を「むら」に委ねるようになったが、このような「むら」のもつ統合機能について、現地調査のなかで農民との対話を重ねながら研究し、そこに生活に根ざした独自の論理があることを訴え、多くの著作を発表した研究者として守田志郎がいる[(9)]。彼もまた財団法人協同組合経営研究所という一九五二年に設立された調査研究機関に在籍した研究者であった。

これらの研究機関では、社会学を含む幅広い領域の研究者や実務者が、学際的に農村の課題解決にむけて調査研究に従事し、調査研究報告書を刊行した。しかし、一九九〇年代になると研究機関の活動を支えていた国や農業協同組合の財政状況の逼迫により、研究予算や人員が縮小され始め、近年では組織の統合や解散が相次いでいる。

⑷資本主義経済と農村の再編

一九七〇年以降の資本主義の発展段階から村落を分析する農村研究は、「国家独占資本主義の統治機構による農村のあらゆる面での管理化の進行のもとで、上（統治機構）からの組織化ではない農民的組織化の拡大の可能性の追求」（蓮見、一九八三）を志向していた。しかし現実には兼業化の進展などによって農民層分解が進まない現状や、過疎化による農村の消滅や都市的生活様式の農村部への浸透により、理論どおりの結果が現れないことも多かった。蓮見は研究の困難さが増す要因を、農村社会学の主要な分析手法であった村落構造分析の限界に求めた。蓮見は村落構造分析について「村落が一定程度独立的閉鎖的な社会単位として存立していること」を前提にした「旧来の農村像に固執」する方法であり、福武らによって繰り返し実施された一九五〇年代の時点でも、「破綻していたといわざるをえなかった」と指摘した（蓮見、一九八七）。

こうした状況を反映して一九七六年には新しい研究学会として地域社会学会が設立された。そして都市・農村に二分された研究領域やこれまでの構造分析手法に代わる問題設定と研究手法を求めて、資本主義経済と地域社会という構図から研究を進めていく動きが盛んになった。全体社会の変動のもとでのむらの解体と再編については、前述の竹内の研究チームのメンバーであった菅野正・田原音和・細谷昂が山形県庄内地方において継続的に進めた研究にもみられる（菅野・田原・細谷、

一九七五、一九八四)。菅野らは「『基底体制還元主義』と特殊完結的『ムラの論理』への埋没に対して十分注意」しつつ、「体制変動が農民生活を強く規定している」という認識のもとに、「リーダーの性格や能力にみる歴史超克と矛盾の問題」を通じて、農民の生活展開を行為と思想(行為への意味付与)の統合として捉え、行動と意識の歴史的変遷の研究を試みている(菅野・田原・細谷、一九八四：六—七)。

有賀や竹内の研究以降、「いえ」や「むら」を主要な研究対象としてきた分野でも、変化がみられるようになった。高橋明善は、「現代農村の変動と問題は家、村論を中心には理解できないのではないか」という意見があることを認めつつも、家と村の存続やそれらの重要性については、引き続き指摘できるとしている。高橋は「変化した日本の家・家族ならびに村は崩壊過程にあるととらえるだけでなく、それ自体固有の個性をもつものとして、固有の積極的意味付けをもつ概念によって理解すべきではないか」と問いかけた。次いで、「家と村は土地の利用秩序を形成する水田社会のなかでも日本において『特殊』に形成された『仕掛け』であるということもできるのではないか」と述べて、具体的には村落の土地(農地)管理をめぐって、「いえ」や「むら」の論理が有効なのか、市民的権利義務を自覚した個の確立による市民社会の論理が有効なのか議論がわかれているとしている。そして、農地の性格として、生産手段、生活手段、私有財産、家産の四つをあげて、これらが農家の意識・行動・生活を規制しているとした。また、都市化、財産保全、老後の生活保障に対応した農村における共同的利用秩序の形成が考察される必要があると指摘した(高橋、一九九一：三四—三六)。

以上のように、「むら」が大きく揺らぐなかで、農村研究を牽引した構造分析の手法の限界が指摘されつつも、農村固有の歴史性と生活条件とをふまえた研究の重要性が引き続き指摘されたのが、この時期の研究であった。しかし、実際には、変貌する「むら」の実態を記述、記録する作業が多く、方法論的な反省に基づいた新しい研究枠組みやパラダイムの提唱が行われるのは、二〇〇〇年前後になってからであった。

5　二〇〇〇年以降の農村社会学

(1)グローバリゼーションの進行と農業政策の変更

一九八九年のベルリンの壁の崩壊や一九九一年のソ連邦の解体などにより、資本主義対社会主義という構図が崩れ、資本主義の発展段階を重視した従来の研究も修正が迫られるようになった。一方、投資と貿易の双方の国境や体制を越えた拡大は顕著になり、グローバリゼーションの流れが決定的になった。自由貿易の実現を旗印に、従来の農産物の価格支持政策や輸入禁止政策を認めず、公正な競争による自由貿易の推進を目指したＷＴＯ（世界貿易機関）が一九九五年に発足した。ＷＴＯに加盟したわが国も、一九九五年からミニマムアクセス枠として米の継続的な輸入が開始された。農業・農村はローカルなレベルから、一気にグローバルなレベルで論じられることが多くなり、国際競争のなかで日本農業の生き残りを模索する政策が目立ち始めた。

まず、一九九二年に新農政プランが発表され、次いで一九九三年に「効率的かつ安定的な農業経営」の実現を目標とする農業経営基盤強化促進法が成立した。同法に基づき経営の担い手の明確化を図るため、都道府県は基本方針を、市町村は基本構想を策定し、農業者は農業経営改善計画を作成し、その内容が基本構想に照らして適切である場合、市町村が経営改善計画を認定する認定農業者制度が始まった。認定農業者向けに大型の制度資金が用意され、国として育成すべき農業経営体の像が具体的に示された[10]。そして、一九九九年に戦後の農業政策の柱であった農業基本法（一九六一年制定）が廃止され、食料・農業・農村基本法が制定された。新しい基本法は農業経営基盤強化促進法の考え方を引き継ぎ、国として育成し、支援すべき農業経営像を掲げた。新しい基本法に基づき、政府は二〇〇〇年に食料・農業・農村基本計画を策定した[11]。したがって二〇〇〇年以降は新基本法に基づいた新しい農業政策の展開期ということができる。

政府は二〇〇七年度から農業の構造改革を加速化させることを目的に、全農家を一律的に対象とした経営安定対策を見直し、一定の経営規模を有する農家（個別経営体）や協業組織を対象とした品目横断的経営安定対策を開始した[12]。しかし、翌年には水田・畑作経営所得安定対策に名称と内容が変更され、その翌年の二〇〇九年九月には政権交代があり、自民党農政は一旦終止符を打つこととなった。政権に就いた民主党は、新しい基本法で目指された農業経営規模の拡大を進めるために、二〇一〇年一一月に総理大臣を本部長とする「食と農林漁業の再生推進本部」を設置し、二〇一一年一〇月にわが国の食と農林漁業の再生のための基本方針・行動計画を発表した。この基本方針・基本計画では、農地集積による規模拡大や若者の新規就農の促進にむけ、市町村に対して、二〇一二年度から集落を基本的な単位とする地域農業マスタープラン（人・農地プラン）を策定することを求めた。

しかし、二〇一二年一二月に再度政権交代が起こり、自民党が政権に復帰した。そして、民主党政権時に設置した「食と農林漁業の再生推進本部」に替わり、二〇一三年五月に、総理大臣を本部長とする「農林水産業・地域の活力創造本部」が設置された。同本部は規制改革会議の「今後の農業改革の方向について」（二〇一三年一一月発表）や産業競争力会議農業分科会での議論をふまえて、二〇一三年一二月に「農林水産業・地域の活力創造プラン」を発表した。このプランでは、更なる農地の集積を図る農地中間管理機構の創設、経営所得安定対策の見直し、水田フル活用と生産調整を含む米政策の見直し、日本型直接支払制度の創設の四つの改革を掲げ、二〇一四年度（一部は法律を制定して二〇一五年度）からの実施を求めている。

こうした日本農業の構造改革の推進とは別に、新しい基本法のもとでの農業・農村政策では、農業と農村は農産物を生産、供給する機能をもつだけでなく、国土の保全、水源のかん養、自然環境の保全、良好な景観の形成、文化の伝承等のように、市場での評価は困難ではあるが、広く国民や国家に公共的な利益を与える機能、すなわち多面的機能をもつものとした。そこで、条件不利地においてもこうした機能を十分に発揮できるように、二〇〇〇年からに中山間地域等直接支払制度が開始された[13]。また環境保全対策として、二〇〇七年度から地域共同による農地・農業用水等の資源の保全管理と農村環境の保全向上の取組みを支援する農地・水・環境保全向上対策[14]が開始された。

このように、二〇〇〇年前後から、それまで継続してきた農政が大きく揺らぎ、わが国の農業のあり方について抜本的な政策の変更が行われた。その方向性は一方で規模拡大や経営効率の向上を通じた国際競争力の強化という側面をもち、もう一方では農業・農村が多面的あるいは公益的機能をもっていることを積極的にアピールし、都市部の住民に対して、農業・農村を政策として支えていく新たな根拠を提示した。

(2)農村研究の新しい課題

二〇〇〇年前後からの農政の大きな変更を背景に、農村社会学の研究テーマや議論の方向性も変化が生じ始めた。二〇〇〇年前後から従来の研究パラダイムを批判的に検証し、よりグローバルな観点から、農業・農村を再び問い直す試みが頻出するようになった。

日本村落社会研究学会の大会の共通課題をみると、一九八〇年代後半から一九九〇年代前半は家族農業経営の存続可能性をめぐる比較研究が中心で、その後は女性、環境問題、有機農業、山村、高齢化と地域福祉といった個別具体的な問題群が、時代を先取りするかたちで取り上げられた。しかし、それ以降は「日本農村の『二十世紀システム』生産力主義を超えて」(一九九九年)、「日本農業・農村の史的展開と転機に立つ農政」(二〇〇〇年)、「いま改めて日本農村の構造転換を問う」(二〇〇一年)、そして、「二十一世紀村落研究の視点」(二〇〇二年)というように、農業・農村や農村研究そのもののあり方を問う課題群が共通課題になっている。

池上甲一は農業生産力の拡大を重視してきたシステムを二十世紀システムと規定し、それに準拠した研究の限界を示し、新しい農村観と研究方法の開発の必要性を示した(池上、二〇〇〇)。また熊谷苑子は従来の研究方法を規範的枠組みとして捉え、個人のライフコースなどに着目して研究するような新しいパラダイムの必要性を述べている(熊谷、二〇〇四)。その後の共通課題としては、「二一世紀東アジア農村の兼業化と持続性への展望」(二〇〇三年)、「消費される農村　ポスト生産主義下の『新たな農村問題』」(二〇〇四年)と続き、新しい世界秩序のなかでの国内外の農業・農村が論じられた(15)。

これらの動向を俯瞰して考えると、二〇〇〇年以降、すなわち二一世紀の農業・農村に対して、農業生産、農村生活、そして資源管理の三つの領域で新たな観点からの研究のテーマが設定されていることがうかがえる。そこでこれら農業生産とアグロ・フードシステム、農村生活における新たな共同性の構築、農山漁村地域の資源管理といった三つの領域、および近年の研究を紹介する。

農業生産とアグロ・フードシステムについては、集落営農などの農業生産組織の結成や持続性の観点から研究が進められている。米価の下落に歯止めがかからず、政権交代による農業政策の変更のなかでも、組織化のあり方、専従者や後継者の確保は、引き続き大きな課題になっている。そのほかBSEや口蹄疫、そして鳥インフルエンザなどが発生し、家畜の飼育をめぐる環境は以前とは比べものにならないほど細心の注意が必要になっている。また、食料自給率の低下、エネルギー供給の問題やバイオエネルギーへの注目、国際紛争や異常気象の頻発による食料供給の不安定化や価格の高騰が顕著になった。こうした食料や食品の生産、流通、消費過程をめぐるアグロ・フードシステムの問題は二一世紀に入ってから大きくクローズアップされ、研究論文（立川、二〇〇〇／谷口、二〇〇五／岩崎編、二〇〇八）が発表されるようになった。

農村生活における共同性の構築の問題も現代の農村を考えるうえで重要な課題である。これまでの「いえ」や「むら」は、農家や農民の生命と生活を保障するものとして想定されてきたため、共同性の存在をアプリオリに設定してしまう傾向が強かった。また、政策にはそうした共同性に頼ってしまう傾向がみられた。近年では地域再生を掲げる農業農村政策が増加し、生活維持や地域再生を図るために、住民の共同性や主体性の再構築が課題になっている。そこでは、農家ばかりで構成されているわけではない今日の「むら」では、新しい自治のあり方や新しい農村の住民像が問われている(16)。

農業を営む住民ばかりではない農村で、すべての住民の生命と生活を保障するものとして「むら」の存続の必要性があるならば、住民自身の知恵を源泉とする新たな共同性のあり方を掬いあげるような論理とその発現形態を追究していく必要がある。そこには農業生産以外の契機で人と人が結びつく可能性に関する研究(池本・荒樋・杉岡、二〇〇七/吉野、二〇〇九a、二〇〇九b/叶堂、二〇〇九/靍、二〇〇九)がある一方で、生活条件が厳しい地域からの撤退を提言する研究も現れている(林・齋藤編、二〇一〇)。

最後に農業・農村について資源管理面からアプローチする研究を紹介する。過疎化や高齢化が急速に進行する農山村では、山林管理の弱体化や耕作放棄地の増大が社会問題化しつつある。大野晃が提唱した限界集落という概念が近年、社会的に注目されているのはその一例である。この概念自体は一九八〇年代に提唱されていたが、地方交付税の大幅削減による地域政策の後退や、平成の市町村合併による周辺地域への政策メニューの減少、そして急速な高齢化により、集落の機能の喪失や集落自体の消滅がにわかにクローズアップされてきた。とくに条件不利地である山村は、限界集落対策が急務となっている。山林管理の弱体化や耕作放棄地の増大は洪水や土砂崩れの要因にもなり、下流域の都市住民の生活を脅かすおそれもある。大野は森林税の創設による経済的な支援措置と、専門家や若い人材による集落運営の人的サポートなどを提唱している(大野、二〇〇九)。

資源管理の持続可能性や農山村の持続可能性については、日本国内にとどまらない問題でもある。農地、森林、水源地、水路、共有地といった農山村に存在する地域資源の管理や運営は、先進国のみならず開発途上国においても重要な問題になっている。農村の多面的機能の維持、生態系の保全、資源保護や持続可能な開発という観点から、地域資源の共同利用を定めたかつての入会慣行に再び注目が集まり、さらに現代的なコモンズ論に基づく研究成果が発表されるようになった(井上・宮内編、二〇〇一／大野、二〇〇五／中田、二〇〇五／吉野、二〇〇九ａ)。地域資源の所有・管理・利用については、これまでの農村研究では積極的に取り上げられてこなかった課題であるが、法律や制度、そしてさまざまな主体が関わる問題であり、今後の農村研究の重要なテーマになると考えられる。

⑶近年の研究課題

農業・農村をめぐる近年の社会学的な研究課題として、ジェンダー・市町村合併・震災・消滅自治体の四つのテーマを紹介したい。

農村におけるジェンダーの問題は、以前は嫁姑といった家族内の人間関係の問題として取り上げられることが多かったが、二〇〇〇年以降は農村女性の経済的社会的地位に関する研究や、農村地域における男女共同参画社会の実現に関する研究が増加した。そして近年では、直売所や農家レストランのような女性起業や農業経営者としての女性の存在に注目する研究がみられるようになった(靍、二〇〇七／秋津・藤井・澁谷・大石・柏尾、二〇〇七／藤井、二〇一一)。

市町村合併については、そのピークであった二〇〇五年から一〇年余が経過したが、市と合併した周辺部の町村にとって合併は必ずしもプラスの効果をもたらしていない事例の報告もでてきている。あるいは合併が農村地域の住民の統合や住民組織の編成に変化をもたらし、統合の単位が昭和の合併以前の領域に戻る傾向を指摘する研究もある（吉野、二〇一三a）。合併が地域再生の起爆剤になったのかどうか、あるいは合併の効果（逆効果）を緻密に検証するような研究が今後さらに必要である（青木・田村編、二〇一〇／佐藤編、二〇一三／山崎・宗野編、二〇一三／庄司編、二〇一四）。

二〇一一年三月一一日に発生した東日本大震災は東北地方の太平洋沿岸の農山漁村地域に壊滅的な被害を与えた。その後、各地で復興を目指した取組みが始まっているが、農業と農山漁村の再生にはまだまだ時間が必要である。これまで震災後の農山漁村の変容をテーマにした研究としては、復興計画の策定に関わる合意形成や防潮堤の建設をめぐる行政と住民の対立などがあるが、本格的な復興はこれからであり、震災復興に関する研究はこれからの重要な課題である（松井、二〇一二／吉野、二〇一二／二〇一三b／麦倉・吉野、二〇一三／稲垣・阿部・金子・日野・石塚・小田切、二〇一四）。

最後に、二〇一四年五月に日本創成会議から発表された「地方消滅」あるいは消滅自治体（消滅可能都市）に関する議論は社会的に大きな関心を呼んだ（増田編、二〇一四）。限界集落といった局地的な問題ではなく、全国各地の自治体が人口減少により消滅するというショッキングな報告に対しては、農村研究者やジャーナリストから疑問や批判の声があがった（小田切、二〇一四／大江、二〇一五）。また人口減少や高齢化に対して、農山漁村地域における新しい活動や新規移住者に着目して、地域の持続可能性に言及する研究もでてきた（小田切・藤山・石橋・土屋、二〇一五／藤山、二〇一五）。

おわりに――これからの農村社会学

戦後、農村の民主化・近代化を掲げて始まった農村社会学は、その後、社会科学化の方向と「いえ・むら」論の方向の両方で研究が蓄積されてきたが、いずれも一九七〇年代以降の農村の変貌を前に、議論の有効性が減少していったことは否めない。一九七〇年代以降は旧基本法農政を基軸としつつも生産調整や構造改善をめぐって農政の度重なる転換もあり、農業政策の揺れ動きが農村や農民の戸惑いや苦悩を深めていった。同時に人口流出により農村の人口再生産機能の低下や高齢化が進み、過疎化に代表されるような農村の存続を危うくする事態が進みつつあった。しかし、この時期の研究者や政策担当者の関心は、農村の静かなる危機を認識しながらも、農村の存亡そのものよりは、変貌する農村あるいは農村の本質を規定する要素を明らかにすること、より効率的な農業生産の拡大にあったのではないだろうか。

二〇〇〇年以降のグローバリゼーションの深化は、農村をとりまく生活環境まで及び、農村そのものの多面的な機能が評価される一方で、農村の持続性がさらに危惧されるようになった。こうした状況では、農村研究のパラダイム転換ともいうべき新しい視点からの研究とともに、農村研究の軌跡を踏まえ、農村社会学の創成期の研究業績を今一度振り返ることも必要であろう。近代化の過程で大きく変貌する現実を前に創成期の研究者は、研究の蓄積が少ない環境で、どのような関心をもって研究に臨んでいたのだろうか。

日本の農村社会学の創成期の研究者である有賀喜左衛門や竹内利美の研究姿勢は、「農村地域に生活する住民の側に厳然と存在する、農村生活を維持し防衛する住民の取り組みという現実」（塚本、一九九二：三七）を研究の起点にすえるものであった。そして有賀は農民の創造性を掬いあげる研究を重ねていった。柳田國男は「常民」という用語を提唱した。常民とは普通の人々、エリートではない人々をさすが、柳田や渋沢敬三らは、日本文化の基底を担う人々の意を込めてこの語を用いたとされる（広辞苑第六版、二〇〇七年　常民の項）。

グローバル化がすすむ今日、私たちは食料生産、地域資源、自然環境、伝統文化が共存する空間である農村をどのように保全し継承していくことができるのだろうか。そして、現代社会のなかに新しい共同性の萌芽をどのように発掘し、評価することができるのだろうか。農村社会学はこうした課題に対し、改めて生活者の創造性に着目して研究していく必要がある。

注

（1）一九五七年にはいち早く「講座社会学」（福武直、日高六郎・高橋徹編、全九巻、別巻1、一九五七―五八、東京大学出版会）の第4巻として、『家族・村落・都市』が刊行されていたが、農村（村落）研究だけで独立した一巻を占めるまでには至らず、家族研究と地域研究の組み合わせで一巻が構成されていた。

一九六四年には「現代社会学講座」(福武直・日高六郎監修、全五巻、一九六四、有斐閣)にⅡ巻として『地域生活の社会学』(中野卓編、一九六四、有斐閣)が刊行され、農村に関する論文も収録された(柿崎京一、一九六四)。なお同年に刊行された『社会学研究案内』(福武直編、一九六四、有斐閣)には、農村社会学の研究史(中野・柿崎、一九六四)が収録された。

(2)鈴木榮太郎(すずき　えいたろう、一八九四年―一九六六年)長崎県生。社会学者。東京帝国大学文学部卒業。岐阜高等農林学校教授、京城帝国大学助教授を経て、北海道大学教授。その後は東洋大学と和光大学の教授を歴任した。著作は多数あるが、その多くは『鈴木榮太郎著作集』全八巻(一九六八―一九七七、未来社)にまとめられている。

(3)有賀喜左衛門(あるが　きざえもん、一八九七年―一九七九年)長野県生。社会学者。京都帝国大学法学部に一旦入学後、東京帝国大学文学部に入学。同大学院修了(美術史学専攻)。その後、「アチック・ミュウゼアム」同人となる。戦後、東京大学文学部社会学の非常勤講師を経て。東京教育大学文学部社会学科の主任教授に就任。その後、慶応大学文学部哲学科教授、日本女子大学学長を務める。著作は多数あるが、その多くは『有賀喜左衛門著作集』全一一巻(一九六七―一九七一、未来社)および『第二版　有賀喜左衛門著作集』全一二巻・別巻1(二〇〇〇―二〇〇一・二〇〇二、未来社)にまとめられている。

(4)福武直(ふくたけ　ただし、一九一七年―一九八九年)岡山県生。東京帝国大学文学部社会学科を卒業後、東京大学文学部助教授、同教授を務める。一九七七年に定年退官後は一九八六年まで社会保障研究所所長を務めた。著作は多数あるが、その多くは『福武直著作集』全一一巻(一九七五―一九八六、東京大学出版会)にまとめられている。

(5)九学会連合とは、日本民族学会、日本人類学会、日本民俗学会、日本社会学会、日本宗教学会、日本地理学会、日本言語学会、日本心理学会、東洋音楽学会の九つの学会で構成されていた。九学会連合編で一九五二年に「漁民と対馬」を刊行して以降、能登、奄美、佐渡、下北、利根川、沖縄と一九七六年まで一〇冊の調査報告書が刊行された。なお九学会連合は機関誌『人類科学』を四二号刊行して、一九八九年五月に解散した。

(6)日本人文科学会が刊行した主な報告書は以下のとおりである。『社会的緊張の研究』(一九五三、有斐閣)、『近代鉱工業と地域社会の展開』(一九五五、東京大学出版会、以下同じ)、『近代産業と地域社会』(一九五五)、『佐久間ダム』(一九五八)、『ダム建設の社会的影響』(一九五九)、『北上川』(一九六〇)。

(7)島崎稔(しまざき みのる、一九二四年―一九八九年)東京都生。東京大学文学部社会学科を卒業後、中央大学文学部講師等を経て、同教授を務める。著作は多数あるが、その多くは『島崎稔・美代子著作集』全一〇巻、別巻一(二〇〇四―二〇〇五、礼文出版)にまとめられている。

(8)農業総合研究所の研究業績は膨大な数にのぼり、その全貌を紹介することは困難であるが、HPに機関誌であった『農業総合研究』が全号掲載されている。一九七〇年代に農業総合研究所の研究者らによって行われた山形県豊原村のモノグラフは、農民の日記の分析から主体形成を論じ、新しい視点からの農村研究の可能性を開いた(豊原村研究会編、一九七七、一九七八／川口、一九八三)。

(9)一九七〇年代は「小農・むら見直し論」からの発言もみられた(斎藤編、一九七九)。守田志郎は実態調査から小農のムラ論を精力的に展開した(守田、一九七二、一九七三、一九七四、一九七五)。守田は部落における人間関係を部落特有のものと考え、小農の強さを繰りかえし論じた。このほか玉城哲は農業水利関係の調査をもとに、用水や水利の研究を通じて農村社会の秩序原理あるいは日本社会の特徴を描いた(玉城、一九七二、一九七六、一九七八)。守田は財団法人協同組合経営研究所、玉城は財団法人水利科学研究所および財団法人農村金融研究会という専門の研究機関で調査研究に従事し、その後大学教員に転じた点で同じようなキャリアをもっている。二人は共通して研究所勤務のときの経験がその後の立論の基礎になっており、この点は大変興味深い。

(10)食料供給政策については、食糧(主として米)の需給と価格の安定を目的に、生産・流通・消費の過程における政府の介入と管理を根拠づけた食糧管理法(一九四二年制定)が一九九五年に廃止され、同年一一月より食糧法が施行された。さらに二〇〇四年四月には食糧法が大きく改正されて、「新食糧法」が施行され、米の販売と流通が大幅に自由化されている。

(11) 基本計画の目標達成期間は一〇年間であるが、社会経済情勢を反映して、これまで二〇〇五年、二〇一〇年と五年ごとに見直されてきた。そして新しい政権になってから初めての計画が、二〇一五年三月に閣議決定された。

(12) その後、政権交代によって政策が転換し、二〇一〇年度から農業者戸別所得補償制度が先行導入され、翌年から本格実施となった。そして再び、政権交代により、二〇一三年度から制度を手直しした経営所得安定対策が始まった。

(13) これまで第一期対策(二〇〇〇年度—二〇〇四年度)、第二期対策(二〇〇五年度—二〇〇九年度)、第三期対策(二〇一〇年度—二〇一四年度)が実施されてきた。その後は日本型直接支払制度の一環として、地域の共同活動を支援するために新設した多面的機能支払、および環境保全型農業直接支払とともに、二〇一五年度より第四期対策が開始されている。

(14) 二〇一二年からは、「農地・水保全管理支払交付金」と名称を変更し、さらに二〇一四年度からは、二〇一六年度までの事業として、保全管理目標を定め、地域ぐるみで取り組む保全管理の体制強化が目指されている。

(15) その後は再び個別テーマに基づく農村研究に回帰し、「地域における教育と農」(二〇〇五年)、「日本農村におけるグリーン・ツーリズムの展開」(二〇〇六年)、「日本における近世村落の共同性を再考する」(二〇〇七年)、「集落の再生にむけて」(二〇〇八年)、「文化としての鳥獣被害」(二〇〇九年)、「都市の中の〈むら〉」(二〇一〇年)、「農村社会を組みかえる—ジェンダー関係の視点から—」(二〇一一年)が取り上げられた。そして、二〇〇五年にピークを迎えた市町村合併について農村地域の現状と歴史に焦点を当てて論じた「平成の市町村合併と農山漁村」(二〇一二年)と「村の再編」(二〇一三年)が続いた。さらに東日本大震災について村と家から考察する「災害を処遇する家と村」(二〇一四年)が共通解題となった。このように農山漁村地域を揺るがす大きな事象(合併・震災)について、時間をかけてその影響を分析していくところが特徴となっている。

(16) 日本村落研究学会会員の執筆によるテキスト（日本村落研究学会、二〇〇七）や、坪井伸広・大内雅利・小田切徳美による『現代のむら』（二〇〇九）は、今日の農村および農村研究の実態と課題を整理して、提示しており、近年の動向を把握するのに役立つ著作となっている。また、農村に存在する無形の地域資源である祭りや芸能の存続の鍵を握る担い手の確保、農村への回帰者や都市からの移住者の定着、そして、都市住民をも交えた新たな共同性の構築については、従来の生産者—消費者という共同関係だけでなく、教育や文化面も含めた生活互助や災害時の相互支援など、生活者という視点からの統合的なアプローチが必要になろう。

文　献

秋津元輝・藤井和佐・澁谷美紀・大石和男・柏尾珠紀、二〇〇七年、『農村ジェンダー』昭和堂。

青木康容・田村雅夫編、二〇一〇年、『闘う地域社会』ナカニシヤ出版。

有賀喜左衛門、一九五八年、「村落の概念について」、三田哲学会『哲学』三五（有賀（一九七一）『有賀喜左衛門著作集X 同族と村落』に収録）。

——、一九六七—七一年、『有賀喜左衛門著作集』（全一一巻）、未来社。

——、二〇〇〇—二〇〇一年・二〇一二年、『第二版 有賀喜左衛門著作集』（全一二巻・別巻1）、未来社。

藤井和佐、二〇一一年、『農家女性の社会学』昭和堂。

藤山浩、二〇一五年、『田園回帰一％戦略』農文協。

福武直、一九四八年、「我国農村社会の二類型——同族結合と講組結合」『社会』三巻一二号、鎌倉文庫（福武（一九四九）および福武（一九七六）に収録）。

――――、一九四九年、『日本農村の社会的性格』東京大学協同組合出版部。

――――、一九五四年、『日本農村社会の構造分析』東京大学出版会。

――――編、一九五四年、『農村社会組織調査――部落構造と農政浸透』農林省農業経済局。

――――・塚本哲人、一九五八年、一九五四年、『日本農民の社会的性格』有斐閣。

――――編、一九五九年、『合併町村の実態』東京大学出版会。

――――、一九五九年、『日本村落の社会構造』東京大学出版会。

――――編、一九六四年、『社会学研究案内――問題点と文献解説』有斐閣。

――――、一九七六年、『福武直著作集 4 日本農村の社会的性格・日本の農村社会』東京大学出版会。

――――・日高六郎・高橋徹編、一九五七―五八年、『講座社会学』(全九巻、別巻1)、東京大学出版会。

――――・日高六郎監修、一九六三―六四年、『現代社会学講座』(全五巻)、有斐閣。

――――監修、一九七二―七六年、『社会学講座』(全一八巻)、東京大学出版会。

――――、一九七五―八六年、『福武直著作集』(全一一巻)、東京大学出版会。

布施鉄治、一九七五年、「戦後日本社会学の展開と農民層の『生産・労働―生活過程』分析の視角」、北川隆吉監修、『社会・生活構造と地域社会』時潮社。

――――、二〇〇〇年、『布施鉄治著作集』全二巻、北海道大学図書刊行会。

蓮見音彦、一九八三年、「日本農村の展開と村落の位置」、村落社会研究会編、『村落社会研究一九 村落の変貌と村落社会研究――三十年の歩みをふりかえって』御茶の水書房。

――――編、一九七三年、『社会学講座 第四巻 農村社会学』東京大学出版会。

――――、一九八七年、「戦後農村社会学の射程」、日本社会学会、『社会学評論 一五〇 特集・戦後の日本社会学』有斐閣。

――――、二〇〇七年、「総論　村落・地域社会の変動と社会学」、蓮見音彦編(二〇〇七)に所収。

――――編、二〇〇七年、『講座社会学3 村落と地域』東京大学出版会。

林直樹・齋藤晋編、二〇一〇年、『撤退の農村計画』学芸出版社。

細谷昂、一九九八年、『現代と日本農村社会学』東北大学出版会。

池上甲一、二〇〇〇年、「日本農村の変容と『二〇世紀システム』――農村研究再発見のための試論」、日本村落研究学会編『年報村落社会研究』第三六集、農文協。

池本良教・荒樋豊・杉岡直人、二〇〇七年、「新しい農村住民」、日本村落研究学会編・鳥越皓之責任編集、『むらの社会を研究する』農文協。

稲垣文彦・阿部巧・金子知也・日野正基・石塚直樹・小田切徳美、二〇一四年、『震災復興が語る農山村再生』コモンズ。

井上真・宮内泰介編、二〇〇一年、『コモンズの社会学』新曜社。

井上俊・上野千鶴子・大澤真幸・見田宗介・吉見俊哉編、一九九五―九七年、『岩波講座現代社会学』（全二六巻、別巻1）、岩波書店。

岩崎正弥編、二〇〇八年、『食の共同体』ナカニシヤ書店。

柿崎京一、一九六四年、「農民生活における『地域』」、中野卓編、『現代社会学講座Ⅱ地域生活の社会学』有斐閣。

上子武次ほか、一九八五―九七年、『リーディングス日本の社会学』（全二〇巻）、東京大学出版会。

叶堂隆三、二〇〇九年、「集落を支えていく力――五島列島の事例から」、日本村落研究学会編『年報村落社会研究』第四五集、農文協。

菅野正・田原音和・細谷昂、一九七五年、『稲作農業の展開と村落構造』御茶の水書房。

――、一九八四年、『東北農民の思想と行動』御茶の水書房。

川口諦、一九八三、「農村の日常生活の形式と主体――農業社会の存立機制の具体相として」、村落社会研究会編、『年報村落社会研究』第一九集、御茶の水書房。

川本彰、一九七二年、『日本農村の論理』龍渓書舎。

――、一九七八年、「村落領域とその規制要因」、渡辺兵力編著、『農業集落論』龍渓書舎、所収。

河村望、一九七六年、「戦後民主主義と農村社会学――戦後農村社会学の出発点」、福武直、『福武直著作集4 日本農村の社会的性格・日本の農村社会』東京大学出版会。

河村望・蓮見音彦、一九五八年、「近代日本における村落構造の展開過程――村落構造における『類型』の再検討上・下」、『思想』四〇七、四〇八、岩波書店。

熊谷苑子、二〇〇四年、「二十一世紀村落研究の視点」、日本村落研究学会編『年報村落社会研究』第三九集、農文協。

増田寛也編、二〇一四年、『地方消滅』中央公論新社。

守田志郎、一九七二年、『日本の農業七九部落』農政調査委員会。

――、一九七三年、『小さい部落』、朝日新聞社（一九七八年に『日本の村』に改題）。

――、一九七四年、『農家と語る農業論』農文協。

――、一九七五年、『村の生活史』中央公論社（一九七八年に『むらの生活史』改題して、農文協から刊行）。

松井克浩、二〇一二年、『震災・復興の社会学』リベルタ出版。

麦倉哲・吉野英岐、二〇一三年、「岩手県における防災と復興の課題」『社会学評論』六四―三、有斐閣。

中村吉治編、一九五六年、『村落構造の史的分析』日本評論新社。

中野卓編、一九六四年、「地域生活の社会学」、福武・日高監修（一九六三―六四）『現代社会学講座』二巻、有斐閣。

中野卓・柿崎京一、一九六四年、「村落の社会学」、福武直編、『社会学研究案内』有斐閣。

中田実・高橋明善・坂井達郎・岩崎信彦編、一九八六年、『リーディングス日本の社会学 六農村』東京大学出版会。

中田実、二〇〇五年、「地域共同管理論の成立と展開　ムラの論理から地域の論理へ」、『村落社会研究ジャーナル』一一―二、農文協。

中澤秀雄、二〇〇七年、「地方自治体の「構造分析」の系譜と課題」、蓮見編『講座社会学 第三巻 村落と地域』東京大学出版会。

日本村落研究学会編・鳥越皓之責任編集、二〇〇七年、『むらの社会を研究する』農文協。

日本村落研究学会編・池上甲一責任編集、二〇〇七年、『むらの資源を研究する』農文協。

農事懇話会、一九七三―一九九〇年、「農村からの発言―記録第一輯―」―「一〇輯」。

農林水産省統計情報部、二〇〇七年a、『農林業センサス累年統計書―農業編―（明治三七年―平成一七年）』農林統計協会。

――、二〇〇七年b、『ポケット農林水産統計―平成一九年版―二〇〇七』農林統計協会。

農村人口問題研究会編、一九五一年、『農村人口問題研究』第一集、農林統計協会。

――、一九五二年、『農村人口問題研究』第二集、農林統計協会。

――、一九五四年、『農村人口問題研究』第三集、農林統計協会。

――、一九五六年、『農村人口問題研究』第四集、農村人口問題研究会。

農村生活総合研究センター、一九九五年、『二〇年のあゆみ』。

――、二〇〇四年、『二九年のあゆみ』。

小田切徳美、二〇一四年、『農山村は消滅しない』岩波書店。

小田切徳美・藤山浩・石橋良治・土屋紀子、二〇一五年、『はじまった田園回帰』農文協。

大江正章、二〇一五年、『地域に希望あり』岩波書店。

大野晃、二〇〇五年、『山村環境社会学序説』農文協。

――、二〇〇九年、「山村環境社会学研究序説」、『年報村落社会研究』第四五集、農文協。

斎藤吉雄編著、一九七九年、『コミュニティ再編成の研究――村落移転の実証分析』御茶の水書房。

佐藤康行編、二〇一三年、『年報村落社会研究』第四九集、農文協。

市町村自治研究会、二〇〇七年、『平成一九年度版全国市町村要覧』第一法規。

市町村要覧編集委員会編、二〇一四年、『全国市町村要覧［平成二六年版］』第一法規。

島崎稔、一九六五年、『日本農村社会の構造と論理』東京大学出版会。

島崎稔・美代子、二〇〇四―〇五年、『島崎稔・美代子著作集』(全一〇巻、別巻一)、礼文出版。

庄司俊作編、二〇一四年、『年報村落社会研究』第五〇集、農文協。

鈴木榮太郎、一九四〇年、「日本農村社会学原理」、時潮社(鈴木(一九六八)『鈴木榮太郎著作集 Ⅰ・Ⅱ 農村社会学原理 上・下』に収録)。

――、一九六八―七七年、『鈴木榮太郎著作集』(全八巻)、未来社。

立川雅司、二〇〇〇年、「日本における二十世紀農業食料システムとフォーディズム」、日本村落研究学会編『年報村落社会研究』第三六集、農文協。

高橋明善、一九九一年、「農村社会編成の論理と展開――共通課題をめぐる三年間の討議の総括」、村落社会研究会編、『村落社会研究 二七 転換期村落の主体形成――農村社会編成の論理と展開Ⅲ』農文協。

竹内利美編、一九六三年、『東北農村の社会変動――新集団の生成と村落体制』東京大学出版会。

竹内利美、一九五七年、「組と講」、『郷土研究講座 第二巻 村落』角川書店(竹内(一九九〇)著作集Ⅰに収録)。

――、一九九〇年、『竹内利美著作集Ⅰ―Ⅲ』名著出版。

玉城哲、一九七二年、『日本の社会システム―むらと水からの構成―』、農文協。

――、一九七六年、『風土の経済学』、新評論。

――、一九七八年、『むら社会と現代』、毎日新聞社。

谷口吉光、二〇〇五年、「『食の安全性』の追求は農業・農村にどのような影響を与えているか」、日本村落研究学会編『年報村落社会研究』第四一集、農文協。

豊原村研究会編、一九七七年、『善治日誌』東京大学出版会。

豊原村研究会編、一九七八年、『豊原村』東京大学出版会。

東畑精一編、一九六〇年、「農村過剰人口論」(『農村人口問題研究』第五集)、日本評論新社。

坪井伸広・大内雅利・小田切徳美、二〇〇九年、『現代のむら　むら論と日本社会の展望』農文協
塚本哲人、一九九二年、「いえ」「むら」研究の軌跡、塚本編、『現代農村における「いえ」と「むら」』未来社。

靍理恵子、二〇〇七年、『農家女性の社会学』コモンズ。

――、二〇〇九年、「農村ビジネスは集落を再生できるか――岡山県高梁市の事例から」、日本村落研究学会編『年報村落社会研究』第四五集、農文協。

山崎仁朗・宗野隆俊編、二〇一三年、『地域自治の最前線』ナカニシヤ出版。

余田博通、一九六一年、『農業村落社会の論理構造』弘文堂。

余田博通・松原治郎編、一九六八年、『農村社会学』川島書店。

渡辺兵力、一九七八年、「村落の理解」、渡辺兵力編著、『農業集落論』龍渓書舎。

――編著、一九七八年、『農業集落論』龍渓書舎。

公益財団法人矢野恒太記念会、二〇一三年、『数字でみる日本の一〇〇年 改定第六版』公益財団法人矢野恒太記念会。

吉野英岐、二〇〇九年a、「農山村地域は縮小社会を克服できるか、地域社会学会編『地域社会学会年報』二一集、ハーベスト社。

――、二〇〇九年b、「集落の再生をめぐる論点と課題」、日本村落研究学会監修・秋津元輝編『年報村落社会研究』第四五集、農文協。

――、二〇一二年、「東日本大震災後の農山漁村コミュニティの変容と再生」、『コミュニティ政策』一〇、東信堂。

――、二〇一三年a、「昭和・平成の合併における地域統合政策の展開と課題」『年報村落社会研究』第四九集、農文協。

――、二〇一三年b、「復興過程における住民自治のあり方をめぐって――岩手県釜石市の事例から」、『地方自治叢書二六　参加・分権・ガバナンスと地方自治』敬文堂。

第3章　日本の都市社会学史をどのように考えるか
——都市社会学発展の多様性と多系性

藤田　弘夫

1　都市社会学史を問うことの意義

(1)都市社会学の多系性と複合性

都市社会学のイメージは研究者によって大きく異なっている。都市社会学像は都市の概念の多様性に社会学研究の曖昧さがあいまって、研究者によって実に多様なものとなっている。しかしそれでも、日本における都市社会学のはじまりは一九二〇年代の半ばであるとされるが、都市社会への関心はすでに一八八〇年代に見られるから、戦後の都市社会学の歴史はほぼその半分ということになる。

しかし長い戦後の都市社会学の歴史をひとまとめにすることは難しい。むしろ、それは都市社会学研究の本質を見失うこととなる。戦前はともかく都市社会学者は戦後になっても少なかった。戦後しばらくは、数人であった。奥井復太郎は「専門は？」と問われて、都市社会学だと答えても、よく都市計画と間違えられたという。その後、都市社会学の研究は時の経過とともに増加している。一九八〇年代の半ば以降、都市社会学の研究は加速度的に増大している。近年、都市社会学の研究は爆発的に増大しているといっても過言ではない。

これには大学の増設による研究者の飛躍的増大にとどまらず、研究者をめぐる研究状況の変化があった。研究者の側にも発表論文を増加せざるを得なくなる事情があった。これにともなって、論文の性格も変わってきた。論文は研究者が渾身を込めて世に問うものではなくなる。研究論文は研究者の年次報告のようになってきた。こうしたなかで、屋上屋を重ねる論文や屋内建築といわれる論文、それどころか、コピー論文、学習論文、学習中論文、といわれるものが急増するようになる。論文の発表は研究者の義務であるとともに研究者であることの存在証明となったのである。

社会の変化にともなって、学問・研究のあり方が大きく変貌してきている。とくにソヴィエトの崩壊は戦後に常識化していき世界観を決定的に変える。こうしたなかで、社会科学像が変化するとともに学問的真理や社会科学に関する認識が変わってきた。社会科学の研究は現象の背後に貫徹する「法則」や「真理」とのかかわりを重視しなくなって、学問や研究のあり方が大きく変貌している。研究者は社会現象の背後に何かを求めるというのではなく、日常的な社会問題の解決をテーマとするようになっている。このためさまざまな目標を掲げて研究会や学会が組織されるようになった。

都市社会学に関連する学会だけでも、都市学会、都市計画学会、地域社会学会、都市社会学会、都市住宅学会、都市経営学会、マンション学会、自治体学会、自治体議会政策学会、まちづくり学会、ボランティア学会、ＮＰＯ学会、寄せ場学会、コミュニティ政策学会など枚挙に暇がないほどである。これらの学会で毎年多くの研究発表がなされるとともに、シンポジウムが開催されている。これらの学会で無数の都市社会学の研究がさまざまな媒体を通じて日常的に発表されている。

⑵都市社会学の正統と異端

都市社会学の発展のなかで、研究者の立場を越えて、誰もが共通して都市社会学像を認識できたのはせいぜい一九七〇年ごろまでである。それまでの都市社会学の研究の数はあまり多くなかった。また、そのころから、研究も都市社会学の方法論をあまり自覚しなくなっていった。そして何よりも、都市社会学の研究が増加し各研究者が発表される研究をカバーできなくなった。

このことは、ある研究が都市社会学の研究として取り上げられるどうかは、研究内容よりむしろ研究者の立場や研究グループ、所属学会などに左右されることを意味する。このため同じ都市社会学といっても、ある研究グループからすると大きな意味をもつ研究でも、別のグループによってはまったく触れられることがないといったことは日常的である。ある学会の正統な研究も他の学会にとって異端の研究である。また、ひとつの学会のなかでも正統的立場の研究もあれば、異端的立場の研究もある。そのことが、また、新しい研究会や学会を組織する原動力となっている。

そうした社会学の学会や学史をめぐる状況は、アメリカでも例外ではない。たとえばB・ジョンストンは、ロシアから亡命し初代のハーヴァード大学社会学の教授となったP・A・ソロキンについて、次のようにいう。ソロキンは激しいエネルギーとロシア人的情熱をもって、二代にわたるアメリカ人社会学者を罵倒し嘲笑し皮肉り続けた。これに対して、アメリカの同世代の社会学者とその弟子たちはソロキンの研究をまともに取り上げず、教室と学会で沈黙をもって報復し続けたのである(Johnston, 1995: x)。

アメリカの都市社会学はR・E・パーク、R・L・バージェスの流れのなかで議論されている。都市社会学はイギリスで、P・ゲデスによって"Civic Sociology"として登場した(藤田、二〇〇五)。その都市社会学はシカゴのC・ズーブリンやJ・アダムス、ニューヨークのL・マンフォードによって継承された。しかしパーク、バージェスに都市社会学を見る研究者たちからは、同じシカゴでもズーブリンは無視されるし、ましてシカゴ学派に批判的なマンフォードの研究は都市社会学の領域から除外されるのが普通である。日本の都市社会学でも長い間この見解が支持されている。秋元律郎などは都市社会学の源流の一部としてもゲデスなどを認めなかった(秋元、一九八九)。むしろゲデスやマンフォードは都市計画や都市地理学者と位置づけられ、都市社会学の分野から除かれた。そして、都市社会学はパーク、バージェスにはじまるとした彼らの後継者の見解を踏襲する。

本章ではできるだけ広い立場から都市社会学の歴史を俯瞰する。しかしそのことは、特定の研究グループや学会での議論を紹介することではない。それらについては、各グループやそれぞれの学会の内部で論じられるであろう。このため本章は、叙述スタイルを一九六〇年代の前半を境に大きく変えることとする。一九六〇年代前半までは、個別の研究者の議論を取りあげる。そのころまでは、研究者も少なく都市社会学の歴史を語る際にある程度は共通して議論することが可能だからである。しかしその後の都市社会学は研究グループや学会によって大きく異なるものとなっている。したがって、本章は一九六〇年代以降の都市社会学の研究をできるだけ多くカバーするために、特定の研究者の研究を取り上げるのではなく、研究の一般的傾向や研究の焦点となったトピックを取り上げることとする。読者はそこに、自分がアイデンティティをもつ都市社会学のイメージを重ねてほしい。

2　戦前における都市社会学の胎動

(1)都市化論争と都市社会の出現

明治維新後に一時衰退した日本の都市も、近代化とともに繁栄を見せるようになる。東京の発展はかえって、裏町や貧民街を際立たせることとなった。こうしたなかで、松原岩五郎の『最暗黒の東京』(一八八三)や横山源之助『日本の下層社会』(一八九八)などのルポルタージュが生み出される。かれらは都市の華やかな世界の対極にある暗部を鋭く描き出した。そこには、W・ブースの『最暗黒の英国とその活路』やC・ブースの『ロンドン民衆の生活と労働』の『国民之友』による紹介があった。ロンドンのイースト・エンドの貧民の記録は識者の関心を集めていた。資本主義の発展は貧富の差の拡大や都市環境の悪化をもたらしていた。

日本で都市化が最初に大きな話題となったのは、日露戦争後の都会熱である。帝国大学農科大学教授であった横井時敬は江戸以来、都会が「貴人」の住んでいるところとして田舎に優位をもっていたとする。しかし都会の発達にはおのずと限界があった。ところが、明治以後の都会の発展は、際限がなくなり、都会が奢侈に溺れる一方で、田舎に対する圧迫を強めていると警鐘する。横井は日本の美徳とされる誠実、順良、剛健、真摯、着実などの道徳を支えてきた中農が試練にたたされているというのである（横井、一九二四a：五四〇）。さらに横井は、都会を克服するイギリスの田園都市（花園市）を紹介しながら、都会の近隣を花園で飾るとしても田舎が荒廃するなら花園市の意義も疑わしいという。そして横井は日露戦争後の農村の沈滞の一因を、世界にも例を見ない大規模な「町村合併」による〈自然村〉の否定に求める（横井、一九二四a：一六三―一六四）。

この都市熱に対して、楽観的な議論を展開したのが、柳田國男である。柳田は、「田舎対都会の問題」で、農村の人口流出がいかなる社会的帰結をもたらすのか、都市の繁栄が農村の繁栄と共存するのかと問う。そして、かれは、人口の都市への集中、なかでも若者が都会へ出たがることは「人類発展の理法」であり、心理的にも経済的にもきわめて「自然なる趨勢」であることを強調する（柳田、一九一〇＝一九六九：二九）。この時期、とくに東京、大阪、京都、名古屋、横浜、神戸が膨張し六大都市といわれるようになった。

第一次世界大戦中、急激な経済成長を遂げる。これにともなって、日本は未曾有の都市化を経験する。都市への大人口移動が起こった。都市の急激な膨張は、都市の拡大をそれまでにも増して無秩序なものとしていた。貧困は大きな社会問題となり、労働争議が頻発していた。都市には抜本的な政策が必要となっていた。そうしたなか、一九一七年に突如、ロシア革命が起こる。社会主義革命は、人々に大きな衝撃を与えた。人々は「社会」への関心をみなぎらせていた。

ロシア革命に続くシベリア出兵、米騒動で、世の中は騒然としていたのである。若者の「社会科学」への関心は、いやが上にも高まっていった。一九一九年、都市の無秩序な拡大を規制するため、ようやく「都市計画法」と「市街地建築物法」が公布される。都市の急激な膨張は都市への関心を高めるとともに、それまでの「土木・建築論」に加えて「市政論」の必要性を生み出していた。大正後期には、社会学が一個の科学として自覚化されるようになる（川合、二〇〇三：一八）。米田庄太郎は『現代人心理と現代文明』、『現代社会問題の社会学的考察』など一連の著作で、一世を風靡するとともに、欧米の都市研究を手際よく紹介している（米田、一九一九／一九二一）。

一九二二年には都市の生み出すさまざまな問題を研究する総合的研究機関として、東京市政調査会が創立される。経済の発展は新たな住宅を希求する新中間層を形成していった。都市化は関東大震災を経て、新たな段階を迎えていたのである。都市は農村の停滞をよそ目に飛躍的にその存在を大きなものとしていた。柳田國男は日露戦争後の都会熱では横井時敬を批判した。しかしその柳田が一転して、都市の農村搾取に警鐘を乱打するにいたるのである（柳田、一九二四＝一九七〇：四）。社会学者の都市への関心も高まる。とくに大正期には都市への関心が一気に高まる。しかし大正末から昭和初期の都市研究は社会問題としての都市の把握であって、都市を社会学の研究対象として、明確に位置づけようとするものではなかった。シカゴの都市研究などが、戸田貞三などによって断片的に紹介されていた。また、高田保馬や新明正道などが社会学理論の観点から都市に触れていた。都市への関心の高まりは、山口正『都市生活の研究』、柳田國男『都市と農村』、石川栄耀『都市動態の研究』などの発表となってあらわれていた。一九三二年、米林富男は急速に発展していた「アメリカ都市社会学」を日本に紹介する。一九三六年の社会学会は都市社会学の部会が設けられるなど、都市社会学の研究にとって記念すべき年となった。

⑵都市社会学の創立

日本で都市社会学の創立を担ったのが、奥井復太郎である。奥井は大正の思想的たかまりのなかで、クロポトキンの無政府主義に関心をもった。その後、ジョン・ラスキンの研究を経て、社会改良と都市経済の研究のためドイツへ留学している。帰国後、かれは「社会政策」の研究を進める一方で、都市研究の体系化のために新たにシカゴの社会学者の都市研究を導入するようになる。かれはシカゴ学派の都市研究を踏まえて、東京の実態調査に没頭するようになった。

奥井に続いて都市の社会学的研究に入っていったのが、磯村英一である。磯村は学生時代に関東大震災での救援活動に参加するなど、異色の経験をもつ行政官として都市社会の研究を進めていた。かれはシカゴ学派の研究に目を配りながら、都市の病理へ鋭い目を向けていた。奥井は社会思想から出発し、経済学を経て、都市社会学にたどり着いた。これに対して、磯村は行政官として現実の都市問題とかかわるなかで、都市社会学を生み出していった。日本の都市社会学はこの二人の違った視角からの研究ではじまった。

奥井はラスキン思想―ドイツ中世都市―シカゴ学派の研究を経て、東京のフィールド調査に邁進した。その成果が、一九四〇年に発表された『現代大都市論』である(奥井、一九四〇)。この書は都市の理論、現状分析、政策などが体系的に構成され、欧米にも類を見ない独創的な都市研究となっている。

また戦時体制も都市研究に大きな影を落とすようになる。国家総動員令のもと「国土計画」や「町内会」をめぐる議論が急に活発になる。社会科学者も国土計画に動員されるようになる。そこで発表されたものの多くは、ナチスドイツの理論の影響を受けたものであった。奥井も『国土計画』を発表している。しかし奥井は国土計画の必要性を資本主義の発展が社会生活の混乱をもたらすからだとして、

H・オーダムらノースカロライナ学派の地域研究などに言及しながら議論を展開する。奥井は国土計画を「都市計画」の延長線上でとらえていたのである。

町内会は戦時体制のなかで、大きな役割を果たすようになる。また、銃後の生活をまもるためにも、「町内会」は重要性を増していった。生活物資が町内会を介して配給されたのである。町内会をめぐる軋轢も激しいものがあった。町内会をめぐっては実に多くの議論が展開された。社会学者も町内会の運営などに意見を期待された。戦時下においては「疎開の問題」など都市に関する話題にことかかなかった。しかし社会問題を背景とした都市研究は、敗戦まで事実上不可能になっていた（磯村、一九七七：一五二）。

3　敗戦後の都市社会学の模索と確立

(1)都市社会学の制度化

日本は敗戦後、アメリカの圧倒的な影響を受けるようになる。戦後日本は、破壊から復興へと問題が山積みしていた。戦後の都市は疎開人口の帰還、海外からの引揚者などで混乱をきわめていた。敗戦は社会学をめぐる状況に大きな変化をもたらした。まず、戦後の新制大学の発足にあたり、社会学の講義数が急増する。戦後は大学の数にも増して、社会学科目や講座の数が増加する。社会学の講義が文科系の大学に設置され、社会学への需要が増加するのに対して、研究者の供給が間に合わないほどだった。

戦後、アメリカ文化が怒涛のように流れ込むと、社会学者の関心も大きく変わっていった。社会学者の研究がドイツ社会学からアメリカ社会学の強い影響を受けるようになる。これにともなって、社会学の研究も思弁的な「社会学論」から経験的で具体的な「社会問題」へと変わっていった。都市に関心をもつ社会学者も増え、都市社会学への期待がたかまっていた。

磯村英一は東京都の職員から大学教員に身を転じ、社会学を強く意識した研究を発表するようになる。また戦前、横井時敬の「自然村」の概念を社会学的に発展させ「自然村の理論」を発表していた鈴木栄太郎が都市研究に関心をもちはじめる。さらにシカゴ大学でL・ワースに学んだ矢崎武夫が新たに加わっていった。都市という問題の取り上げ方は、どの学問分野でも新鮮な研究課題となっていた。各地で都市研究者の集まりがもたれていた。そこで、一九五三年には奥井復太郎を中心に「日本都市学会」が結成され、社会学、歴史学、地理学、経済学、政治学、行政学、建築学、都市計画などの研究者と実務家が都市を共通の研究対象として集まった。また、その一方で、「村落社会研究会」が経済学、社会学、歴史学、地理学、民俗学などの分野の研究者が集まって結成された。

一九五一年、ＧＨＱによる町内会の禁止令が解けると、町内会が公然と組織されるようになる。しかし戦時体制の末端機構であった町内会の復活には厳しい批判が巻き起こった。これに対して、識者に意見がもとめられた。高田保馬、鈴木栄太郎、奥井復太郎、磯村英一などは積極的に社会学理論を展開しながら、町内会について論じている。ここでのかれらの「町内会」に対する評価は、町内会を〝形式〟と〝内容〟に分け、前者に「家」の解体した後の日本人の心の拠り所を求めようとした高田を除いて、揃って町内会の復活には否定的な態度をとった。その一方で奥井は、町内集団が住民にとって近隣互助による生活確保の「社会型」となっているのだと主張した。この奥井の町内会を社会型とする概念が、近江哲男に継承される。近江は奥井が町内会を社会型だとした議論を拡大し、町内会「文化型」論を展開する。この文化型論は、その後多くの学者が活発に議論することになる（藤田、二〇〇六b：一八七）。町内会の問題はコミュニティ概念とも関連して、その後つねに関心の的となっていくことになる。

奥井はまた都市の中核にかんしても、戦後、都市を〈空間的交通網における結節的機能〉をもつところだとする見解を発表する。この概念が、農村研究から都市研究に入っていった鈴木栄太郎に引き継がれ、〈社会的交流の結節機関〉としての都市概念となる（鈴木、一九五九）。さらにこの概念は、矢崎武夫によって「権力」や「支配」の関係から動態化され、統合機関説に発展させられることになる（矢崎、一九六三）。

日本は一九五〇年代の後半から経済が急激に成長しはじめる。これにともない日本は大規模な都市化を経験する。都市は劇的な膨張を見せる。農村から都市への人口の大移動が起こった。過剰な人口を抱えていた農村は都市の労働力需要に次々と応えていった。この時代、都市が人々の注目を浴びたのは、何といっても急速な都市化である。社会の全般的な都市化であった。都市化は、伝統的な地域社会の根底を切り崩していた。都市化が学者たちの関心の的となったのである。この時期、日本社会学会でもシンポジウムで「都市化」の問題をとりあげている。その際、脚光を浴びたのが、L・ワースの「アーバニズム理論」である。その間、社会学者を中心に釜石、北九州、鎌倉、大井町などの調査研究がなされていった。

ところで、戦後の社会科学に大きな影響力をもったのが、マルクス主義である。マルクス主義社会科学は大正以来、社会科学の地下水脈となっていた。それが敗戦後、一気に吹き出し花が開いたようになった。マルクス主義者も都市に着目しはじめた。都市は資本主義の拠点であるばかりでなく、矛盾の集中した場所である。都市は資本蓄積の場であり階級闘争の舞台ととらえられた。激しい都市化は資本の強蓄積の結果であった。都市化の勢いはとどまることを知らなかった。

当初、都市化は都市の無秩序な発展をもたらしたが、村の過剰人口の圧力を軽減するものとして歓迎された。しかし都市化のさらなる進行は、農村に急激な変化をもたらしていた。急激な都市の膨張の対極で「農民層の分解」や「むらの解体」までがいわれるようになった。村の解体にともなって、消えていく村の「共同性」が関心を集めた。ここで村落「共同体」が盛んに議論された。都市へと移住した農民の生活は楽ではなかった。都市生活は人々に「疎外」観を感じていたのである。この意味では、〈都市化論〉と〈共同体論〉は表裏一体であった(藤田、二〇〇七)。都市の過密と村の解体が同時に進んでいた。農村は都市化による人口の流出で、村の生活に困難をきたしていた。日本農村の伝統的な問題であった過剰人口に代わって、それまで夢想だにされなかった「過疎」が話題となっていった。

4　都市社会学の発展と多様化

(1)都市化論とコミュニティ論

大学や研究機関の数はその後も増え続ける。都市を専門的に研究する社会学者もめずらしくなくなる。しかしそのことは、他の学問分野も同じであった。各分野で研究者が増加していた。経済学、政治学、行政学、社会学、歴史学、地理学、建築学など各分野がひとつの学会をつくれるほどの人間を抱えるようになった。その結果、都市研究は日本都市学会が意図した総合化へと向かうのではなく、分化の方向を示していった。それどころか、ひとつの学問分野ですら、さらにそのなかで研究分野が分化するのである。社会学のなかでも、都市を人口や機関といった多義に関連する議論から切り離して研究が進められていった。しかしマルクス主義の研究者は、資本主義への関心を介して全体性への関心をもっていた。

日本の都市社会学者はアメリカでの議論を導入して研究を進めてきた。しかしアメリカの都市社会学には人間生態学の崩壊後、これに代わる理論が生み出されなかった。このためワースのアーバニズム論やA・H・ホーレー、L・F・シュノアなどの新しい人間生態学理論が断続的に繰り返し検討された。都市社会学への期待がたかまり、研究が増大するなかで、都市研究の根拠が曖昧になる。都市社会学の都市社会学たる理由はどこにあるのか。都市社会学の存在根拠が疑われるようになっていった。アメリカでの都市社会学の黄昏は日本では「都市社会学の危機」ととらえられた。

地域社会は都市・農村のいずれを問わず、都市化によって変貌を遂げていた。都市化はさまざまな軋轢を地域社会にもたらしていた。地域社会は旧来の組織が急激に解体するなかで、新たな共同性を必要とするようになる。こうした関心が、コミュニティ論への着目となって表れた。コミュニティ論は都市社会学のアイデンティティとも関連して、社会学のひとつの焦点となった。多くの社会学者が地域集団やコミュニティの研究に取り組んでいった。この間あまり話題にはならなかったものが、被差別部落や山谷ドヤの研究などの地味な形で着実に進められていた。

都市化は大きなひずみをもたらした。各地で公害や環境破壊などの問題が深刻化していた。これにともなって、住民運動が全国各地で頻発する。住民運動が大きな話題となった。この時期、社会学の研究者が増加するとともに新たな社会学像を求めて「地域社会学会」や「都市社会学会」が結成されていった。都市社会学の研究は地域の具体相を経験的にとらえるミクロの研究となっていった。そこでは、「都市とは何か」といった議論とのかかわりを失っていった。都市の社会学的研究は多彩なものとなる一方で、都市研究としての性格は希薄化していった。その後も、都市社会に関連する学会が続々と結成されていった。

その間、マンフォードの著作が注目を集め次々と翻訳されていった。かれの著作は建築学者、哲学者、歴史学者、地理学者、都市計画家、政治学者、経済学者、文学者の間で検討された。マンフォードの都市論は大きな話題となっていた。しかし、社会学者が急増していたにもかかわらず、かれに注目する社会学者はいなかった。

⑵都市社会学の発展と分化

新しい都市研究の動きはアメリカではなく、ヨーロッパからやってきた。ユーロ・マルクス主義の影響は哲学、政治学、経済学ばかりではなく、都市研究にも及んできた。M・カステル、R・E・パーク、E・ミンジォーネなどの研究が次々に紹介されていった。とくにカステルはアメリカを活躍の舞台とするとともに、大きな影響を与えるようになる。ユーロ・マルクス主義の都市研究は「新」都市社会学とよばれ多彩な議論を可能にした。その一方で、ユーロ・マルクス主義に基づく研究は、既存のマルクス主義に基づく研究との間に齟齬をもたらすこととなった。

さらにこのユーロ・マルクス主義の都市社会学がしばしば意識的にシカゴ学派を取り上げていたために、都市社会学者は以前にも増して、自らの正当化をシカゴ学派に求めていった。実際の都市研究者がどこまで、シカゴの研究を意識していたかは別にして、都市社会学者はシカゴ学派の影響に覆いつくされ、他の研究を省みることはなくなっていた。

経済成長の果実は大学関係者に研究費の増額となって分配された。国立大学では社会学が実験講座とされ、研究費が飛躍的に増加する。また、科学研究費が社会学の分野にも増額されていった。研究者はさまざまな研究資金で潤いはじめた。これにともなって、夕張、東京、川崎、福山、神戸、水島などで社会学者の手による大規模な地域調査が行われるようになる。

日本は一九八〇年代の後半に、再度急激な経済の拡大を迎えることになる。海上輸送技術の革命で港湾は従来のような大きな場所を必要としなくなる。このためウォーターフロントの開発やビル建設のための地上げが世間の大きな話題となった。東京の「世界都市化」が議論された。東京の大規模開発はバブル経済の象徴となった。都市のドラマ性や面白さが脚光を浴び「都市文化論」が盛行する。かつて奥井は都市社会学者の余技として「荷風と東京」をテーマとした。文学研究の分野では、このころ「都市と文学」が、研究の正面に掲げられて盛んに論じられ、おびただしい研究を生み出した。議論は、ロンドン、パリ、ベルリンにまで及んだ。

日本は経済的拡大のなかで、深刻な労働力不足に陥る。一九五〇年代後半から一九七〇年代初期の経済の高度成長を労働力の面から支えたのは、農村の過剰人口であった。しかし一九八〇年代後半の農村は、「過疎」が深刻化しており、出稼ぎ労働力すら枯渇していたのである。経済活動の拡大は労働力を外国に依存せざるを得なくなっていた。このため日本にはフィリピン、中国、韓国などの近隣諸国ばかりか、バングラデシュ、イラン、さらにブラジル、ペルー、アルゼンチンなど多くの国から労働者が流入する。とくに中南米の日系移民の出稼ぎは着実に増えている。日本の都市もアメリカや西ヨーロッパの都市と類似したエスニシティの問題を一足遅れで抱えるにいたっている。地域社会の〈国際化〉が静かに進んでいった。外国人の流入はバブル経済の崩壊後も途切れることはなかった。日本の各地で外国人のコミュニティが形成されている。エスニシティの問題は都市研究の大きな課題となっている。外国系住民の数は二〇〇万人を超えている。

神戸は一九九五年に大震災に見舞われる。そのなかで、日本ではじめて大規模な「ボランティア活動」が広がった。事態をメディアで注視していた多くの人たちが、被災地に集まってきた。阪神大震災は危機管理のあり方やまちづくりを改めて問いただすこととなった。研究者の関心は、多方面に広がっている。豊かな消費生活は環境問題など、これまでとは違った生活問題を生み出してきている。現在の都市社会学の研究は理論的にも実証的にも、研究方法や研究テーマの点でも、研究者や研究グループごとに大きく異なり、ひとつの都市社会学像を描くことが困難である。ボランティアやＮＰＯの活動は研究者の研究対象とのかかわりをも変えてきている。また、グローバリゼーションは世界を大きく変化させてきている。とくに人口大国の中国やインドの経済成長は、これまでの世界秩序を大きく変えている。日本の都市社会学者の外国の都市への関心は薄かった。つまり、研究者は外国の都市の研究に熱心ではなかった。東南アジアの研究を手はじめに、例外的に研究が進められてきたに過ぎない。しかし最近は、外国の都市研究が広がっている。とくに中国の都市の研究はかつての留学生の研究も含め急増している。

5 都市社会学の展望と課題

⑴都市社会学研究の変貌と拡散

社会学は社会科学のなかで研究対象も研究方法も曖昧で、一九八〇年代までは未熟な学問分野と思われてきた。しかしこのことが逆に、社会学者にさまざまな社会問題に対して、柔軟な態度をとらせることともなった。しかし日本では、その曖昧さが経済学をはじめとする他の社会科学の分野の行き詰まりもあり、かえって社会学に対して期待の高まる理由となっている。曖昧さは、一面で研究の柔軟性でもあった。行政も社会学に新たな可能性を認め、そのことが大学でのポストの増大につながったのである。社会学はトピック的に新たな研究分野を付け加えていった。さらに社会学は看護、福祉、環境、観光などのコースが設置される時、その一翼を担うことが期待された。現在、人々の関心を集めているのが、環境、福祉、看護、外国人労働者、ボランティア、ホームレス、NPO・NGO、ガヴァナンス、シティズンシップ、公共性などの分野である。社会学はこれらを柔軟に取り込んでいる。

都市社会学はイギリスで、P・ゲデスによって“Civic Sociology”として登場した。その都市研究はL・マンフォードによって発展された。また、シカゴにおいてもC・ズーブリンに継承されていた。しかしR・E・パークたちは都市問題から「まちづくり・都市計画」や「ボランティア・社会福祉」の側面を分離することで、新しい都市研究をもとめた。初期のキリスト教的な性格をもつシカゴ学派に代わって、ここに人間生態学を理論的支柱とする科学的な都市社会学“Urban Sociology”が生み出されたとしたのである(藤田、二〇〇二)。その都市社会学が日本で再び福祉やまちづくり・都市計画を付け加えようとしている。その意味では、都市社会学は原点回帰しつつあるともいえるのである。

社会学の研究は社会の状況によって大きく変わる。戦前、戦後の大きな課題であった過剰人口や食糧不足の問題は一九六〇年代を境に、大きく転換する。むしろ現在では人口の減少とコメの過剰生産が問題となっている。経済成長期まで続いた出移民に代わって外国人労働者の流入が問題となっている。しかし都市社会の研究は一面では、繰り返しの側面も見せている。明治の横山源之助などの「都市下層論」は現在の「ドヤ・ホームレス論」までの研究の底流をなしている。日露戦争後にはじまった都市化論、農村衰退論、町村合併論、田園都市論や大正期に登場した盛り場論、郊外社会論などは、その後の都市研究に繰り返し登場している。町内会論は戦時体制下に議論の対象になり、戦後の町内会復活論争や現在のコミュニティ論まで多くの社会学者の関心の的となってきた。戦前の農村搾取論や過大都市論は、近年は一極集中論や格差社会論として議論されている。

近代は都市の時代であり、都市計画や貧困の問題は、都市社会学はおろか社会学、いや社会科学の原点である。奥井復太郎は都市計画に熱心に取り組んだ。しかしその後、「都市計画」は社会学において、ほとんど取り上げられなくなった。とはいえ、最近は「まちづくり」論のもとに活発な議論の対象となっている。これに対して、「貧困」の問題は、都市下層のスラム、ドヤ、ホームレス研究として継続的に取りあげられてきている。

都市社会学の研究は都市の基礎理論よりも、現実問題への指向性を強くしている。研究者の増大のなかで、都市研究も哲学や歴史などとの関連を弱めている。最近の社会学の研究は一面でジャーナリズムに近くなっている。雑誌や単行本、テレビ、などで取りあげられた問題を、後追いしているような研究が少なくない。その場合、社会学者はジャーナリズムほど扱う問題の範囲は広くはないし、また現実を抉り出す力が特段すぐれているわけではない。このため多くの社会学者が大学外から招かれることとなった。その意味では、社会学の多くの分野は、名称はともかく実態は蒸発しているのかもしれない。

⑵都市社会学のテーマの変化

今日の学会の隆盛は、大学や大学院の増設により、都市関連の研究者が急激に増えたためである。これにともなって、都市社会学に関係する学会が急増する。とくにテーマの多彩さと柔軟さをもつ社会学関係の研究には、大きな期待が集まっている。さらに、文部科学省は大学院を研究者養成から専門家の育成に移行させる政策の変化を実施した。これによって、大学院生や研究者の数が急増する。また、大学の改革は研究者に自己の研究の点検を余儀なくさせた。こうしたなかで、一人の研究者が発表する論文の数は飛躍的に増えている。今や研究を発表〈したこと〉よりも、発表〈しなかった〉方が問題になる時代となっている。論文の作成は教育官僚の年次報告書となりかけている。戦前のように研究者が著書や論文の研究の発表で生命の危険にさらされたり、ポストを追われたりすることもなくなった。学問の世界では「舌禍事件」や「筆禍事件」はもはや過去のものとなっている。

学問をめぐる社会情勢の変化は研究の発表の場として多くの学会を生み出している。この意味では、現在は「学会の時代」である。今では、在野の研究者も学会を組織しはじめている。しかし学会の組織化は一面で、研究者が利益集団と化し他学会の研究者や独立した研究者の研究を貶める危険をもつものともなっている。

社会学において研究テーマは徐々に大学で教えられるものではなく、現場で体験するものとなってきている。社会学にはあらゆる項目がある。社会学のほとんどの分野は他の学問の領域と重なっている。それならば、社会学者は他の学問分野の研究者とどのように違うのだろうか。その区分を学問の内容から行うことは難しい。社会学者を社会学者として自覚させているのは、大学での卒業学科、学会の所属などである。

社会学研究は量的拡大のなかで試練に立たされている。社会学の研究の対象は都市社会学にとどまらず、その多くが誰もが程度の差はあれ、生活のなかで直接、間接に経験をもつところなのである。社会学が現実の社会を直接研究対象としようとすればするほど、わざわざ大学において外国語の書籍や社会経験の乏しい学者から学ぶものではなくなってしまう。都市社会学の対象の多くは、もはや大学の教員が必ずしも一番知識をもっているところではない。知るに値する社会学的知識をもつ研究者がどこにいるかわからない時代となっている。A・ギデンズが強調するように、社会科学の知識は一般化されるほど社会の内部に取り込まれ、その成果は自明のこととなり意識されないようになる。社会学の知識は、単純な増加形態を示さない。このため社会科学の業績は成功によって、かえって覆い隠される側面がある(Giddens, 1987＝一九九八：三四)。この点では、社会科学は自然科学よりもはるかに強い影響力をもっている。社会学の成果は、モダニティとリフレクシヴティに関係しているのである。都市社会学の発展も、その例外ではない。

文　献

秋元律郎、一九八九年、『都市社会学の源流』有斐閣。
――――、二〇〇四年、『近代日本と社会学』学文社。

藤田弘夫、二〇〇二年、「都市社会学の多系的発展――都市社会学一〇〇年史」慶應義塾大学大学院『社会学研究科紀要』第五四号、『都市と文明の比較社会学』東京大学出版会二〇〇三年所収。

――、二〇〇五年、「P・ゲデスと都市社会学の発展」『哲学』第一一四号　特集号　都市・公共性・身体。

――、二〇〇六年a、「都市の歴史社会学と都市社会学の学問構造」東京大学社会科学研究所編『社会科学研究』第五七巻　三・四合併号。

――、二〇〇六年b、「都市空間の創出と社会生活」山室信一編『空間形成と世界認識』岩波書店。

――、二〇〇七年、「地域社会の崩壊と再生の模索」友枝敏雄・山田真茂留編『Do! ソシオロジー』有斐閣。

Giddens, Anthony, 1987, *Social Theory and Modern Sociology*, Polity Press, Cambridge. ＝一九九八年、藤田弘夫監訳、『社会理論と現代社会学』青木書店。

岩城完之、一九七五年、「戦後日本都市社会学の分析視角に関する一考察」『都市社会変動と生活過程』時潮社一九九五年、所収。

磯村英一、一九七七年、「戦前の都市研究」『社会学評論』第二八巻　第二号。

川合隆男他編、一九九九年、『大都市論と生活論の祖型――奥井復太郎の研究』慶應義塾大学出版会。

川合隆男、二〇〇三年、『近代日本社会学史研究』恒星社厚生閣。

児玉幹夫、二〇〇七年、「社会学史と社会福祉」関東学院大学『社会学論集』一三号。

中筋直哉、二〇〇六年、「地域社会学の知識社会学」『地域社会学の視座と方法』地域社会学講座第一巻、東信堂。

西山八重子、二〇〇六年、「〈都市―農村〉社会学から地域社会学へ」『地域社会学の視座と方法』地域社会学講座第一巻　東信堂。

奥井復太郎、一九四〇年、『現代大都市論』有斐閣（一九八五 復刻版・一九九八著作集）。

近江哲男、一九六〇年、「都市社会学の現状と課題」武田良三編『今日の社会学』有信堂。

新明正道、一九五九年、「わが国都市社会学の動向」『新明正道著作集』第一〇巻、誠心書房一九八五所収。

鈴木栄太郎、一九五九年、『都市社会学原理』有斐閣鈴木栄太郎、一九六九年『鈴木栄太郎著作集』Ⅵ、未来社。

Johnston Barry V., 1995, *Pitirim A. Sorokin, An Intellectual Biography*, University Press of Kanzas.

高橋勇悦、一九九三年、『都市社会論の展開』学文社。

渡戸一郎・藤田弘夫、一九八七、「都市社会学研究文献一九七〇―一九八四年」地域社会学会編『都市論への視角』地域社会学会年報、第四号、時潮社。

渡戸一郎、一九九五年、「都市社会学」鈴木幸寿編『新版　社会学史』学文社。

山岸健、一九七七年、「戦前の都市研究」『社会学評論』第二八巻　第二号。

柳田國男、一九一〇年、「田舎対都会の問題」定本『柳田國男集』第一六巻　筑摩書房（一九六九）。

――、一九二四年、「地方文化建設の序説」定本『柳田國男集』第二九巻　筑摩書房（一九七〇）。

矢崎武夫、一九六三年、『日本都市の社会理論』学陽書房。

横井時敬、一九二四年a、「農村改造論」『横井博士全集』第四巻、全集刊行会。

――、一九二四年b、「町村の合併」『横井博士全集』第一〇巻、全集刊行会。

――、一九二四年c、「都鄙の対立」前掲書。

米田庄太郎、一九一九年、『現代人心理と現代文明』弘文堂書房。

――、一九二一年、『現代社会問題の社会学的考察』弘文堂書房。

米林富男、一九三二年、「アメリカ都市社会学」田辺寿利・古野清人編『社会学』第一号、森山書店。

吉原直樹編、二〇〇〇年、『都市の経営思想――モダニティ・分権・自治』青木書店。

第4章　日本は平等な社会か
——日本の階級・階層研究史

丹辺　宣彦

日本の階層研究は、他の多くの分野とおなじように欧米の研究動向の影響を強く受けて発展してきたが、同時に現実の社会のありようやニーズからも大きな刺激を受けてきた。

階層研究は、当初から、産業化と都市化に代表される社会変動やこれにともなって生じる社会問題と密接なかかわりをもって発展してきたのである。労使の対立や、新中間層の性格づけ、ジェンダー平等や消費社会化など、時代ごとの大きな社会問題も、階層現象と関連するかたちで提起されてきた。またとくに一九六〇—七〇年代以降、日本をはじめとする先進社会で、階層研究は、「豊かな社会」化と総中流化、私生活主義の広まりなどを契機として「階級」や階級的集団の存在を否定し、社会問題や社会的対立を説明する変数としての階層性を等閑に付しながら計量分析を展開してきた。しかし、八〇年代半ばに階層的再生産がふたたび問題となり始めたのを皮切りに、九〇年代後半以降は、非正規就業者や失業の増大、外国人労働力の増加や教育格差など、あらたな階層格差に関連した社会問題がふたたびクローズ・アップされ、社会を揺さぶっている。このため現在では、「格差社会」がメディアを賑わす一方で、階層研究になにが求められているのか、なにを明らかにしうるのかを見定めることはかなり難しくなっている。本章では、現実社会からの影響とこれへの対応に着目しながら、階層研究の展開を概観していきたい(1)。

1　戦前から戦後へ――貧困研究と階級把握

戦前の階層研究は、アカデミックな研究以外の流れに掉さしている部分が大きい。明治期には、地方からの人口流入により東京、大阪などの大都市に形成された貧困地区を、民間のジャーナリストが参与観察的にルポルタージュをおこなったものがかなりの数で存在する。代表的なものに、松原岩五郎の『最暗黒の東京』(一八九三)、桜田文吾の『貧天地　寒窟探検記』(一八九〇―一)、横山源之助の『日本の下層社会』(一八九九)などの報告がある。参与観察に近い体験にもとづく生々しい記述が特徴で貴重な記録だが、印象論や事実の羅列にとどまっている点では限界があった。それでも、やや下の世代の横山源之助の作品では、叙述はより客観的になり、職業移動や個人主義化など、社会科学的な切り口もみられる[2]。

こうした状況に対応し、一八九〇年前後から、各都市で散発的に、局地的な貧困調査が行政サイドからも実施されている。観察記が出始める時期とほぼ同時平行しているのだから比較的早かったと言えよう。明治初期の「興業意見」(一八八四)や「京都下等社会」(一八八五)ではまだ上中下という抽象的で印象論的な階層区分が用いられていた。一八九〇年に警視庁が実施した「東京府下窮民調査」(一八九〇)は、管区が限られていたものの、ある程度客観的な基準が取り入れられていた。明治末には、東京を中心に、内務省や市の社会局による調査が拡充され、都市下層の生計やコミュニティの状態は、かなり明確に、横断的、時系列的、サブカテゴリー別に把握できるようになっていく[3]。工場法制定を控えて、労働実態の調査も中央官庁によっておこなわれるようになり、有名な『職工事情』(一九〇三)をはじめとする成果が生み出された。

大正期に入り、一九二〇年代前後には、日本でも産業化と都市化が一定の段階に達し、生活全般の格差をつうじて都市や農村の「無産階級」のすがたがしだいに可視化し、リアリティをもつようになってくる(林、二〇〇〇:二四)。また社会主義思想が普及するのにともない、マルクス的な階級観や階級闘争史観が知識人のあいだで一定の影響力をもつようになった。そうしたなかで、たとえば野呂栄太郎(一九八三[一九三〇])による日本資本主義の特性の分析は、封建的な関係を色濃く残す日本社会の独自の階級関係、階級対立の解明にもなっていた。実態の調査も、日露戦争以降、内務省や、東京市や大阪市の社会局などが主体となって数多く積み重ねられ、都市下層民衆の生活を横断的、時系列的に把捉するよりどころとなった。米騒動、第一次大戦後の恐慌、失業増加、労働争議・小作争議、関東大震災などが発生して社会不安が増し、行政当局はいっそう社会事業に力を入れることを迫られるようになっていた。そのためにも、社会事業の対象となった、生活に困窮している層の範囲と、貧困の質を把握しなくてはならなかったのである。B・C・ロウントリーによる「第一次的貧困」／「第二次的貧困」の区分を受けて、内務省社会局の規定（一九二一）や、大阪の方面委員調査要項（一九一八）に、「第一種（独身にして自活の途を得ざるもの、独身にあらざるも其扶助者なく……）」「第二種（大凡家賃七円収入弐拾五円迄を標準とし、家族の員数職業の安否生活の状態等を斟酌し家計余裕なき者とす。）」という区分が設けられた。そして一九二〇年になると、第一回の国勢調査がおこなわれ、以後ほぼ五年おきにすべての地域、国民を対象としたセンサスが実施されるようになる。戦後に活躍した社会学者のなかにも、磯村英一や草間八十馬のように、それ以前に行政で調査経験を積んでいた者が多い。二〇年代にはまた、今和次郎の「本所深川貧民窟付近風俗採取」（一九二五）や石角春之助による異色の下層社会観察『乞食裏譚』（一九二九）などユニークな観察記も著されている。

社会学の研究者はまだ少なかったが、アカデミックな階級・階層研究にもみるべきものがあらわれた。社会的勢力の類似に注目した高田保馬の階級論は、集団論とともに重要な位置を占めている。『階級及第三史観』において、高田は、経済的勢力・利益の類似にもとづく階級論の見方を狭すぎるものと考え、権力、富力、威力の三者を含む「社会的勢力」の——質的類似に制約された数量的類似にもとづく——類似にもとづく集団と階級を定義している(高田、一九四八[一九二四]:三、二八)。この限りでその考え方は「社会学的階級概念」に立脚しており、M・ヴェーバーの階層的諸概念とも近い位置を占めている。この他にも、松本潤一郎の『社会階級と集団』(一九三四)が、非組織的集団と組織的集団の「中間的地位」を「社会階級」に与え、また財産、職業、称号、教養などの「シンボル」の異同を機縁として階級の存在を基礎づけていたことが注目される。実証研究では、林恵海(一九三〇)の『農家人口の研究』は、秋田の米作農村の全戸調査にもとづき、地域間の階層移動を明らかにした研究として、また戸田貞三の『家族と婚姻』(一九三四)は、国勢調査データを二次的に抽出して、職業の世襲について検討したものとして評価できよう。社会学以外では、篭山京(一九四三)が太平洋戦争開戦前後に京浜地区の製鉄労働者とホワイトカラー従業員にたいして労働、余暇、休養に充てる生活時間の調査をおこない、独自の視点から両者の生活構造の緊張状態のちがいを明らかにしている。野尻重雄の研究(一九四二)も農村地域からの階層移動の研究として名高い。

戦後復興期の階層研究では、社会の封建的要素を反省的にとらえ、経済復興と近代化が周辺層の生活をどのように変化させているか、という視点が目立ったものになる。一九五〇年に発刊された日本社会学会機関誌『社会学評論』の第一巻は「日本社会の非近代性」という特集を組み、有賀喜左衛門、大内力、隅谷三喜男らが、農村社会や家族関係の前近代性や封建的労使関係を問い直すところからスタートした。尾高邦雄らによる出雲のたたら吹きの職業共同体の研究や川口の鋳物工場調査、松島静雄による鉱山労働者調査など、前近代的な労働組織、生活共同体のありかたを問う研究も、ひろい意味では階層研究に属する。城戸浩太郎と杉政孝(一九五四)らは、五二年に東京都で成人男子を対象とした意識調査をおこない、権威主義尺度と社会主義志向の尺度を組み合わせて各階層の社会意識を分析し、その日本的特性を明らかにしようと試みている。そこでは、たとえば工員層が、強い社会主義志向をもつと同時に、比較的高い権威主義志向を示したが、これは職場の封建的人間関係に適応しているためとされたのである。

戦後もしばらく経つと、近代化の進展そのものが、どのような固有の階層構造を生み出すか、という問題意識からも研究がおこなわれるようになった。注目すべきものとして、氏原正治郎、江口英一らの東大社研グループが、一九五三年から一九五四年にかけ富山、静岡、東京などでおこなった、都市貧困層の調査研究がある。東京の調査では、失対日雇い層を対象とした職業移動の履歴――出身、就職時、最長、没落時、直前など――を丹念に追い、階層的転落の契機を検討している。この結果、出身階層の影響と、単純労働者や行商・露天商などから成る下級労働者への下降を経由した職歴、階層ごとに異なる職業への固着などが明らかになっている(津田、一九七二)。氏原らはまた、五三年に神奈川県下の公立中学校卒業生の進路・就職にたいして調査をおこない、地域労働市場の下層部分のうごきを明らかにした。復興から成長期に向かうなかで、磯村英一らのグループは、東京足立区の「バタヤ部落」の地域調査をおこない、「現代型・個別型のスラム」が階層的に再生産されるメカニズムを明らかにしている(磯村、一九六二)。

2 高度経済成長と「中流社会」の自己像

一九五〇年代末から開始された高度経済成長と言われる時期に、企業組織は数を増やすとともに拡大を続け、被雇用ホワイトカラー層とブルーカラー職制・熟練層を中心とした中間層を大量に創出した。都市部、とくに三大都市圏で雇用が創出されたのを受け、農村部からの大量の人口移動と階層的上昇の時期が始まったのである(4)。

一九五五年にスタートし、以後一〇年ごとに実施されたSSM調査は、この時期以降の日本社会の階層構造変動をとらえ、回顧的データをふくむ貴重なデータを蓄積していった。前近代的産業から近代的産業への移行、急速な都市化を背景とした、農業から近代的雇用セクターへの就労人口のうごき、組織の近代化と拡大にともなうブルーカラー、ホワイトカラー層への階層移動を一般化してとらえるうえで、SSM調査のような大規模な総合階層調査は適したものだったと言えよう。

都市部で創出された中間層の雇用は、相対的に安定し、高い所得と威信をともなっていた。この結果、階層構成がじょじょに中太りのものへと変化しただけでなく、新中間層を中心に、企業組織にコミットし、高度消費社会を享受する生活態度が形成され始めた。このような状況を受けて中間層やホワイトカラーの特性を理論的にとらえる試みもおこなわれるようになった(本間、一九五九)。「日本の中間階級」(一九六二)で、尾高邦雄は、中間階級をめぐる論議が学界だけでなく新聞、雑誌でも盛んに取り上げられているにもかかわらず、その実態や位置づけは十分に明らかになっていないこと、所属階級による外面的、内面的差異が不明瞭になり、均質化しつつあることを指摘した。職業と収入、財産所有を組み合わせた独自の階層分類で、「中間階級」のなかに「中産階級」と「中間層」とを区別し、ホワイトカラー下層、小企業主、ブルーカラー上層から成る後者では、階級帰属の点で自分を「労働者」と位置づけ革新政党支持者が多く、地位の非一貫性がみられるとした。林知己夫、寿里茂、鈴木達三らの日本社会構造調査会のグループは、一九六一年に実施した調査をもとに、ホワイトカラーの特性を統計的にとらえようと試み、その内部に性格を異にする多様な層が存在することを示している(林知巳夫他、一九六四)。

六〇年代の階層研究では、安田三郎の実証的な階層研究――『社会移動の研究』(一九七一)に代表される――を見落とすことはできない。V・グラースらは、セルの現実の度数 n_{ij} と、親子の職業が無関連完全移動のときの期待値との比 $n_{ij}/(ni. \times n.j/N)$ を「結合係数 (association index)」として採用していた。この指数は、世代間移動表の周辺分布の大きさの影響を受けてしまう (nij が最大のとき、max A

= N/ni. あるいは N/n.j）ため、彼は熟練労働者の世代的再生産を低く評価してしまった（Glass, 1954: 200）。これを問題としたのが *American Sociological Review* に掲載された、安田（一九六四）の「社会移動に関する方法的探究 A Methodological Inquiry on Social Mobility」という論文である。日本の農業就業者では、父親が農業をやっていないケースはまれであるが、安田は、結合指数を用いると、この値が一・七と低めに出てしまうことを挙げ、尺度としての不適切さを指摘した。安田自身は、「強制移動」の大きさと「純粋移動」の量とを区別しつつ、結合係数に代えて、「開放性係数」という独自の係数を提示している。

高度経済成長期には、日本的経営をとらえなおし、これをたんなる生産組織としてではなく、「経営家族主義」や「集団主義」イデオロギーによって企業を共同体であるかのように擬制する社会関係も検討された。この経営方式は、たんに愛社精神を鼓舞し定着率を高めているのではなく、同調を強いることによって、企業内部の意思疎通や指示・命令の達成効率を高める（同時に逸脱や葛藤を押さえる）ことにつながっており、経営環境が安定しているときには高い生産性を挙げることを可能にする。尾高邦雄らは一九五二年から一五年間にわたって鉄鋼、電力、百貨店など九企業三万人の従業員を対象に意識調査をおこなった（尾高、一九八一）。階級的利害の対立から、会社支持と組合支持に分かれると予想されたが、会社・組合ともに帰属感をもつもの（二重帰属型）が最も多く、またどちらにも帰属感をもたない従業員（不平不満型）も多かった。組合に加入しているからといって、会社に敵対するというのではなく、会社・職場と組合の両方に帰属意識をもち、労使協調を支持するという「二重帰属」意識を示したのである。これは、「集団主義的所属」の強弱のあらわれと理解することができる。この研究は、企業組織と経済活動を階級対立からとらえる見方を相対化し、集団―個人という社会学的視点の意義を示すものであった。

マルクス派にも、「にせの共同性」による集団形成に着目した芥川集一（一九六五）や職業や消費パターンにもとづく階層概念を批判した鎌田さと子（一九七〇）の議論などがあるが、先進諸国での階級対立の緩和や脱イデオロギー化の影響を受けて、伝統的な階級理論はしだいに守勢に立たされるようになる。批判的な検討としては、富永健一の研究（富永、二〇〇一〔一九六五〕）がマルクス的階級の集団形成力と階級意識論に疑問を呈し、社会的資源の多次元的な配分の不平等に着目していた。また長尾周也（一九六七）は、R・ダーレンドルフの議論を援用してマルクス的階級論を批判し、社会構成が多様化し複雑化するとともに、おなじ階級的地位をしめる個人のあいだでも異質な要素が入り込み、ことなる要求を分岐させるために、階級対立が弱まるとした。それでも、G・ルカーチに源を発し、哲学者の廣松渉らを中心にその後も展開されていった「物象化」論は、階級意識論をまた違ったかたちで独自に展開したものとして注目される。トータルな階級構造をとらえようとしたマルクス派の実証的業績では、国勢調査データを独自の観点から階級に再分類した大橋隆憲の『日本の階級構成』（一九七一）がある。

こうした調査や研究は、経済成長のもとで、階級的差異がはっきりしなくなったため、客観的尺度を用いて人為的に階層分類をせざるをえなくなったという面と、そのように分類すれば、階層格差や階層意識は量的な差としてたしかに検出されるという現実の二つの側面を反映していた。社会構成のうえでも、意識のうえでも、マルクス的な「階級」のアクチュアリティとリアリティは薄れてきた——こうした変化を解明するうごきとして、欧米ではネオ・マルクス主義の理論が復活していたが。総理府の「国民生活に関する世論調査」で、回答者の九割が生活程度を「中」のいずれかにあたると答えた回答者の割合が九〇%を越えるようになったのは、一九六〇年代の後半である。国勢調査をみても、ＳＳＭ調査の結果をみても、ホワイトカラー被雇用層と、ブルーカラー被雇用層とが急速にその数を増やしていったことが分かる。

一九七五年のＳＳＭ調査のデータ解釈からは、この拡大した中間層の性格づけをめぐって、興味深い議論が展開していった。今田高俊・原純輔の「社会的地位の一貫性と非一貫性」論文（一九七九）は、クラスター分析を用いて、調査対象者の階層的地位の一貫性について検討し、確実に地位が一貫的である二つのクラスターの比率を四一・一%と算出し、「日本社会の階層構造が、上層・中層・下層というような一元的な範疇によってはとらえきれない程度に多次元化しかつ多様化していることを示すものである」としていた。このデータと解釈を受け、村上泰亮（一九八四）は、非一貫的な階層的地位を有している中間部分の多数者を、中流階級でもなく、追随者としての大衆でもない「新中間大衆」と名

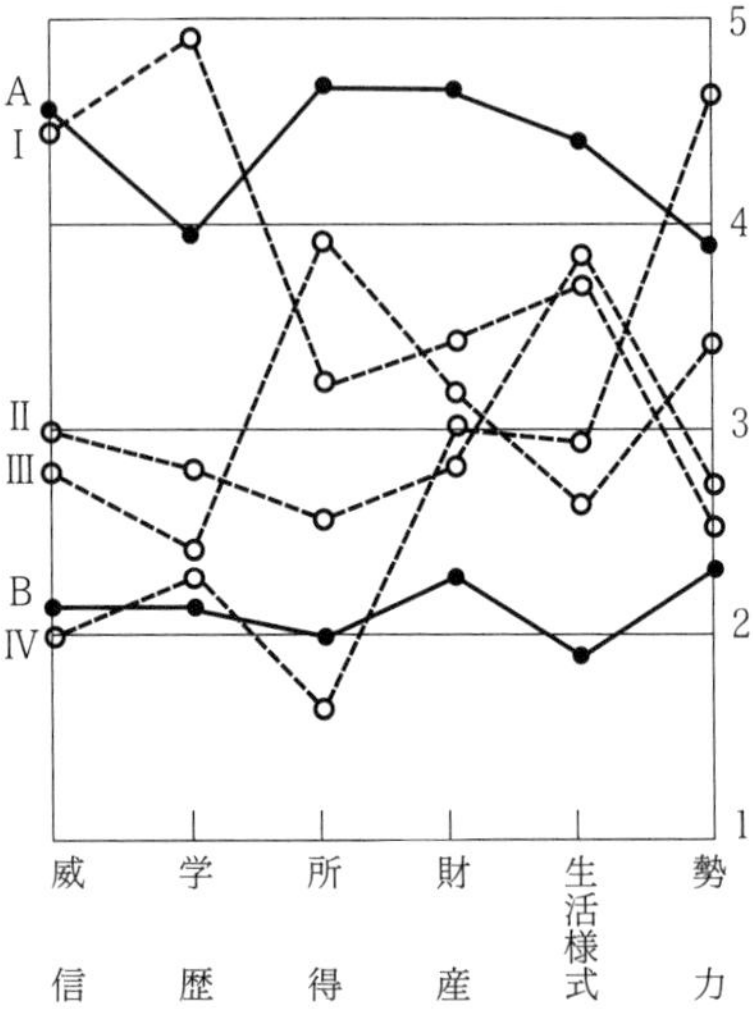
実線は比較的一貫したセンターを、破線は
比較的非一貫的なセンターを示す。

図1　階層クラスター別の階層センター・パターン

出所：今田・原 (1979: 173)

づけ、日本が非階級的な社会状況に移行しつつあることを強調した。これに対して、岸本重陳(一九七八)が、中流意識を「幻想」とみなし、非一貫性とみえるものは、経済的劣位を政治・文化次元で補償しようとしているにすぎないとし、階層性の存在を強調するなど、社会学の外部でも反響を呼んだ。

現時点で振り返ると、一貫層が四割強にすぎないとする今田らの主張は、やや誇張された見解だったと言えよう[(5)]。**図1**で非一貫的なクラスターに分類されたクラスターⅠは、たしかに「勢力」と「所得」が低いパターンを示しているが、これはこのクラスターが高学歴で年齢の若い(二〇—三〇代が七一・二%)ホワイトカラー(九八・〇%)を中心とする層だからであり、時間の推移とともにクラスターAに移行するグループと考えられる。クラスターIIは、下層ホワイトカラーとブルーカラーを中心とする層であるが、さらに若く(二〇—三〇代が八一・二%)、映画鑑賞、スポーツ、楽器演奏などの項目をふくむ生活様式スコアがやや高くなっているのも、年齢の効果と考えれば、各次元のスコア間の分散はむしろ小さい。おなじくクラスターIIIもホワイトカラー、ブルーカラー、自営、農業などが混在する層であるが、これも、年齢がやや高いために所得が少し高くなっている(四〇歳以上が六〇・五%)と考えれば分散は小さい。この三つのクラスターを合わせると、四二・一%に達し、A、Bと合わせると八割を超える。このように考えると、このデータは、日本社会の地位的一貫性の高さを示すものという逆の結論を導くことも可能なほどに、階層の微妙で両義的なありかたを反映していた。

八五年のSSM調査は、階層的地位の非一貫性や流動性の増加を中流化と重ね合わせてとらえる見方を問い直すきっかけとなった。移動データをもとに移動趨勢を検討した論文のなかで、盛山和夫・直井優らは、六五年以降の移動の変化に趨勢がみられなくなっていること、またしいて言えば「純粋移動と安田係数において移動のピークは七五年データにある」としている(盛山・直井・佐藤・都築・小島、一九九〇:三二)。この変化は、農業社会から急速に工業型、サービス経済中心の産業構造へと転換しつつ、高度経済成長の段階を終え、安定成長期に移行していた日本社会の姿を反映するものであったと言えよう。成長はなお続いていたとはいえ、中間層の拡大と円高は、相対的な賃金水準を高め、企業の収益力を低下させつつあった。このため、査定や昇進の条件が厳しくなるなど従業員への競争、選別圧力は強まり、終身雇用のもとでホワイトカラーとして出世を目指すことが多くの者に保証されていた状況は変化しつつあったのである。

外国の数理的手法を取り入れ、オーソドックスな実証的階層研究はいちじるしく発展したが、こうした諸研究は、SSM調査に代表されるように全国ベースのサンプル抽出にもとづき、階層的諸属性を個人のもつ属性とみなして、それらの間の一般的因果関係を多変量解析の手法を用いて検証しようとする傾向が強かった。このため、固有の場に成立している、主体間の格差をめぐる「関係」や集合性を明らかにするという、階級研究・階層研究の重要な側面は見失われてしまいがちになった(6)。こうした側面については、村落社会研究の伝統を引き継いだ地域研究や、労働研究、住民運動論に属する経験的モノグラフや理論研究が取り扱うかたちになった。現代社会の構造と主体形成の分析については、マルクス派の流れを汲む研究者も有力な業績を残している。島崎稔らの重工業都市川崎の構造分析(一九八七)は、地域レベルでの資本と労働力、住民諸階層の再編成とその問題点を明らかにしようとするものだった。布施鉄治らのグループによる、炭鉱都市夕張(一九八二)の研究も同様の志向をもつが、さらに諸階層による集団形成や具体的生活レベルの関係までとらえようとする視点を示していた。野原光・藤田栄史らの調査(一九八八)、は、自動車大メーカーと系列企業をめぐる地域支配や労働力・労働市場編成のありかたを解明した。この時期の低所得層の研究としては、生活構造論の流れを受けた、江口英一の『現代の「低所得層」』が注目される。江口が明らかにしたのは、高度経済成長期を通じて、「低所得層」ないし「不安定就労層」が繰り返し再生産され社会の底部に滞留する事実であった。これらの階層の生活も、SSM調査のような大規模調査からは漏れ落ちてしまう部分であり、のちのホームレス研究にもつながる研究であった。元島邦夫(一九八二)は、マイホーム主義とマイカンパニー主義にとらえられた大企業労働者層が、差別的格差構造により、分断されつつ大企業体制に統合されていると指摘した。似田貝香門(一九七六)は、労働力再生産が社会化される場としての「地域」に注目し、これが「生活要求」や「生活環境保全要求」の運動へと転換されるメカニズムとしてとらえた。庄司興吉も、労働者層が内部の分化と大衆消費社会化を背景とし環境問題や住民運動に向かう「生活者的主体性」の成立を指摘していた(庄司、一九七七:三二七)。庄司はまた、一国単位でみると中流化しているようにみえる階層構造が、グローバルにみるとピラミッド型が維持されていることを指摘しているが(一九八二、一九八六)、これも数理的な実証研究に欠けていた視点であった。

階層史に相当する分野でも、間宏(一九七八)が経営家族主義の形成期の労使関係をあとづけ、中川清(一九八五)が、戦前戦後の各種社会統計資料を精査し、都市下層を中心とした諸階層の生活構造を浮かび上がらせたことが注目される。また石川晃弘(一九七五)は戦後おこなわれた労働調査を整理し、企業共同体の集団主義と労働者の私生活主義との拮抗関係を浮かびあがらせている。

3 「中流社会」の動揺と階層形成の新たな輪郭

一九八五年前後は、中流化と均質化に向かううごきがさまざまなかたちで見直され始めた時期である。八五年のSSM調査のデータでは、農業部門をのぞくなどの限定つきながら、階層移動の開放性増大にかげりが生じ始め、地位達成への世襲効果が強まっている傾向が指摘され、「閉鎖社会への反転」がマスコミでも取り上げられ話題を呼んだ(直井、一九八九)。

バブル経済が始動し始めたこの時期に、いちはやく「階層消費」の実態に注目したのが、小沢雅子の『新「階層」消費の時代』(一九八五)であった。小沢は、賃金格差とともに、資産格差が購買力の差をもたらしていることを背景に、土地・金融資産を多くもつ者向けの高級品市場が大衆品市場から分化しつつあることを指摘した(7)。博報堂生活総合研究所(一九八五)も、住宅ローンと教育費の負担に家計を圧迫されている「ニュープア」と、「ニューリッチ」との分化がみられることを指摘し、個性化を志向する「分衆」が大衆消費社会を変えつつあるとした。

このことは、中流化の進行というみかけの背後で、階層化の原理がこれまでとはちがうかたちで再編されていることを示唆していた。経済成長と実質所得の上昇により、大衆消費財のレベルでは、たしかに大多数の個人がそれを手にし、自分たちの生活を「人並み」によそおうことができるようになった。しかし、稀少性の高い奢侈財・上級財については、階層格差は残り続け、社会的に重要な意味をもつ格差はここに移動していくのである。もちろんかつてのような身分集団や、確固たるステータス・グループはもはや存在しなくなっている。一見すると大きなちがいのない人々の消費行動と外面に、階層格差を識別する多様で微細なシンボルや「記号」を読み解こうとするメンタリティが目立ったものとなったのがこの時期以降であった。P・ブルデューの研究に刺激を受け、この時期前後から階層文化に関する研究が盛んにおこなわれるようになったことも、こうした意味で注目することができる。大学生の文化的消費行動をみた藤田英典らの調査（一九八七）によると、「クラシックのコンサート」や「美術館・展覧会」へよくいくと答えたものは出身家庭がホワイトカラー上層ほど高く、「パチンコ」や「麻雀」をよくすると答えた者はブルーカラー・農業の家庭出身者が多かった。このことは、質的な差をもつ高級な文化と大衆的な文化の階層差がある程度みられ、世代的に継承されていることをうかがわせた。この流れを受け、一九九〇年に神戸市で片岡栄美がおこなった調査（有効回答五三五票）では、さまざまな文化活動を評価させたところ、1．上位の階層ほど「ハイカルチャー」を高く評価し、ブルーカラーは「大衆文化」を高く評価する傾向があった。2．そして、「ハイカルチャー」と「大衆文化」の差をどのように評価していたかをみると、上位の階層ほど差が大きいものとみなしていた（片岡、一九九六）。これを片岡は「文化弁別力」の階層差としてとらえたが、各層が、自分のおこなう文化活動や消費をなるべく高く評価し、自己評価やプライドを高く保とうとしている姿ととらえることもできる。他方教育社会学の研究では、文化の同質性や同調性の強さと、学歴獲得や昇進レースのなかで継続的に繰り返しおこなわれる選抜が、階級文化の効果を隠している、という指摘もある(竹内、一九九五：二四〇／苅谷、一九九五)。九五年のＳＳＭ調査では、職業階層が高く、学歴、年収が高いほど、「文化的寛容性」が高く、さまざまな文化活動を同時におこなっていることが確認された(片岡、二〇〇〇)。これは、階層意識が弱い社会で、階層的優位性を文化的消費で示すことを忌避する傾向があるからだと片岡は言う。このような研究から、集団的同質性をある程度保ち、質的な差を顕在化させずに、微妙な「量的」差として維持されている、日本の階層文化の独自のありかたが明らかにされた。これらの研究は、階級間の経済的利害対立や政治的対立が潜在化した時代に、教育や文化の再生産効果に光を当てて階層論を再構築するトレンドを背景としていた。

八〇年代以降は、労働研究でも、競争圧力を強める日本的経営の問題点を問うなかで、ホワイトカラーの労働やキャリアをとらえる実証研究がしだいに増えていく。競争と成果主義、リストラ圧力がしだいに強まるなかで、ブルーカラーの世界だけでなく(熊沢、一九八九／一九九七)、ホワイトカラーの多様な労働、キャリア・パターン、就労意識のありかたが、問題とされるようになったのである。とくに、大企業一一社の大卒男子社員を対象とした関本昌秀・花田光世(一九八五―八六)の研究は、ホワイトカラーの組織コミットメントのありかたが、分化しつつあることを示した。帰属意識じたいに四つのパターンがみられ、世代が若くなるにつれて、「伝統型」、「企業従属型」「残留型」の帰属意識が弱まり、組織から得るものがある限りで組織に帰属する「功利型」の帰属意識を示す者の比率が高くなっていたのである。この調査結果は、職場集団の求心力が弱まりつつあることを示していた。また、ローゼンバウムのキャリア分析の影響を受けておこなわれたキャリアの分析は、日本のホワイトカラーの昇進構造が、初期キャリアから後期までの三段階で、そのすがたを変える「重層型昇進ルール」をとっていることを明らかにした(今田・平田編、一九九五)。女性の職業的地位、労働市場上の地位、性別職務分離の問題も系統的に研究されるようになってきた(牛島、一九九五／木本、二〇〇三)。

一九八〇年代から九〇年代に入ると、欧米社会でも、以前から議論されてきた階級関係の弱体化の問題が、階級の存在は一種の「言説」にすぎなかったとする説や(Jones, 1983)、さらに先鋭な「階級の死」というかたちで議論されるようになった(Clark & Lipset, 1991/ Pakulski & Waters, 1996)。このようなうごきは、福祉国家体制の動揺や、ソ連・東欧圏の解体・再編を受け、階級の存在が比較的自明視されていた社会でも、より根本的な問い直しが始まったものとみることができよう。第五回のＳＳＭ調査が実施された九五年は、バブル経済が破綻し、「一カ一／二政党制」が崩れ、五五年体制が崩壊していく転換期にあった。経済活動は長期の停滞期に入り、グローバルな競争の激化とともに「ホワイトカラー余り」やリストラ、失業などが深刻な問題となっていく。社会的にも、犯罪や自殺の増加、引きこもりや不登校など、集団や組織からの離隔現象が目立ったものになっていく。ＳＳＭ調査は大規模化し組織化の度合を強め、データと報告書をもとに六冊のシリーズと、多くの専門書が刊行された。取り上げられるテーマは広がり、研究手法は多様性を増した。にもかかわらず、調査報告が提示する階層構造のすがたは明確さを欠き、検討された論点は八五年の時点のそれをまだ大きく超えるものではなかった。経済学の分野では、ジニ係数の推移やマクロ指標をもとに日本社会の格差拡大を指摘する声が目立ち始めたのに対して(橘木、一九九八/樋口他編、二〇〇三)、社会学サイドからの見解は議論が交錯し判然としなかった。一九九五年はバブル崩壊後間もなかったから、格差拡大のうごきはまだ顕在化していなかったとも考えられよう。これにたいし、二〇〇五年ＳＳＭ調査にもとづく諸研究では、格差社会の動向にたいし本格的な検討がおこなわれるようになった。総じて、若者や女性たちの雇用流動化、貧困の問題が多く取り上げられるようになり、おなじ高齢者たちのあいだの格差や、世帯間・夫婦間の格差がひろがりつつあることも示されるようになった(佐藤・尾嶋編、二〇一一/石田・近藤・中尾編、二〇一一)[8]。また反対に上層ホワイトカラー層の世代的再生産や閉鎖性の問題が論じられるようになった[9]。つまり、安定した階層の閉鎖と再生産、不安定な階層の貧困化や雇用流動化という対立軸が主要な論点としてクローズアップされるようになったのである。加えて、二〇〇〇年代に入ると、アメリカ発の「総合的社会調査（General Social Surveys)」が日本でも本格的に導入、実施されるようになったこともあり、欧米やアジア諸国の階層構造・移動との比較研究も活発におこなわれるようになってきた。まだ国レベルの比較研究が中心であるが、このことは、階層研究がグローバル化する世界に対応していくうごきとして評価されるだろう。同時に、さまざまな調査結果が公開データとして整備されインターネット上で広く利用可能になってきたこともこの間の目立ったうごきであった。

おわりに——格差社会に直面する階層研究の課題

以上みてきたように、日本の階層研究は、社会の変化に対応するかたちで、その動向をとらえてきており、現在では大量かつ標準化されたデータにもとづく比較と統計的分析を志向するようになっている。そうしたなかで、格差社会の多様なうごきをとらえていくうえで、研究上の死角や課題もいくつか明らかになってきているように思われる。最後にこの点について整理しておこう。

第一に、階層区分をめぐる重要な境界線とカテゴリー分類、という古くて新しい問題がある。伝統的な労働者／資本家という階級区分はもちろん、現在ではホワイトカラー／ブルーカラーという階層的区分やそのサブカテゴリーもかつてほど重要な意味はもたなくなっている。また文化資本やソーシャル・キャピタルの所有のように、重要な階層区分や変数自体がますますみえにくく不定形なものに移行している。一方で閉鎖的な特権層と周辺的流動層という大きな対立軸は見え隠れするものの、そこにジェンダー・性的マイノリティ、エスニシティ・人種、世代、障害の有無のようなさまざまな属性と、他方で正規／非正規の雇用、ホームレス、居住地、市民権・永住資格、被災経験のようなさまざまな地位・状態が重なりあいながら交錯している。このようにして多様に枝分かれするグループの生活を、職業階層を中心とした区分を用いてとらえることは容易でない。こうした状況を無視して「階層移動レジーム」を分析しても、現実とのつながりを欠いた形式的分析になりかねない。官僚制組織の優位が弱まり、流動的なネットワークのなかで生きる個人たちの階層構造をとらえることは、理論的にも実証的にもひじょうに難しくなっている。

このことに関連して第二に、さまざまな社会的弱者・マイノリティたち、被害者たちの社会的要求や集合行為にかかわる問題がある。階層格差がうみだす社会的要求や、集合的行為をつうじたその是正という問題は、一九世紀に社会学が誕生したときから最重要のテーマであった。にもかかわらず、現在の計量的な階層研究は、特定の集合的ニーズには、まして集合行為発生のプロセスにはほとんどコミットしなくなっている。これはこれらの問題の研究が、ランダム・サンプリングにもとづく大量調査という手法では対応しきれないためでもあるが、階層研究の社会的・実践的意義を大きく損なうことになっている。集合行為の発生プロセスや帰結、サイクルといった問題については、社会運動論が取り組み大きな成果を上げてきた分野である。階層研究はいま一度原点に立ち戻って、研究の戦略を組み直すことが求められているのではないだろうか。

さらに、地域研究との関係、広く言えば階層の空間性にかかわる重要な問題がある。全国から層化多段抽出したデータでは、多様化する地域に固有の問題を扱うことは難しくなる。地方の衰退、限界集落化、世界都市化、産業都市の盛衰、グローバルな分業体制・地域間競争、移民問題などは、重要な階層的問題を提起しているにもかかわらず、計量的な階層研究はこれらについて語ることが少ない。地域レベルの多様化とグローバル化が同時に進む時代に、相変わらずナショナル・レベルを単位として比較するという逆説に陥りかねないのである。これらの問題は地域社会学や都市社会学の主題ではあるが、階層研究が等閑視してよい問題ではない。

第四に、調査実施体制にともなう問題がある、比較のため標準化されたカテゴリー、ワーディングを用い、ときに数十人以上で実施される研究体制は、個々の研究者のユニークな発想やフィールドへのこだわりをどうしても受け入れにくくしてしまう。現在の計量的な階層研究が外部からみてやや閉鎖的・自足的で、実証的スピリットを欠いているように感じられてしまうのは、このことにも一因があるだろう。べつの言いかたをすれば、研究者たちが計量的な階層研究とグループに自足し「引きこもってしまう」ことは非生産的なことなのである。

最後に、個人情報保護や調査倫理にかかわる社会環境の変化に対する対応という問題がある。階層研究は、学歴や所得など、調査対象者のプライバシーにかかわる項目を多く含んでいる。ＳＳＭ調査についてみても、二〇〇五年調査の回収率は四割台の前半にまで落ち込んでいる（三隅・三輪、二〇〇八）。当然ながら、誤差が大きくなり、データの信頼性は下がっていく。学術研究による住民基本台帳の閲覧は、現在は公益性のため法律で認められているが、こうした措置もいつまで続くか分からない。調査結果がなんらかのかたちで社会に貢献することを示せないと、実証的な階層研究の前提である調査自体ができなくなってしまう可能性がある。

以上日本の階層研究の展開について概観したが、これまで時代や体制のちがいにかかわらず階層的不平等は存在し、それが当該社会の問題や変革をもたらす動因になってきた。社会学自体がそうした状況から生まれてきたこと、格差の拡大や再生産をめぐる問題が現在ふたたび大きな問題になりつつあることを考えると、階層研究が今日直面している課題はそれへの期待とともにきわめて大きいと言えるだろう。

注

(1) 本章は第二次大戦から二〇世紀末までの階層研究を主要な対象としており、今世紀の研究動向についてはごく簡単に触れるにとどまっている。
(2) 横山源之助の『日本の下層社会』のなかには、系統的にではないが、「階級」という言葉を用いている箇所がある。
(3) この点については中川清(一九八五)の整理を参照のこと。これによると、都市下層社会の調査は、時代順に、①明治中後期の貧民窟調査、②日露戦争後の細民調査、③関東大震災後の不良住宅調査、④昭和恐慌期の要保護世帯調査系列に分けられる。
(4) 福武直らを中心としたグループの村落共同体研究は、農村部からの社会移動、農村内部の階層分解や兼業化、村落共同体の残存を構造的に分析しようとした。分析の焦点になったのは、村落共同体内の階層的主体間の関係の分析であった。

(5)この論点については、庄司興吉(一九八一)による論評を参照のこと。

(6)布施鉄治(一九九二)は、SSM調査流の実証的階層分析に対して次のような問いを提起している。「都市社会の階級・階層的分析とは何なのか、このような最も肝心な点が必ずしも明確ではないといわざるを得ない。村落社会の分析に関しては、いわゆる、農民層分解論的視角によって、村落社会の階級・階層分解の型はある程度まで明らかにされている。そして、そうした中で、農民層の兼業化も進んでいる。……この生きる形、創意的な生活、社会の形を把握することが重要となる。都市社会の場合も同様である。」(布施、一九九二:四〇)

(7)野口悠紀雄らがバブル末期に首都圏、福岡県、山口県でおこなった調査は、とくに首都圏での土地資産の価値が上昇し、資産形成上相続の比重が増していることを示していた(野口、一九九二)。

(8)九〇年代以降のこのうごきを教育の側からとらえたものとして、苅谷剛彦ら(苅谷・志水・清水・諸田、二〇〇二)、M・ブリントンの研究(ブリントン、二〇〇八)も注目される。

(9)これは、一九九五年SSMデータをもとに、佐藤俊樹(二〇〇〇)が提起し、盛山和夫(二〇〇三)が批判していた問題である。

文献

芥川集一、一九六五年、「社会構成体の理論と集団」『講座現代社会学二　集団論』青木書店。

Clark, Terry N. and Seymour M. Lipset, 1991, Are Social Classes Dying ?, *International Sociology*, vol.6 (4) , pp.397-410.

江口英一、一九七九—一九八〇年、『現代の「低所得層」——「貧困」研究の方法(上)(中)(下)』未来社。

藤田英典・宮島喬・秋永雄一・橋本健二・志水宏吉、一九八七年、「文化の階層性と再生産」『東京大学教育学部紀要』vol. 二七、五一―八九。

福武直、一九五六年、「現代日本における村落共同体の存在形態」村落社会研究会編『村落社会 研究会年報Ⅲ 村落共同体の構造分析』時潮社。

布施鉄治編著、一九八二年、『地域産業変動と階級・階層』御茶の水書房。

――――、一九九二年、『倉敷・水島／日本資本主義の展開と都市社会　第1分冊　水島重化学コンビナート創設と地域社会変動』東信堂。

Glass, David V. (ed.), 1954, *Social Mobility in Britain*, Routledge & Kegan Paul, London.

博報堂生活総合研究所、一九八五、『分衆の誕生』日本経済新聞社。

林知己夫・寿里茂・鈴木達三、一九六四年、『日本のホワイト・カラー』ダイヤモンド社。

林恵海、一九三〇年、『農家人口の研究』日光書院。

林宥一、二〇〇〇年、『「無産階級」の時代』青木書店。

間宏、一九七八年、『日本労務管理史研究――経営家族主義の展開と形成――』御茶の水書房。

樋口美雄・財務省財務総合政策研究所編、二〇〇三年、『日本の所得格差と社会階層』日本評論社。

本間康平、一九五九年、「中間階層に関する論議とホワイトカラーの問題」、『社会学評論』三六号、九三―一〇六。

今田幸子、平田周一編、一九九五年、『ホワイトカラーの昇進構造』日本労働研究機構。

今田高俊・原純輔、一九七九年、「社会的地位の一貫性と非一貫性」富永健一編『日本の階層構造』東京大学出版会。

稲上毅、一九八一年、『労使関係の社会学』東京大学出版会。

犬井充、一九八一年、『日本人の階層意識』ＰＨＰ研究所出版部。

石川晃弘、一九七五年、『社会変動と労働者意識』日本労働協会。

石角春之助、一九二九[一九九六]年、『近代日本の乞食：乞食裏譚』明石書店。

石田浩・近藤博之・中尾啓子編、二〇一一、『現代の階層社会2　階層と移動の構造』、東京大学出版会。

磯村英一、一九六二年、『日本のスラム』誠信書房。

岩井浩、一九七八年、『現代日本の地域階級構成』関西大学経済・政治研究所。

岩田正美、一九九五年、『戦後社会福祉と大都市最底辺』ミネルヴァ書房。

Jones, G. Stedman, 1983, *Languages of Class: Studies in English Working Class History 1832-1982*, Cambridge University Press, Cambridge.

片岡栄美、一九九六年、「階級のハビトゥスとしての文化弁別力とその社会的構成――文化評価におけるディスタンクシオンの感覚」『理論と方法』vol. 一九、一―二〇。

――、二〇〇〇年、「文化的寛容性とその象徴的境界：現代の文化資本と階層的再生産」今田高俊編『日本の階層システム 5』、東京大学出版会。

籠山京、一九四三[一九九〇]年、『国民生活の構造』(『余暇・娯楽研究基礎文献集』第二二巻)、大空社。

鎌田さと子、一九七〇年、「貧困研究における社会階層の概念」『社会学評論』vol. 二〇(三)、一八―三七。

苅谷剛彦、一九九五年、『大衆教育社会のゆくえ』中央公論社。

苅谷剛彦・志水宏吉・清水睦美・諸田裕子、二〇〇二、『調査報告「学力低下」の実態』、岩波書店。

城戸浩太郎・杉政孝、一九五四年、「社会意識の構造――東京都における社会的成層と社会意識の調査研究」、『社会学評論』一三・一四号、七四―一〇〇頁。

木本喜美子、二〇〇三年、『女性労働とマネジメント』勁草書房。

岸本重陳、一九七八年、『中流の幻想』講談社。

小池和男、一九九一年、『大卒ホワイトカラーの人材開発』東洋経済新報社。

熊沢誠、一九八九年、『日本的経営の明暗』筑摩書房。

――、一九九七年、『能力主義と企業社会』岩波書店。

松本潤一郎、一九三四年、『社会集団と社会階級』弘文堂。

三隅一人・三輪哲、二〇〇八、「二〇〇五年SSM日本調査の欠票・回収状況の分析」、三輪哲人・小林大祐編、『二〇〇五年SSM調査シリーズ一　二〇〇五年SSM日本調査の基礎分析――構造・趨勢・方法』、二〇〇五年SSM調査研究会。

メアリー・C・ブリントン（池村千秋訳）、二〇〇八、『失われた場を探して　ロストジェネレーションの社会学』、NTT出版。

元島邦夫、一九八二年、『大企業労働者の主体形成』青木書店。

村上泰亮、一九八四年、『新中間大衆の時代』中公文庫。

長尾周也、一九六七年、『現代の階級理論』ミネルヴァ書房。

中川清、一九八五年、『日本の都市下層』勁草書房。

直井優、一九八六年、『社会階層・社会移動』東京大学出版会。

――、一九八九年、「日本社会の階層変容に迫る：崩れ始めた平準化神話」『朝日ジャーナル』一五八一号、一四―一九。

似田貝香門、一九七六年、「住民運動の理論的課題と展望」松原・似田貝編『住民運動の論理』所収、学陽書房。

野口悠紀雄、一九九二年、「家族内の世代間移転――居住用財産の相続を中心として」、『リーディングス日本の労働⑧勤労者生活』日本労働研究機構。

野尻重雄、一九四二年、『農民離村の実証的研究』岩波書店。

野呂栄太郎、一九八三［一九三〇］年、『日本資本主義発達史（上）（下）』岩波文庫。

尾高邦雄、一九六一年、「日本の中間階級」『日本労働協会雑誌』一九六一年一号、日本労働協会。

――、一九七〇年、『職業の倫理』中央公論社。

――、一九八一年、『産業社会学講義』岩波書店。

大橋隆憲、一九七一年、『日本の階級構成』岩波書店。

大河内一男、一九五〇年、「賃労働における封建的なるもの」『経済学論集』vol. 一九（四）、東京大学経済学会。

小沢雅子、一九八五年、『新「階層」消費の時代』日本経済新聞社。

Pakuski, Jan & Malcolm Waters, 1996, *The Death of Class*, Sage Publications, London.

坂寄俊雄・戸木田嘉久・野村良樹・野澤正徳編、一九八四年、『現代の階級構成と所得分配』有斐閣。

佐藤俊樹、二〇〇〇年、『不平等社会日本　さよなら総中流』中央公論新社。

佐藤嘉倫・尾嶋史章編、二〇一一、『現代の階層社会一　格差と多様性』、東京大学出版会。

盛山和夫、二〇〇三年、「階層再生産の神話」樋口美雄・財務省財務総合政策研究所編『日本の所得格差と社会階層』日本評論社。

盛山和夫・直井優・佐藤嘉倫・都築一治・小島秀夫、一九九〇年、直井優・盛山和夫編『現代日本の階層構造① 社会階層の構造と過程』、東京大学出版会。

関本昌秀・花田光世、一九八五―一九八六年、「一一社四五三九名の調査分析にもとづく企業帰属意識の研究(上)(下)」『DIAMOND ハーバード・ビジネス』一〇巻(六)／一一巻(一)。

島崎稔・安原茂編、一九八七年、『重化学工業都市の構造分析』東京大学出版会。

庄司興吉、一九七七年、『現代化と現代社会の理論』、東京大学出版会。

――、一九八一年、「現代社会の階級構造」、『経済評論』vol. 三〇(一)、二四―三八。

――、一九八二年、「現代日本の階級と社会意識」、『社会学評論』vol. 三三(二)、二〇―四〇。

――、一九八六年、『世界社会の構造と動態：新しい社会科学をめざして』法政大学出版局。

橘木俊詔、一九九八年、『日本の経済格差――所得と資産から考える』岩波新書。

高田保馬、一九四八[一九二四]年、『階級及第三史観』関書院。

竹内洋、一九九五年、『日本のメリトクラシー：構造と心性』東京大学出版会。

戸田貞三、一九三四年、『家族と婚姻』中文館書店。

富永健一、二〇〇一[一九六五]年、「階級理論の基礎的諸問題」『リーディングス 日本の労働8 勤労者生活』日本労働研究機構。

富永健一・友枝敏雄、一九八六年、「日本社会における地位一貫性の趨勢一九五五―一九七五とその意味」、

『社会学評論』vol. 三七(二)、一五二―一七四。

津田真徵、一九七二年、『日本の都市下層社会』ミネルヴァ書房。

氏原正治郎、一九七一年、『日本労働市場分析』東京大学出版会。

牛島千尋、一九九五年、『ジェンダーと社会階級』恒星社厚生閣。

山脇啓造、一九九四年、『近代日本と外国人労働者』明石書店。

安田三郎、一九七一年、『社会移動の研究』東京大学出版会。

横山源之助、一九八五[一八九九]年、『日本の下層社会』岩波文庫。

吉田久一、一九九三年、『日本貧困史』川島書店。

第5章　産業社会学と企業社会論
――職業社会を読み解くパースペクティブ

山下　充

1　産業社会学と「企業社会」

日本社会のあり方を示す概念のひとつに「企業社会」という言葉がある。企業社会とは、企業に直接雇われている従業員にとどまらず、その家族や企業が存在する地域社会などさまざまな社会領域において企業を中心とした組織化が進むとする見方を指し、職業社会のあり方を批判的に捉えるアプローチとして八〇年代後半から産業社会学をはじめとして労働研究を中心に広まった概念である。

会社人間と呼ばれるような仕事中心の生活スタイルや、転勤や単身赴任をはじめとした企業のスケジュールに適応することを求められる従業員家族、地元の大企業に依存する自治体や地元産業など、企業が単なる経済主体であることを超え、特有の社会的影響力を持つ状況は、日本社会のひとつのセルフ・イメージともなっている。

本章では、この企業社会という概念がいかにして産業社会学に受容され、広まったのかという点に焦点を当てることで、産業社会学の方法的特徴を明らかにする。本章が、企業社会という概念を扱うのは、第一に、この概念が企業と従業員の関係という枢要なテーマについて包括的な説明をおこなっているからであり、第二に、この概念の独特な理論的構成が、日本の産業社会学の方法的特徴を理解するうえで格好な素材といえるからである。

そもそも戦後の産業社会学は、企業と従業員の間に存在する独特な共同性に着目し、その日本的特徴を明らかにすることからスタートした。しかしそこから一歩進んで、企業が強い求心力を備えているという見方が研究テーマとして受容されるには、単なる個別データの収集や事実発見の蓄積のみでは不可能であった。企業社会という視角が固有の分析テーマとして主題化されるようになったのは、「労働者」「意識」「職場組織」といった、研究上の基礎的な対象をどのように捉えるのか、また、それをどのようなアプローチによって何を明らかにするのかについて、新しい言葉と方法が必要であった。

企業社会という見方は、戦後の産業社会学が生みだしてきたさまざまな視点、概念、方法を統合しつつ、新しい認識の枠組みを打ちたてることで「企業社会論」として産業社会学の中に受容されたのである。そのため、企業社会論へと至る概念の創造と方法的革新の軌跡をたどることは、そのまま戦後の産業社会学の特徴を理解する有効な切り口となる。

以上のような観点に立って、本章では、企業社会という概念に着目しながら、日本の産業社会学が同時代分析として職業社会をどのように捉え、何を見いだそうとしてきたのかを明らかにする。なお、本章の目的は「企業社会論」を素材のひとつとして産業社会学の視点と方法を明らかにすることにあり、企業社会の現状分析を意図したものでない。企業社会の構造を明らかにするには、企業とさまざまな社会集団との関係が重要であるが、上記の意図から、本章では主に企業と従業員の関係に焦点をあてた論述となっていることを、あらかじめお断りしておく[1]。

２　「セキュリティ機構」としての企業（戦後〜六〇年代）

第二次大戦以前には経営組織、労働者、労働組合などの産業・労働の分野は、主に経済学、経営学の対象領域であると考えられていたため、国内で社会学的研究が本格的にあらわれるのは戦後のことであった。一九四九年にアメリカの産業社会学が米山桂三、尾高邦雄らによって紹介され、国内で産業社会学への関心が高まると、五一年には日本社会学会の大会で産業・労働部会が設けられるとともに、五〇年代を通じて産業社会学の概説書および初期の実証研究が次々とあらわれた（尾高、一九五二、一九五三、一九五六、一九五八／松島、一九五一、一九六二／米山、一九六〇）。この時期の主要なテーマは、日本企業における伝統的な共同性や労働慣行のあり方が、戦後の近代的企業に依然として残されていることの解明であった。

このテーマは、アメリカの産業社会学の端緒となったヒューマン・リレーションズ(人間関係論)の受容とその批判の中から生み出されていった。ヒューマン・リレーションズは、能率的な労務管理の方法を模索する実験調査の中から生まれた研究手法で、職場の物理環境や公式の管理制度よりも、労働者の感情や意識、インフォーマルグループの存在による自発的な協力関係の存在に着目するアプローチである。

日本の産業社会学者は、ヒューマン・リレーションズを通して、組織における共同性を捉える枠組みを獲得する一方で、近代化・民主化が社会的課題とされていた当時においては、日本企業の伝統的な共同性の解明や、労使の利害についてより動態的な分析をおこなう必要性に迫られていた。そのためこの時期の産業社会学者は、労働組合の活動や労使の利害調整において日本の伝統的共同性が果たしている役割とは何か、と問うことで、この課題にこたえようとし、これが経営家族主義的労務管理の研究へと結実していった。

そもそも、企業と従業員の関係をどのようなものとして捉えることができるだろうか。一般に、企業と労働者は労働力の売買において限定的な関係を結ぶと仮定される。企業とは株主の所有物であり、その経営を委託された経営者は利潤を追求する機能集団としてこれを運営し、企業が労働者と関わるのは、労働者が生産活動やサービスの提供について労働力を供給する限りにおいてである。この考え方に従うなら、使用者である経営者と従業員である労働者の利害は構造的に対立的――互いに相手に容赦することなく自己利益の最大化を図る関係――であり、また、両者の間に仕事を超えた場面における関係性が成立することはない。

これに対して、初期の産業社会学は日本企業の中にこれとは異なった制度とロジックが存在し、そこにおける人々の特徴的な生活のスタイルを見いだした。従業員は職業生活の大半を一企業で過ごし、退職金や子弟の縁故採用は、退職後の生活を維持するうえで重要な経済的支えとなっていた。賃金は従業員家族の生計費の上昇に対応する生活給的な上昇カーブを描いて上がり、勤続年数は賃金・退職金の算定基準のひとつであるだけでなく、休暇の割り当てや会社の厚生施設利用の基準にも反映され、勤続の長期化が従業員の社内における地位の上昇を意味した。

職場では年功的秩序が人間関係において影響を与え、職制上の上位者は、仕事上の関係だけでなく、時には先輩もしくは親がわりとして部下の私生活に関わることが求められた。企業の福利厚生の内容は広範にわたり、社宅などの住宅関連の各種施設や、生活必需品から娯楽に至るまでの消費面においても企業が優遇措置をおこなった。日本企業は従業員との間に長期的で非限定的な関係を持ち、企業周辺では企業を中心とした自足的な生活空間が成立していた。

企業と従業員のこの特徴的な関係を、打算に基づく労働力の売買取引にではなく、両者の協調的で長期的関係に求め、企業内の諸制度や慣行が、従業員の生活を保障する一種のセキュリティ機構として機能する基本原理は「経営家族主義」と呼ばれ、このような社内秩序をつくり出す管理技術として経営家族主義的労務管理が注目された（松島、一九六二／間、一九六三、一九六四）。

3 「日本モデル」としての企業（七〇年代）

日本の労務管理や雇用慣行は、六〇年代を通じた高度成長、七〇年代のオイルショックといった社会・経済環境の変化にも適応していった。企業は巨額の設備投資を回収するために、生産現場の安定と生産性向上に強い関心を持ち、労働組合との協調的な関係を保つとともに、職場における個々の労働者のモラールの維持に努めた。技術革新などにより職場で仕事を失った従業員の処遇について、労働組合は使用者に対して雇用維持を求め、事前協議において余剰人員の処遇について細かな点に至るまで調整をおこなうとともに、労働者の再教育を要求していった（間、一九七三／岡本、一九七五）。

こういったプロセスによって、企業ないし企業グループ単位での配置転換や技能再教育などの日本型の雇用調整モデルが普及していった。パターナリスティックな性格が強かった福利厚生は労使の交渉・協議によって決定される比重が高まり、その施策内容も充実していった。企業における労務管理と雇用慣行は、従業員の生活保障を軸に、労使の様々なレベルにおける利害調整のプロセスを経て再構成され、社会・経済環境に適合していった。

このような日本的慣行の国際的な位置づけを、イギリスと日本の二国間比較をもとに明らかにしたのがR・ドーア(一九七三＝一九九三)である。

イギリスでは、雇用関係とはなによりも企業と労働者との経済的な取り決めである。賃金の決定基準は市場原理であり、雇用者が支払うのは労働力に見合った「適正価格」に過ぎず、賃金が決まる仕組みは、ある商品――例えば調理用の鍋――の価格が市場で決まる仕組みと同じで、労働力に対する需要、希少性、技能訓練(生産)コストによって決定される。

これに対し日本では、このような賃金決定は臨時工や新卒の採用に一部みられるだけで、企業は必要な技能を個別に買い入れるというよりも、ひとりの個人の職業生涯にわたっての潜在的可能性を含めた労働力全体を購入する。そのため採用基準が厳しく、人物審査は周到なものになる。賃金格差は、性別、学歴、年齢、勤続年数、個人の能力といった属人的要素で決定される要素が高く、職務給、諸手当と上司による査定が加わり、これらの要素が複雑な賃金体系を構成する。

労使関係についてみると、イギリスでは、職場内において階級間の対立が顕著で、労働者は企業側に「出し抜かれない」ように、使用者・管理者に対して注意深く独立性を維持することで自分たちの利益を守ろうとする。これには企業の経営事項に「安易に参加しない」ことも含まれる。労働組合の基礎的な構成単位は居住地域であり、職場が生活共同体の基盤になることはない。日本では労働組合は企業と職場が基本単位であり、職長は単なる監督者ではなく、従業員の個人的な不満や悩みの相談にものる存在で、職場や企業が全体として共通の利害を構成する単位となり、従業員はイギリスの場合よりも所属企業の「会社員」であるとの自己規定が強い。企業には広範な福利厚生が存在し、企業は折にふれて従業員家族に対して関わりを持つ。

ドーアはこのような相違を市場志向型（イギリス）と組織志向型（日本）という、二つの雇用システムの違いとして理念化した。雇用システムの相違は、その国民や特定の社会集団が信奉する理想、価値観などのイデオロギーにも影響されるが、それ以上に、雇用保障、賃金や福利厚生をめぐる利害調整が制度化される時期――日本の場合には一九二〇年代と敗戦直後――における時代状況と、その状況下で労使双方が何を自分の利益として考え、優先したのかという一連の選択によって決まると考えた。市場原理を徹底することで産業化を果たしたイギリスでは、労使関係もこの制度を受け入れて構築せざるをえないのに対して、日本やドイツなどの後発資本主義国は、イギリスとは異なった経済・社会状況の中で労使利害の調整方法が構築され、それは結果的に組織志向的な形態を生みだした。このような歴史・社会的発展の違いが労使関係に影響を及ぼす現象を、ドーアは「後発効果（late development effect）」と呼んだ。

4　労働者意識概念の転換（八〇年代前半）

七〇年代のオイルショック以降、欧米諸国が、景気の停滞、悪性のインフレを経験する中で、日本は、比較的早い経済回復と持続的な経済成長を実現した。欧米諸国が高い欠勤率（アブセンティズム）など労働倫理の低下が問題となる中で、日本では欠勤率の低さ、従業員の高い企業定着率など、高い労働意欲と労働現場の安定性が注目されるようになった。

日本経済の良好なパフォーマンスが注目される中、労働研究において大きな意味を持ったのは、この時期の企業と従業員の関係であった。オイルショックで大規模な雇用調整がおこなわれたにもかかわらず、日本の労使関係は協調的で安定した様相を示しただけでなく、長時間労働や休暇取得率の低さなど、いわゆる「働きすぎ」と呼ばれる企業への過剰な同調が問題とされるようになり、職場における労働者の意識と行動が改めて注目されることとなった。

この時期に先行して、産業社会学では様々な労働者意識調査がおこなわれていたが、その焦点は企業ないし労働組合に対する「帰属意識」を調査するものであった。労使関係の近代化と民主化がテーマであった初期の産業社会学においては、帰属意識のあり方を通して、集合的な存在としての労働者の性格をとらえることが労働者意識研究の主題であった。石川（一九七五）の研究にみられるように、労働者意識論の枠組みでは、労働者の性格をひとつの社会階層として、これを階層、企業、組合への所属意識を通して明らかにするというのがひとつのモチーフであった（稲上・川喜多編、一九八七）。

八〇年代以降の研究では、労働者意識について新しい視点が導入された。この見方は、個々の労働者が職場ないし職業キャリアの中でおこなう内的な決定プロセスへのある仮説に基づいている。日本の労使関係の実態をみると、そこにおける「個別的関係」の重要性が浮かび上がる。日本のブルーカラーには諸外国と異なり企業内における昇進構造が開かれている。そして、この昇進の条件として上司による査定がおこなわれる。昇進と査定は労働者の労働条件を決定するうえで極めて重要な要素であるにもかかわらず、労働組合の集団的規制の及ばない——その意味で個別的な——領域である。

労働者がいかに企業に組み込まれているのかを明らかにするには、このような状況における労働者意識から出発する必要がある。ここにおいて「労働者意識」とは、階層的な集合的労働者意識ではなく、企業内においてある選択を迫られた労働者個人の内的決断のプロセスとして再定義された。そして、このような労働者意識を形成する重要な制度的条件として職場や企業が位置づけられた。この新しい労働者意識概念は、この時期に注目された企業と労働者との密接な関係性を解くための基礎的な着想であるとともに、産業社会学が企業社会論を受容するうえで重要なステップであった。

(1)職場の競争秩序と労働者意識

元島邦夫（一九八二）は、労働者が職場でおこなう選択のプロセスに注目して、労働者個人の一連の意思決定が結果として企業への統合へと向かう仕組みを捉えようとした。労働者が従業員として職場で直面する様々な問題は、労働組合による集合的決定機構の枠外で展開する。そのため、従業員は様々な問題に対して自己決定を迫られるが、次の二つの段階を経ることで、企業に依存する生き方を自発的に選び取る特有の心理状態が生みだされる。

第一は競争的秩序の受容である。日本の大企業においては、戦後の労働組合が要求してきた雇用と生活の保障が実現しているものの、これらの保障は上司による査定と選別に基づく昇進や昇級を果たし、企業内での地位を向上させることを通じてはじめて獲得される。つまり、職場の年功的秩序とは、従業員からみれば昇進を通じて安定した生活の獲得を争う「競争の秩序」である。労働者はよりよい生活保障を求めるため、労働組合によって利益を平等に分配することよりも、競争のルールを受け入れ、他の労働者と持続的に競い合う生き方を選択する。これが企業内でおこなわれている競争秩序の受容である。

しかし、このような競争秩序の受容のみでは、企業への労働者の統合は完結しない。企業内の昇進競争を生き抜くために適した労働思想は、自己の能力と努力によってこれを勝ち取ろうとする「自助精神」であるが、日本の職場では職務が柔軟に構成されているため、自分に割り当てられた仕事に閉じこもり、同僚に対して非協力的な態度を取ることは、仲間の非難を浴びるだけではなく、組織の生産性低下をまねく。「自助精神」が非生産的な自己中心的行動を誘発すれば、職場は機能不全に陥ってしまう。したがって、労働者の意識は、自助的でありながらもそれが自己中心的ではなく共同的で協調的な行動様式を生みだすように調整されなければならない。

それはどのようにして可能となるのか。それを解く鍵が、職場における人間関係である。労働者は、職場で生じた問題を労働組合を通じた集団的規制によって解決しようとしない。苦情や問題の処理を引き受ける職場の労働者代表としての職場委員は、労働者を管理する側である職長ほどに信頼されおらず、職場の労働者は、仕事の能力と人間性の両面において職長をより高く評価する（元島、一九八二）。このような職長への信頼を基盤とした職場の安定性を媒介として、労働者は昇進によって自らの生活を向上させる道を選ぶ。これが職場共同体の受容という第二の統合局面である。

(2)労働市場の構造と階層的労働意識

企業内における労働者意識のあり方を、その職務キャリアと職場組織の独特の構造に注目することで明らかにしたのが稲上毅（一九八一）である。日本の労働者意識の特徴は、これを社会階層と関係づけて国際比較することでいっそうはっきりする。日本の労働者の意識は、イギリスの伝統的な労働者階級に特徴的な、職場の同質性に基づく連帯によって過剰な経済主義を抑制する労働観や、労働を報酬獲得の手段とみなし仕事に内在的意味づけを認めない「豊かな労働者」の労働観とも異なり、企業における地位上昇に自分自身の将来を重ね合わせ、労働自体に固有の意義を認め、組織に対してもコミットメントするホワイトカラーの労働観に近似した価値観を読みとることができる。つまり、企業への統合意識とは「労働者意識のホワイトカラー化」という産業化に付随する社会的意識変容を示すものである。

稲上は企業内のキャリア構造と職場の職制機構のあり方が、このような意識形成において重要な役割を果たしているとした。労働市場が企業に内部化され、企業内に深いキャリア構造が存在していることで、企業の発展が従業員の利益に結びつく労使利害の共有化が生じ、これが企業への意識統合の基盤を提供する。

しかし、労働市場の内部化は意識形成の十分条件とはならない。職域拡大とジョブローテーションによる柔軟な職場組織が機能するためには、労働者の側からの能動的な関与が必要となる。企業は、小集団活動を通じ一定の発言や参加を保障することによって、労働者から自発性と集団性を引き出し、柔軟性な組織を機能させる。

職場における昇進の可能性は潜在的な競争意識を生みだすものの、労働者意識においてなによりも重要なことは、市場の内部化による昇進の可能性が、労働者にとっては自分自身の職業キャリアの未来、つまり職業生活における時間的広がりを設定する点である。この時間的広がりは、労働者の自己定義と仕事への評価において重要な役割を果たす。労働者は現在への評価を将来への見通しのもとでおこなうことで、現状から相対的に自律的な評価を下すことが可能となる。単調な労働を担うブルーカラーの意識が、必ずしもその労働者がおこなっている客観的な条件から直接導くことができないのは、このような時間的パースペクティブの存在による。稲上は労働市場の内部化が労働者意識に果たすこの独特の様式を「キャリア志向」と呼んだ。

5 「ポスト・フォード主義モデル」としての日本企業（八〇年代後半〜九〇年代前半）

八〇年代から九〇年代初頭にかけて、日本経済の良好なパフォーマンスのもとで、日本企業の労働・生産システムが世界的に注目されるようになった。日本の生産システムが関心を集めたのは、多品種・高品質を実現することで国際的競争力を発揮した日本企業の製品製造方法に、技術的な関心が集まったことと、この生産方法を支える日本の労働者の行動様式、労働組織の編成方法、労使関係のあり方が、近代資本主義の歴史の中で新しい段階を占めているのではないかという認識――いわゆるポスト・フォーディズム論――の広まりによるものであった(2)。

オイルショック以降の経済環境の大きな変化の中で、近代的な大量生産体制を支える硬直的な労働力編成と、それを前提とした労使関係の限界が認識され、多様化・高度化した市場に対する柔軟な生産体制の優位性と、そこにおける労働形態の質的な変化と労使関係のあり方が、レギュラシオン（コリア、一九九一＝一九九二）、柔軟な専門化（ピオリ＆セーブル、一九八四＝一九九三）をはじめとした一連のポスト・フォーディズム論の中でさかんに論じられた(3)。

例えば、ケニーとフロリダ（一九九〇）は、日本企業の柔軟な生産システムを支えている条件として、日本的雇用慣行に注目した。長期の雇用保障によって、労働者は職務の再編成を抵抗なく受け入れることができ、職場におけるジョブローテーションが可能となる。異なった作業をこなすための多能工化は、労働者と企業に学習意欲と教育投資を促すことになる。職場では、様々な制度を通じて情報共有が図られており、企業はこの情報共有によって問題処理能力を高め、環境適応性の高い組織形態を実現し、これが日本企業の競争力の源泉のひとつとなる。そしてこのようなシステムは、敗戦直後に激しい対立関係を経験した日本の労使関係史の中で、労働者の要求に呼応した労使合意として形成されてきたものであり、近代資本主義におけるフォード主義を超えた新たなモデルのひとつであるとした。

このように、国際的競争力の源泉として日本の職場組織が注目される一方で、国内では長時間労働や過労死が大きな社会問題となり、企業と従業員との関係にとどまらず、家族や地域社会へ企業の論理が展開していくことが問題視され、これが「企業社会論」として展開していった。企業社会論とは、企業の強い凝集力が、労働者の働き方や労働組合、従業員家族のあり方を規定するとともに、地域社会や教育、政治領域にまで強い影響力を及ぼしているとする見方である(4)。企業社会論では、国内の労働問題を生みだす要因として、先進国で顕在化している労働規律の解体ではなく、従業員への独特の求心力が引き起こす諸問題に焦点が当てられた。

企業社会論が指摘する企業への強い凝集力とは、職場において共同性と競争を両立させる精妙なメカニズムを通して生じる企業への特有の求心力のことである。日本企業では、従業員集団内の格差や断絶が顕在的ではなく、異なった階級の境界が交錯しているようにみえる。雇用の安定性や株主よりも従業員集団の利害を優先する経営行動は、職場や企業の共同性を支える重要な基礎的条件となっている。この共同性は、昇進の可能性に基づく競争メカニズムと融合することで、労働者は企業の単なる生産要素として疎外労働に従事するのではなく、むしろ主体となることを強制される存在として位置づけられる。企業における共同性と競争の両立は、従業員の職場におけるやりがいを生みだす一方で、行き過ぎた企業への同化が、長時間労働や過労死を生む構造的要因であるとされた。

企業社会論は八〇年代の労働研究の知見に基づいて構築されたが、この枠組みが社会学に受容されるうえで重要な契機となったのは、関西の産業社会学者グループによるトヨタ調査である（小山編、一九八五）。トヨタにおける生産ライン労働は、作業ひとつひとつは単純化された過酷な仕事であり、若年者の離職率も高い。しかし、これに「自主改善活動」が加わり、恒常的な創意工夫が求められることで、トヨタの労働者の仕事はテイラー・フォード主義が想定するような単純労働とは異なり「仕事を通じての自己実現」の可能性が開かれる。生産ラインにおける改善能力を獲得すること、またこのような能力を部下や後輩が獲得できるように教育指導する能力など「自主判断の領域」が存在していることが、労働者の動機づけに重要な役割を果たしている。

この調査に参加した辻（一九八九）は、トヨタの労働が、古典的な産業社会学がテーマとしてきた疎外労働とは異なる状況を提起していると指摘した。トヨタでは年間一人当たり数十件にのぼる従業員の改善提案、労働者自身の判断に基づくラインストップの仕組み、仕事に張り合いを感じる労働者が多くを占めている。無力性、無意味性、孤立といった要素から構成される産業社会学の古典的な疎外概念に従うなら（ブラウナー、一九六四＝一九七二）、トヨタの労働はもはや疎外労働とはいえない。生産の柔軟性を労働者の人間的要素に大きく依存しているため、労働者の勤労意欲や職場での創意工夫の実践のあり方が、企業の生産性を大きく左右することになる。このため、企業は労働者を徹底的に管理する必要性が生じる。これが、トヨタにおける従業員と従業員家族に対する広範な管理の源泉である。トヨタの労働者が「仕事」や「職場」以外の領域においても、企業と深く結びつく要因は、このような生産システムの独特のあり方に基づいているのである。

6　産業社会学に問われていること（九〇年代以降）

⑴九〇年代以降の環境変化

企業社会論は、職場のさまざまな慣行の中に共同性と競争を両立させるメカニズムを見いだし、これを軸として日本企業と従業員の独特の関係を描きだした。企業社会論から導かれたイメージは、日本の職業社会を捉えるうえで今日でも欠かすことのできない視点のひとつである。しかしその一方で、九〇年代以降の職業社会には、企業社会論の枠組みでは十分に捉えることができない状況が広がっていることも事実である。第一は、経済環境の変化にともなう日本的雇用慣行の変容についてである。長期の不況と相次ぐ企業不祥事を背景として、従来の日本的慣行を支えていた企業のあり方が、所有構造の見直しという形で問われている。第二は、雇用形態や労働者意識が多様化し、職場における異質性が高まることで、新たな課題が生じている点である。以下、近年の研究動向にふれつつ、産業社会学が求められている視点と方法は何かを考えてみたい。

近年の研究動向の第一は、日本企業の新しい経営行動と職場の関係に焦点を当てている。九〇年代は金融部門の不良債権問題をはじめとした企業の相次ぐ不祥事や長期の不況と経済のグローバル化を背景として、かつて国際的に注目を集めてきた日本の企業システムが、その見直しを迫られることになった。この時期の変化を捉えるキーワードは「コーポレートガバナンス（企業統治）」と「リストラクチュアリング（事業再構築）」である。

「コーポレートガバナンス」とは、企業経営の監視システムを再構築するという規範的意味合いと、経営方針の選択および利害関係者間の利害調整システムを経験的に検証する経営モデル概念という二つの意味で用いられることが多いが、企業と従業員との関係からすれば、後者の変化がとりわけ重要である。

日本企業には、株主利益の最大化を志向するシェアホルダーモデルよりも、従業員や取引先といった複数の利害関係者の利益を勘案するステークホルダーモデルが一般的であると考えられてきた。その特徴としては、日本企業の多くは企業コミュニティの存続と発展を重視し、安定株主、メインバンク、従業員を代表とした複数の利害関係者との長期的な信頼関係を持ち、資本所有構造から相対的に自律的な統治構造を備えているとされ、従業員には、企業コミュニティが実現する生活保障とひきかえに会社・仕事へのコミットメントが求められてきた（稲上・川喜多編、一九九九／稲上、二〇〇〇）。

しかし、九〇年代以降の経済・社会環境の変化にともない、従来型の経営行動を見直す動きがあらわれてきた。企業は投資家向けの広報・情報開示（ＩＲ）を進め、経営指標における売上高に対する利益重視の傾向を強めてきた（日本労働研究機構、二〇〇〇）。企業の利益重視の姿勢は、企業組織におけるさまざまなリストラクチュアリングの施策へとつながる。中でも、社内分社化・子会社化は重要な組織変化の動向である。分社化はグローバル化、情報・技術革新を背景として、事業が展開するマーケットの特性に迅速かつフレキシブルに対応できる能力を高めるため、分野ごとの事業運営に独立性を認め、資金や人事権などの権限委譲をおこなうものだが、持株会社の解禁によってこのような事業構造の分権化が容易になった。

こういった変化の中で、非正社員の拡大によって安定雇用を享受する層は縮小に向かった。ただ、正社員の雇用機会は企業グループ内で維持されることが目指され、また、高まる失業率にもかかわらず統計的には九〇年代を通じて長期雇用層は安定的に推移してきた。ただし、従業員の処遇についてみると、大企業を中心に同期同時昇進の期間の短縮、選抜時期の早期化、成果主義賃金の導入など、長期の不況と事業再編の中で実力主義、成果主義の傾向が広まりつつある（佐藤博樹、一九九九）。

九〇年代の人事制度の変化については、ホワイトカラーの仕事の特性に由来する構造的な要因も含まれている。高い専門性を備えたホワイトカラーの仕事は、非定型的で知的な判断業務の中で創造性を発揮することが求められるため、職場では大きな自由裁量とプロジェクトチーム制の導入をはじめとした柔軟な組織編成がおこなわれている。

九〇年代以降の状況は、二重の意味でホワイトカラーの職場に変化を引き起こすことになった。まず、不況やグローバル化など環境変化が大きな時代において、マーケットの動向に応じた仕事の仕方や職場の組織化の方法が求められるようになったこと、さらに、そのような組織化を通して高いパフォーマンスを実現するためのマネジメントの再構築が必要となったことである。九〇年代に広がりをみせた成果主義的人事管理は、このようなマネジメント上の課題を解決するための試みのひとつであった。しかし、ホワイトカラーのキャリアが企業内に深く内部化されている以上、評価に極端な差を付けるような成果主義は、人材育成と長期的で安定した事業運営の両面で問題を起こしかねない。ホワイトカラーの仕事が高度化する中で、職務の実態に対応した人事制度の構築が大きな課題となってきたのである(佐藤厚、二〇〇一)。

新たな企業の動きに注目したこれらの研究に特徴的なことは、企業と従業員の変化をより広い経済・社会環境の中で捉えようとする点にある。これらの研究では、職場や個別企業あるいは企業の存在する地域社会などの限られた条件の変化だけでなく、かつては労働研究から除外されていた企業の法環境、企業と株主との関係や株主構成の性格などを、従業員の労働条件を左右する重要な要素とみなす。日本企業の特質を捉えるうえで、グローバル化、長期の不況、マーケットメカニズムの広範な導入といった新しい経済・社会環境の中での職場の変化は重要な手がかりとなる。

近年の研究動向の第二は、雇用形態の多様化を中心とした職場研究である。産業構造のサービス化、女性の職場進出といった中長期的な趨勢や、企業のコスト意識の高まりなどによって、パート、アルバイト、派遣労働、構内請負といった「非典型雇用(非正規雇用)」が拡大し、新たな労働問題が生まれている。

非典型雇用の拡大は、職業社会における階層化の問題を引き起こす。非典型雇用の大部分は、パート労働者であるが、そのほとんどが女性によって占められており、パート女性の時間当たりの賃金は正社員に比べ著しく低い。さらに、パートタイマーやアルバイトの多くが単純労働に従事しているため、仕事を通してスキルを身につけることでより高い労働条件を獲得する可能性も制約されているのが現状である。

多様化に関わるもうひとつの焦点は、典型労働者（正社員）と非典型労働者の間における、仕事の分担のあり方、つまり両者の間の分業というテーマである。多様化がさらに進展し、パート労働者に正社員並の仕事を与えるいわゆる「パートの基幹化」が拡大していけば、職場組織において誰がどのような仕事を担い、それに見合う報酬をどのような基準で受け取るのかという利害問題はいっそう重要になる。

雇用多様化の動きが著しい流通業を対象とした職場研究によると、正社員とパートの仕事領域は、労使協定を通して労使の利害がオフィシャルに調整されるケースもみられるものの、実際の作業分担においては、仕事の複雑さ変化の度合いや、パートを含めた従業員の技能の程度など、仕事に関わる従業員グループの固有の事情に応じて、職場ごとに分権的な仕事の割り振りがおこなわれている（佐野、二〇〇二）。さらに、勤続年数が長く、職場の仕事に熟知しているパート労働者は、組織の指揮命令系統では最下位に位置するものの、管理機構の命令に対して一定の独立性を備えた自律的な作業遂行がおこなわれていることも明らかになっている（木本、二〇〇三）。

多様化が進展すれば、各人の考えに応じた働き方が可能となる一方で、職場の中に従来以上の労働条件の格差が生みだされる。働く意識や目的に違いのある異質な組織において生じる格差をどのように考えるべきだろうか。どのような格差が「公平」であり、そこに到達する道筋をどのように描くことができるのか。雇用の多様化が進む現在、このような問いがこれまで以上に重要かつ解決の難しい問題として浮上している。近年の研究は、異質性の高い労働者間の相互関係を子細に分析することで、この問いへの貴重な知見を提供している。

⑵産業社会学に問われていること

日本の産業社会学は、企業と従業員の間の独特な関係性を、「労働者」「意識」「職場」といった概念に固有の意味を込めることで、「日本的雇用システム」や「企業社会」としてこれを概念化してきた。しかし、労使関係の個別化や雇用の多様化が進めば、企業への強い求心力が問題となるよりも、職場における異質性や階層化に関わる領域、とりわけ労使間や労働者間における利害の問題がいっそう重要性を増すことになろう。その際には、従来のような同質的な労働者を前提とした概念化では十分とはいえず、新たなアプローチが求められる。

すでにふれてきたように、新しいアプローチの模索は様々な形でスタートしているが、異質性の高い組織における利害の問題を扱う場合には、職場の労働者集団の動向にも注目が必要であろう。企業内には様々な利害によって結びついた自律的な集団が存在している。組織内の自律集団は、職場におけるインフォーマルな仕事の援助をしあう程度のゆるやかなものから、労働組合の基盤となるような組織的なものまで、その形態は様々であり、典型雇用の内部においても、学歴、職種、性別といった社会的条件に基づいて複雑な境界づけと関係性が成立している。このような企業内の集団は、自律的作業ルールを確立するほか、仕事や職場に対して独特の世界観を持ち、仕事に誇りや処遇への不満やそれらに根ざした発言（ボイス）を生むとともに、時には労使関係において長期的な影響力を行使する可能性をも持つものである[5]。

企業のあり方、職場の環境が大きく変わりつつある中で、産業社会学は改めて「労働者」とは誰なのか、「共同性」とは何を意味するのかを問いなおす地点に来ているといえるだろう。職場に何が起きているのかを捉えること、そこに新しい手がかりがあるのではないだろうか。

注

(1)産業社会学の包括的な研究史については、稲上・川喜多編（一九九九）、河西（二〇〇一）を参照のこと。
(2)労働研究・労使関係におけるこのような展開については石田他（一九九三）を参照。
(3)ポスト・フォーディズム論争の展開については京谷（一九九三）、鈴木（一九九四）、丸山（一九九五）が詳しい。
(4)企業社会論の代表的なものとしては、馬場（一九九一）、渡辺（一九九一）。
(5)企業における労働者集団についての研究史は稲上・川喜多編（一九八七）、河西（二〇〇一）を参照。九〇年代以降の成果としては、「電産型賃金」をつくりだした歴史的な争議において労働者間の多様な価値観や利害が調整されるプロセスを描いた河西（一九九二、一九九九）や、長期にわたる争議における労働者の共同体の果たした役割を捉えた鎌田・鎌田（一九九三）、身分制が規定する戦前の職場におけるエンジニアと職人の相互関係を描いた山下（二〇〇二）の歴史研究を挙げることができる。同時代の調査研究としては、企業内の職務分離や自律集団の境界づけが、ジェンダーや雇用条件によって複雑に構成される状況を描いた木本（二〇〇三）や、自動車生産職場での参与観察によって職場集団の自律性を子細に描き出した大野（二〇〇三）を挙げることができる。

文献

馬場宏二、一九九一年、「現代世界と日本会社主義」東京大学社会科学研究所編『現代日本社会（1）課題と視角』東京大学出版会。

Robert Blauner, 1964, Alienation and Freedom: The Factory Worker and his Industry, University of Chicago Press, ＝一九七一年、佐藤慶幸監訳、『労働における疎外と自由』新泉社。

Benjamin Coriat, 1991, Penser à l'envers: travail et organisation dans l'entreprise japonaise, C. Bourgois, ＝一九九二年、花田昌宣・斎藤悦則訳『逆転の思考：日本企業の労働と組織』藤原書店。

Dore, R., 1973, *British Factory, Japanese Factory*, University of California Press, ＝一九九三年、山之内靖・永易浩一訳、『イギリスの工場・日本の工場』筑摩書房。

間宏、一九六三年、『日本的経営の系譜』日本能率協会。

――、一九六四年、『日本労務管理史研究』ダイヤモンド社。

――、一九七三年、「技術革新と労働」松島静雄編『社会学講座6　産業社会学』東京大学出版会。

――、一九七四年、『イギリスの社会と労使関係』日本労働協会。

稲上毅、一九八一年、『労使関係の社会学』東京大学出版会。

――編著、二〇〇〇年、『現代日本のコーポレート・ガバナンス』東洋経済新報社。

――・川喜多喬編集、一九八七年、『リーディングス日本の社会学九 産業・労働』東京大学出版会。

――・川喜多喬編、一九九九年、『講座社会学6――労働』東京大学出版会。

石田光男・仁田道夫・井上雅雄・上井喜彦編著、一九九三年、『労使関係の比較研究――欧米諸国と日本』東京大学出版会。

石川晃弘、一九七五年、『社会変動と労働者意識』日本労働協会。

鎌田哲宏・鎌田とし子、一九九三年、『日鋼室蘭争議三〇年後の証言』御茶の水書房。

河西宏祐、一九九二年、『聞書 電産の群像』平原社。

――――、一九九九年、『電産型賃金の世界』早稲田大学出版部。

――――、二〇〇一年、『日本の労働社会学』早稲田大学出版部。

ケニー、M・&フロリダ、R・、一九九〇年、「大量生産を超えて」小笠原欣幸訳『季刊窓』第3号。

木本喜美子、二〇〇三年、『女性労働とマネジメント』勁草書房。

小山陽一編、一九八五年、『巨大企業体制と労働者』御茶の水書房。

京谷栄二、一九九三年、『フレキシビリティとは何か』窓社。

丸山惠也、一九九五年、『日本的生産システムとフレキシビリティ』日本評論社。

松島静雄、一九五一年、『労働社会学序説』福村書店。

――――、一九六二年、『労務管理の日本的特質と変遷』ダイヤモンド社。

元島邦夫、一九八二年、『大企業労働者の主体形成』青木書店。

日本労働研究機構、二〇〇〇年、『新世紀の経営戦略、コーポレートガバナンス、人事戦略』日本労働研究機構。

尾高邦雄編、一九五二年、『労働社会学』河出書房。

――――、一九五三年、『産業における人間関係の科学』有斐閣。

――――、一九五六年、『鋳物の町』有斐閣。

――――、一九五八年、『産業社会学』ダイヤモンド社。

岡本秀昭、一九七五年、「配置転換と労働者」日本労働協会編『配置転換をめぐる労使関係』日本労働協会。

大野威、二〇〇三年、『リーン生産方式の労働』御茶の水書房。

Michael J. Piore & Charles F. Sabel, 1984, *The Second Industrial Divide: Possiblitities for Prosperity*, Basic Books, ＝一九九三年、山之内靖・永易浩一・石田あつみ訳『第二の産業分水嶺』筑摩書房。

佐藤厚、二〇〇一年、『ホワイトカラーの世界』日本労働研究機構。

佐藤博樹、一九九九年、「日本型雇用システムと企業コミュニティ」『講座社会学6――労働』東京大学出版会。

佐野嘉秀、二〇〇二年、「パート労働の職域と労使関係」『労使関係の新世紀』日本労働研究機構。

鈴木良始、一九九四年、『日本的生産システムと企業社会』北海道大学図書刊行会。

辻勝次、一九八九年、「自動車工場における『集団的熟練』の機能形態とその形成機構（下）」『立命館産業社会論集』二五（三）。

山下充、二〇〇二年、『工作機械産業の職場史一八八九―一九四五』早稲田大学出版部。

米山桂三、一九六〇年、『産業社会学序説』慶應大学法学研究会。

渡辺治、一九九一年、『企業支配と国家』青木書店。

第6章 「学歴社会」論のゆくえ
――「学歴」をめぐる戦後日本の教育社会学研究史

中西　祐子

1　学歴社会とは何か

今日、「日本は学歴社会か？」と問われ、素直に「そうである」と答えられる者はもはや少ないかもしれない。とはいえ、戦後の日本社会と教育の問題を語る上で、「学歴社会」についての議論は避けて通れない。本章は、戦後日本の教育社会学や関連領域において、学歴をめぐる議論がどのように展開してきたのかを振り返りながら、人々が「学歴社会」と考えてきたものが何であったのかについて考察するものである。

では、いったい学歴社会とはどのような社会のことをいうのだろうか。少し長くなるが、ここで二〇一〇年発行『社会学事典』と一九九三年発行『新社会学辞典』にある「学歴社会」の項目から主要部分を抜粋してみることにしよう。

その刊行年に二〇年近い違いはあるものの、両書における「学歴社会」の定義は一致している。『社会学事典』によれば、学歴社会とは、「個人を社会的に評価し選抜する際に学歴が重視され、地位達成に対して学歴の影響が相対的に大きな社会」のことであり、『新社会学辞典』によれば、「社会の成員の評価・選抜・配分の規準として学歴を重視する学歴主義の成立と発展は、近代組織、および近代職業の出現・成長と深く関わっている。産業社会は、その意味で、学歴社会化すべく宿命づけられている」という。ここから分かるのは学歴社会が、近代産業社会と切っても切れない関係にあるということである。

近代化の初期の段階から日本では、学歴が社会的地位を規定する重要な要素として用いられていた。早くも明治期には、官僚の任用や一部の専門職（医師、弁護士、教員など）の資格認定の際に、特定の学歴（正確にいえば特定の高等教育機関出身者という「学校歴」）を有する者に対する優遇措置が施されていたことが知られている（天野（郁）、一九八六）。ある意味、その時代の学歴と職業の結びつきは今以上に強固なものであった。しかしながら、日本で「学歴社会」という言葉が使われるようになったのはそれほど古いことではなく、第二次世界大戦後、それも一九六〇年代以降になってからようやく使われるようになったといわれている（天野（郁）、一九八六／菊地、一九九二）。

一九六〇年代以降「学歴社会」という言葉が広く使われるようになったのはなぜだろうか。ここで着目すべきは戦後の高校、大学進学率の推移である。天野（郁）（一九八六）によると、一九三五年の時点で、当該人口に占める中等教育進学率はわずか一九％、高等教育に至っては三％に過ぎなかったという。これに対して戦後、後期中等教育（新制高校）、高等教育（新制大学・短大）への進学率は著しい上昇を見せる。ちなみに、一九五五年から八五年にかけての高校進学率[1]の推移は、五一・五％（一九五五年）↓七〇・七％（一九六五年）↓九一・九％（一九七五年）↓九三・八％（一九八五年）、大学・短大進学率[2]の推移は、一〇・一％（一九五五年）↓一七・〇％（一九六五年）↓三八・四％（一九七五年）↓三七・六％（一九八五年）と、高度経済成長期にその進学率の大幅な上昇を迎えていることが分かる（データ出所は『文部科学統計要覧・平成二七年版』より）。

つまるところ、「学歴社会」という言葉が成立するためには学歴取得者が一定数以上存在する必要があるということである。学歴と職業の結びつきがどれほど強固なものであっても、その獲得機会が一部の者の間に限られている段階では、それは「学歴社会」とは呼ばれないのである。

2　学歴社会は悪なのか？

さて、これまで「学歴社会」という言葉が使われる場合、往々にしてそれは悪であるという文脈で用いられることが多かった。学歴の社会的地位に対する規定力は、「不当に」高いものであり、こうした特徴は「日本だけに見られる問題」であるかのように語られることも少なくなかった。では、「日本社会は他の国と異なり、学歴が不当に高く評価される社会である」という社会認識は、どのようにつくり上げられたのだろうか。そして、果たしてそうした社会認識は正確な現状把握といえたのであろうか。

後に詳しく見るように、一九七〇年代初頭のOECD日本教育調査団による報告書(一九七二)やR・ドーア『学歴社会――新しい文明病』(一九七八訳)は「学歴社会は問題である」「それは日本独自のものである」ことを人々に強く印象づけた。一九七〇年に来日したOECD教育調査団が、日本社会を「獲得した学歴によって一生が決まるという点で階層社会に等しい。ただそれが生まれた時に決まるか、学歴を取得した時に決まるかの違いだけである」(OECD教育調査団、一九七二)と酷評したことは、「当時の日本人の学歴社会観をより明確な形で示したものであった」(苅谷、一九九五：一一)という。「日本は学歴社会であり、それは解決すべき問題である」ことが、外国人の「眼」を通してはっきりした、と理解されたのであろう。その後出版されたドーアの著書も、そこで指摘される学歴社会の三つの「病」――(一)学歴を選抜基準とする職業が増える、(二)学歴インフレの進行が早くなる、(三)学校教育が受験中心主義に傾く――が、ちょうど人々の感じていたところの「学歴社会」論と極めて類似していたため、研究者たちの圧倒的な支持を受けた(菊地、一九九二)といわれている。

さて本論は、「これまで日本はどの程度学歴社会だったのか」「学歴社会はどこが問題だったたか」について結論を出そうとしているものではない。そうではなくて、今日に至るまで、「学歴社会」をめぐって何が語られ、私たちが認識してきた学歴をめぐる社会観というものがどのように成立してきたのかを、戦後の教育社会学研究史を振り返ることで考察しようとするものである。もちろん、研究史を見ただけで社会全体が持つ学歴社会イメージの成立を考察するのは限界がある。しかしながら、研究者の言説もまた、今日に至るまでの学歴社会イメージの構築に一役かっていたこともまた間違いない。以降、戦後の教育社会学研究が、学歴をめぐっていかなる研究と議論を展開してきたのかを順に追っていくことにしよう。

3 戦後日本の学歴社会研究史

戦後の学歴研究の歴史を追ってみると、教育社会学内外の領域、業界（マスコミや文部行政官など）を巻き込んで大きく議論が展開する時期が何度か訪れていることが分かる。そこで、今回、学歴社会研究を振り返るにあたっては、このような議論の転換期を手がかりに、研究の流れをまとめてみることにした(3)。

さて、学歴にまつわる議論が転換した時期は、大きく三回ほど見受けられる。第一の転換期は一九五〇年代後半のことであり、清水義弘『試験』（一九五七）や永井道雄『試験地獄』（一九五七）などによって、戦後の大学入学試験制度の持つ問題点が、教育社会学の新しい研究テーマとなりうることが「発見」された時期である。今日、教育社会学のメインストリームといってよいほどにまで成長した学歴研究の出発点はここにあったといえる。

第二の転換期は、一九七〇年代後半から一九八〇年代前半ごろまで続いた「学歴虚像論」対「学歴実像論」論争の勃発である。進学率が上昇する中で、学歴が地位達成に与える効果はどう変わっていったのか、日本社会は果たして学歴社会なのかをめぐって、小池和男・渡辺行郎『学歴社会の虚像』(一九七九)、竹内洋『競争の社会学』(一九八一)をはじめ、多数の「学歴」を冠した著作が出版された時期である。

第三の転換期は世紀をまたいだ一九九五年ごろから二〇〇〇年代初頭にかけての時期である。苅谷剛彦『大衆教育社会のゆくえ』(一九九五)を出発点に、学歴社会をめぐる議論はこの時期以降、学歴社会の虚実をストレートに問うのではなく、人々が「日本は学歴社会だ」という意識を持つことで隠蔽されてしまう「不平等社会(格差社会)日本」を暴こうとする試みへと展開する[4]。その議論は世紀末前後より日本にわきおこった「格差社会」をめぐる論争にのり、社会の着目を集め新しい地平へと向かうことになる。

さて、ここにかなり大雑把に学歴研究の流れを区分してみたが、各時期とその前後にどのような研究が行われてきたのか、またその背景にはどのような時代要因があったのかを以下、詳しく見ていくことにしたい。

(1)第一期(一九五〇年代後半ごろ):試験と学歴をめぐる諸問題の発見

一九五一年創刊の日本教育社会学会誌『教育社会学研究』の今日までの目次をながめてみると、学会創立初期の教育社会学者の関心は、農村や漁村、僻村における教育問題や勤労青年問題、貧困家庭と教育などのテーマに集中していることが分かる。このような当時のトレンドに対して、「試験をめぐる問題」という新たなテーマを持ち込んだのが、新堀通也『大学進学の問題』(一九五五)、清水義弘『試験』(一九五七)、永井道雄『試験地獄』(一九五七)の三人による著作であったといわれている(菊地、一九九二)。一九五六年に発行された『教育社会学研究』第一〇集では、「入学試験をめぐる諸問題」が特集テーマとされるなど、この機を境に、教育社会学の中で学歴獲得やその社会的効果が主要な研究テーマとして確立していったことがうかがえる。

時代時代にいかなる議論が展開するかは決して偶然の産物ではない。学歴をめぐる議論の場合、その背景には高校や大学への進学率、大学入学定員、その世代の人口構成や時代の産業構造、景気などの変化が絡み合っていることが多い。清水らによって「試験をめぐる問題」が発見された時期は、高校進学率がようやく五〇%を超えたところであり、大学・短大進学率(大学入学者数を三年前の中学卒業者数で除した比率、浪人含む)も一〇%程度にとどまっていた時期である。大多数の人たちにとってそれがまだ無縁の存在であったにもかかわらず、大学入試の問題を研究者たちが「問題」と捉えた背景には、当時の大学入学難問題があったようである。

例えば、清水義弘『試験』（一九五七）の冒頭は、「今日は入学難の時代だと言われている」の一文から始まる。大学進学率がわずか一割程度に過ぎない時期にもかかわらず、そこでは早くも、大学入試の厳しさ、特定大学への希望者集中や大学浪人の問題など、今日私たちがよく耳にするような「学歴社会の問題」が指摘されている。それほど当時の入学難は凄まじいものであったようである。例をあげてみると当時の進学希望者のうち大学に入学できたのはわずか二割前後であり（清水、一九五七）、大学によっては入学者に占める浪人率が極めて高かったり（森口、一九五六）、一浪はおろか、二年以上浪人して入学してくる者が全体の三分の一を占めている大学さえあった（清水、一九五七）という。大学進学率の高い高校の中には進学希望者の三分の二以上が浪人していたという報告もある（森口、一九五六）。こうした時代背景のもとに、大学試験をめぐる諸問題はいわば「必然」の研究テーマとして浮上してきたのである。

同時に、すでにこの時期には、学歴と地位達成の関係や学歴取得機会に見られる階層差の問題なども取り上げられている。例えば、当時大学生で主要会社に就職した者は東京大学や早稲田大学など特定の大学を卒業した者が圧倒的に多く（森口、一九五六）、実業界や産業界の重役も高学歴層や特定大学の卒業生に集中していた（清水、一九五七）という。

また、入学試験に至る前に起こっている「選抜以前の選抜」(森口、一九五六)への言及もある。小中学生の学力に見られる地域差や、東京大学入学者の出身高校の偏りや、父親が高学歴の者ほど現役入学しやすいことなど(清水、一九五七)、大学進学機会が平等に開かれているわけではないことが明らかにされていた。戦後の学歴研究をレビューした菊地(一九九二)が評価しているように、この時代に「後に学歴をめぐる問題として展開するアイディアの多くが…(略)…既に試みられて」(菊地、一九九二：八八)いることには驚かされる。さらに一九五九年に発行された『教育社会学研究』第一四集では「公教育と学校差」が特集となっているように、学歴研究の対象となりうるテーマはこの時期にほぼ登場し尽くしてしまっているといっても過言ではない。

(2)第一期以降(一九六〇年代～七〇年代初頭)：学歴と社会移動への着目

第一期以降、日本社会は高度経済成長期に入り、産業構造の変化と都市への人口流入が始まった。この時代はまた、日本社会が急激な「高学歴化」を経験した時期でもある。一九六〇年代の高校進学率は六割から八割へと急上昇、大学・短大進学率は一九六三年に一五％を突破し七〇年代初頭には二五％に達した。この大学進学率の変化には意味がある。M・トロウ(一九七六訳)による高等教育制度の発達段階区分によると、進学率が一五％を超えると高等教育はエリートからマス段階へと移行し、その質的変容が起こるといわれているからである。団塊の世代が高校進学、大学進学を迎え、学園紛争が起きた時期でもある。このような時代を背景に、教育社会学の研究テーマも一部の「エリート」を対象とするのではなく、日本社会全体で学歴と地位達成の関係を問うものへと移行する。すなわち「社会移動と教育」研究の登場である。

一九六九年に発行された『教育社会学研究』第二四集では「社会移動と教育」が特集されている。同号に掲載された松原治郎「社会移動と教育」や岩内亮一「職業移動のための教育」では、急激な高学歴化が学歴と地位達成の関連を変容させたことが言及されている。いわゆる学歴インフレーションの問題である。この時期、新規学卒労働者に占める中卒と高卒学歴の割合が逆転したことや、大卒者の増加に伴い賃金構造の学歴差が崩れたり、高卒の技能工・生産関係従事者や、大卒非ホワイトカラー職が増えたり、大卒専門技術職が減少し販売職が増加したりしたことなどが明らかにされてきた（松原、一九六九／岩内、一九六九）。

なお、日本社会における大卒学歴の地位達成への影響力が諸外国と比べて強いか弱いかについては、いくつか説がある。一九六〇年のＯＥＣＤ統計を用いた潮木（一九七二）は、大卒者の専門技術職従事率が諸外国と比べて低いことを指摘し、大卒者の「非特権化」が進んでいると述べる。一方、安田（一九七一）は一九六五年ＳＳＭ調査データを用いて父親の地位、本人の学歴、本人の地位の関連性の国際比較を行ったところ、日本では本人の地位に対する学歴の相対的影響力が諸外国と比べて高いと述べる。データの性質や比較内容が異なることから結論は下しにくいが、いずれにせよ日本社会全体がどの程度学歴によって「開かれる」社会であるかがこの時期重要なテーマとなったことがうかがえる。

(3)第二期(一九七〇年代半ば〜八〇年代半ば):学歴社会の虚像/実像をめぐる論争

高度経済成長期が終わり、第一次オイルショックや景気の低迷期を迎える一方で、高校進学率は九割を突破、高等教育進学率も三〇%代の後半に至ったこの時期には、「学歴社会」が虚像か実像かをめぐる議論が湧き上がった。学歴社会が虚像であると主張する小池和男・渡辺行郎『学歴社会の虚像』(一九七九)や、虚像論に反論し、学歴社会は実像である指摘した竹内洋『競争の社会学』(一九八一)をはじめ、橋爪貞雄編『学歴偏重とその功罪』(一九七六)、麻生誠・潮木守一編『学歴効用論』(一九七七)、岩内亮一『学歴主義は崩壊したか』(一九八〇)、岩田龍子『学歴主義の発展構造』(一九八二)、橋爪貞雄『学歴主義からの脱却』(一九八三)など、「学歴」をタイトルに掲げた教育社会学者や教育経済学者、労働経済学者の著作が相次いだ。R・ドーア『学歴社会――新しい文明病』(一九七八訳)、M・ヤング『メリトクラシー』(一九八二訳)、R・コリンズ『資格社会』(一九八四訳)など、学歴にまつわる海外の著作が次々と紹介されたのもこの時期である。なお、『教育社会学研究』誌上では、一九八三年の第三八集において「学歴の社会学」が特集として組まれている。同号では戦後の学歴研究の蓄積をまとめたレビュー論文(山崎他「学歴研究の動向」)も掲載されている。

さて、この時期学歴社会の虚実をめぐる議論が巻き起こった背景には、一九七〇年訪日したOECD日本教育調査団の報告が出発点にあったといえる。同調査団は、「日本人には生物学的出生と社会的出生がある」(OECD教育調査団、一九七二:二四七)と報告し、「社会的出生」にあたる学歴取得が日本社会では極めて重要であること、「生物学的出生ののちに社会的出生が起こるという点をのぞけば、生まれながらに階級が決められる点は同じである」(OECD教育調査団、一九七二:二四七)と日本社会の学歴にもとづく階層性やその後の社会移動の難しさを酷評した。当時の論文からは、この報告が当時日本社会にかなりのインパクトを持って受けとめられていたことがうかがえる。

さらに、その後OECD調査団メンバーの一人であるR・ドーアの著書『学歴社会――新しい文明病』(一九七八訳)の邦訳が出されたことは、日本が学歴社会という「病」を抱えているという認識を人々の間に確固たるものとした。ドーアはアジアやアフリカなど遅れて近代化を迎えた国々が学歴社会に陥りやすいと述べ、こうした社会においては(一)学校の修了証書が求職者の選別に利用される範囲が広くなる、(二)学歴インフレの進行が早くなる、(三)真の教育の犠牲において、学校教育が受験中心主義に傾く、といった問題が生じていると主張した(ドーア、一九七八訳:一〇三)。ドーアの主張は、学歴社会は日本のみならず、遅れて近代化した国々に共通した特徴であるというところにあったが、「彼の概念装置が、日本のジャーナリズム、いわゆる『学歴社会』論とほとんど同型であった」(菊地、一九九二:九八)ためだろうか、この著作は、「やはり日本には学歴社会という『病』が存在していた」と、結果的に人々の「学歴社会＝日本特有の問題」論を強固にしてしまった感がある。

果たしてOECD調査団やドーアの主張は本当に日本社会の現実を捉えているのだろうか。「日本＝学歴社会」論が浸透するうちに、こうした見解に異議を申し立てる動きが出てきた。いわゆる「学歴社会虚像論」である。その筆頭である小池和男・渡辺行郎『学歴社会の虚像』(一九七九)では、以下のデータを根拠に日本社会が学歴社会ではないと結論づけている。小池・渡辺によると、第一に、大企業の年齢別、学歴別昇進率には、「(a)学歴による差は明らかに認められるが、(b)その差は決定的というにはほど遠く、学歴は単に一つの要因に過ぎない」(小池・渡辺、一九七九：六四)。第二に、出身大学別・生年別課長率を算出してみると、(一)いわゆる銘柄校は、たしかにほとんど上位にランクされている、(二)しかし実業界に関する限り、東大、京大の優位はそれほどでもない、(三)戦後派の非特定銘柄校が上位にあり、少なくとも課長クラスまでは学校銘柄による差別が無視できる、(四)地方大学の名前も上位に上がっている、という。続けて、「人によって受ける印象は異なるにしても、(一)のみを強調するのは、やはり偏った見方と言うべきであろう」(小池・渡辺、一九七九：一二九)と結論づけたのである。

一方、竹内洋『競争の社会学』(一九八一)は、こうした小池・渡辺の主張に真っ向から対立してみせる。竹内は「学歴社会虚像論のデータには大きな疑問が」ある(竹内、一九八一：九〇)と述べ、小池・渡辺による学歴社会虚像論のもっとも決定的な根拠であった大学別課長輩出率の算出方法の問題点を指摘する。詳しくは省略するが、竹内は、新たな数値を用いて再分析を行った結果、事務系の職では特定銘柄大学卒業であることが昇進に大変有利であるという結果が見られたと報告し、小池・渡辺の主張を否定した。

学歴社会を虚像と見るか実像と見るかはデータの算出法にも依存する。だが両者のより決定的な違いは、そこに見える結果のどこに着目するかにあると思われる。コップに水が半分入っている時に、「まだ半分ある」と見なすか、「もう半分なくなった」と見なすかということとよく似て、特定の大学出身者の占有率が高いことに着目すればそれは「実像」であり、それ以外の大学出身者も管理職に到達できていることに着目すればそれは「虚像」となるからである。

⑷第二期以降：（一九八〇年代半ば〜九〇年代初頭）：学歴獲得過程と心性への着目

ほとんどの者が高校に通うようになった一九八〇年代に入ると、人々の間には単に高校に進学するのではなく、どこの高校に進学するかに意味があるという認識が広まっていた。なぜなら日本の高校は、高校進学者の増加にともない、細かなランクによって層化されていき、どの高校に進学できるかが、高校卒業後の進路を、ひいては人生の走路を示し始めていたからである。またこの時代は一八歳人口の上昇も迎えた時代であった。高校卒業者数は一九九二年まで上昇を続け、日本経済同様、高等教育市場にとってもバブル期に突入したのである。一方、一九七九年に導入された共通一次学力試験をきっかけに、大学間の格差構造も「偏差値」という目に見える形で現れるようになった。

世間の注目を集めた学歴社会虚像／実像をめぐる論争が一段落した一九八〇年代半ばから九〇年代初頭にかけては、こうした世情を背景に「学歴」に関する研究は、「学歴社会」そのものを直接対象にすることから、学歴獲得に向けてのよりミクロな場面への着目や、学歴獲得をめぐる人々の心性を探るものへとシフトする(5)。

八〇年代前半ごろからの研究では、学歴獲得過程としての学校内部の配分メカニズムに着目が集まり、とりわけ高校の学校差が生徒の進路選択行動に与える影響に着目するトラッキング研究が流行となった。続く一九九〇年前後には受験生や学歴主義に取りこまれていく人々の心性を探る社会史研究が登場するようになる。

トラッキングとは、「ちょうど陸上競技におけるセパレートコースのように」あるコース（学校）に属することが「その後の進路選択の機会と範囲を制約すること」（藤田、一九八〇）を意味する言葉である。この概念はもともとアメリカの教育社会学者R・ローゼンボウム（一九七六）がアメリカの総合制ハイスクールにおいて、ある科目を履修することが、結果的に大学進学の機会を奪うことにつながることに対して用いた言葉であるが、日本では、学校間格差（高校が持つ格差構造）を説明するのに最適の概念であると考えられたのである。

一九八〇年代以降の教育社会学では、C・ジェンクス『不平等』（一九七八訳）、W・カラベル＆A・ハルゼー『教育と社会変動』（一九八〇訳）などが日本国内に紹介された影響も受け、学校が文化的バイアスを持った機関であり、全体社会の不平等を再生産する装置として機能しているという考え方が支配的になる。トラッキング研究は、こうした「不平等を作り出す社会的装置としての学校」という考え方のもとに行われたものである。さらに、学歴（学校歴）と社会移動の視点から見れば学校差（トラック）は、「出身階層―学歴―到達階層」の三者を結ぶ「社会的トラッキングシステム」を構成していることもこの時期指摘された（岩木・耳塚編、一九八三など）。

その後一九九〇年前後には、学歴獲得競争や学歴主義をめぐる社会史研究が登場する。この時代の研究に特徴的なのは、学歴獲得に向けて取りこまれる人々の意識がどのように構築されたかが着目された点にある。竹内洋『立志・苦学・出世』（一九九一）は、戦前期の受験生の心性を史料（戦前期の受験雑誌）分析を通して明らかにし、天野郁夫編『学歴主義の社会史』（一九九一）は明治期から昭和初期に生まれた人々へのインタビューを通じて、近代教育と学歴主義が人々の意識の間に浸透していく過程を描き出した。

なお、菊地（一九九八）も指摘するように、これらの社会史研究は結果的に「その意図に反して『学歴社会』という伝統（物語）を創出することになった」（菊地、一九九八：二二七）ともいえる。「今の私たちが思い描くような受験の世界は、実は既に明治三〇年代の後半にできあがっていた」（竹内、一九九一：一二）、「学歴主義イデオロギーは、こうした地方下層中産階級の生活世界にも、着実に浸透し、中等学校へ、より高い学歴獲得へと彼らを駆りたてていく」（天野（郁）、一九九一：一四）といった「事実」の発見は、皮肉にも、「学歴社会は日本に伝統的に存在していたものであり、近代化の進行とともに全国津々浦々にまで広がった」、という「常識」を作り上げてしまったようにも考えられる。こうした認識が構築されたことが何をもたらしたかについては、次節で詳しく述べることにしよう。

4　学歴社会論の現在、そして未来へ

(1) 大衆教育社会が隠す不平等社会

すでに見てきたとおり、戦後の教育社会学は、学歴研究とともに歩んできた歴史であった。学歴社会をめぐる研究や議論は、それぞれの時代の社会情勢を背景に発展を続け、何度かその時代を代表するような論争を展開している。

さて世紀末を迎えるころ、時代は学歴社会をめぐる第三の論争期に突入した。新たな論争テーマは「大衆教育社会」とそれが隠すところの「不平等社会」あるいは「格差社会」についてであった。一連の論争の出発点は、一九九五年に出版された苅谷剛彦による『大衆教育社会のゆくえ』にあるといえる。

一九九二年に日本の大学はひとつのターニングポイントを迎えた。この年を境に一八歳人口は減少していくことが明らかとなり、「明治期以来続いてきた我が国の学校教育の『右肩あがり』の成長の時代は完全に終わった」（天野（郁）、二〇〇二：四四）からである。バブル期に拡大した大学定員数が据え置

かれる一方で、少子化のあおりを受けた高校卒業者数が減少し続ける中で、大学はかつてないほど「入学しやすい」時代を迎えることになった。大卒学歴は以前より人々の「手の届きやすい」ものとなったのである。一方、バブル崩壊以降の日本社会の構造変化をうけ、社会にはある種の閉塞観が漂うようになる。

こうした時代の中で、苅谷（一九九五）は「学歴社会の背景には階層社会が隠れている」ことを告発したのである。苅谷は過去の教育社会学者が蓄積した教育機会と階層格差についての研究結果を丹念に紹介しながら、「そこに隠れていたのは出身階層格差であった」ことを明らかにした。大衆教育社会の中ですごす人々は、「誰でも努力すればなんとかなる」「上手く行かないのは能力が足りないからだ」ということを疑うこともなく信じ続けてきた。しかし、そうした信念こそが、現実に存在する「スタートラインの違い」（学歴獲得競争の有利不利）を覆い隠してしまっていると苅谷は主張するのである。

もちろん本章前半でも紹介してきたように、学歴獲得機会と社会階層との関わりは、教育社会学成立直後から着目されてきた研究テーマであり、特定の大学入学者に出身階層の偏りがあることも知られていた。さらに一九八〇年以降導入された「不平等を再生産する学校」という視点は、学校が共犯関係となって教育達成や学歴取得の階層差を生み出す（再生産する）ことも明らかにしてきた。しかし不思議なことに、こうした観点から学歴社会を捉えなおす動きは、二〇世紀の末ごろまでは（教育）社会学者以外にはほとんど広がらなかったのである。世間で学歴が問題視される時には相も変わらず、学歴が「不当に」重視されることや受験競争が教育の「真の姿」をゆがめることが問題となっていた。研究者の知見はそっちのけで、依然として世の中はまだOECD教育調査団やドーアの時代の学歴観にとどまったままだったのである。例えば、「学歴社会の弊害である詰め込み型あるいは受験偏重教育が、学校のゆとりをなくし、いじめ、不登校などの教育問題を生み出した」という学歴社会観はかなり印象論的なものに過ぎない。しかしながら、こうした印象論的な学歴観が、一部の教育学者や文部行政に携わる者たちの間にも共有されていることはその後も続いてきたのである。学校五日制、「ゆとりの教育」、学習指導要領内容の大幅削減などの背景には、こうした印象論的な学歴社会観があるという指摘もある(苅谷、二〇〇二)。

以降、教育社会学者による学歴研究は、「学歴社会」の虚実やその程度を云々するステージを離れ、「教育が量的に拡大し、多くの人々が長期間にわたって教育を受けることを引き受け、またそう望んでいる」(苅谷、一九九五：一二)大衆教育社会において、「日本社会は学歴社会である」という社会意識を人々が持つことが、どのような事実を隠すことになったのか、という視点へとシフトしていった。かつて、学歴をめぐって必ず行われてきた「日本は学歴社会か」「学歴社会は善か悪か」という議論は、ここに来て一気に止揚されたことになる。問題なのは「学歴社会かどうか」や「学歴社会はどこが悪いのか」ではない。その虚実や善悪を説いているうちに、もっと重大な問題——学歴獲得の階層格差の問題——が問われないままになってしまうことなのである。もっともこうしたある種のパラダイム転換は、突然発生したわけではないだろう。一九八〇年代半ば以降のトラッキング研究や学歴社会に取りこまれる人々の意識を明らかにしてきた研究の延長線上に、二〇世紀末以降の「学歴社会」をめぐる議論は花を咲かせたといえるのではないだろうか。

このように、一九九〇年代後半に始まった学歴をめぐる第三の論争に関連して、教育社会学者の多くは、「大衆教育社会が隠す不平等社会」論を支持してきたといえるだろう。例えば高校の学校間格差や生徒の学習意欲、努力と出身階層との結びつきが過去二〇年の間に強まっていること（樋田他、二〇〇〇）や、世間の学歴信仰とは裏腹に機会の不平等構造が今なお様々な局面に現れていること（近藤編、二〇〇〇）が明らかにされてきた。一方で、こうした見解は教育社会学者と教育行政官、教育学者との間に論争を巻き起こすことにもなった（中井編、二〇〇一や苅谷、二〇〇二など）。

(2)格差社会と学歴社会論

二一世紀を迎えようとするこの時期は、一方で社会学者や経済学者の間で、日本社会の階層性をあらためて問いなおす動きが出てきた時期でもあった（橘木（一九九八）『日本の経済格差』、原・盛山（一九九九）『社会階層』、橋本（二〇〇一）『階級社会日本』、「中央公論」編集部編（二〇〇一）『論争・中流崩壊』、佐藤（二〇〇〇）『不平等社会日本』など）。当初「不平等」という言葉で語られることの多かった日本国内の経済格差も、二〇〇〇年代半ばにもなると「格差社会」というキーワードとともに、一気にその現実認識が広く一般に知られることになる。「日本社会には貧富の差がある」という認識の大衆化ともいえる現象が起きたのである。

こうした時代背景の中で、二〇〇〇年代半ば以降の教育社会学者たちによる議論もまた、「格差社会」を強く意識したものとなってきた。すでに苅谷(二〇〇一)『階層化日本と教育危機』では若者の「学習意欲」(インセンティブ)に階層格差が生じていることが指摘されていたが、二〇〇〇年代半ば以降の教育社会学者の議論には、本格的に「格差」というキーワードが取り入れられるようになったのである。例えば二〇〇七年五月に発行された学会誌、『教育社会学研究』第八〇集は、その特集として『格差』に挑む」というタイトルが掲げられている。また、同年一月に出版された本田由紀・平沢和司編(二〇〇七)『リーディングス日本の教育と社会②:学歴社会・受験競争』の序論では、高度経済成長期以降の学歴社会・受験戦争論の展開が丹念にレビューされる中で、その終盤で「格差論」と「学歴社会論」との関わりが論じられている。さらにその前年の二〇〇六年に出版された吉川徹『学歴と格差・不平等』では、戦後日本社会における学歴獲得の機会が、高度経済成長期以降に学齢期を迎えた団塊ジュニアの世代あたりから不平等化し、親子の学歴再生産パターンが固定化する「格差社会」へとシフトしていることがSSM調査データを用いて明らかにされている(吉川、二〇〇六)。

また、今日にかけての議論は、学歴獲得の機会の格差を生み出す家庭の階層差、具体的には親の教育意識の階層格差の問題へとふみこむものが登場してきているのも特徴であろう。例えば『教育社会学概論』第八〇集の『「格差」に挑む』特集では耳塚（二〇〇七）がイギリスの教育社会学者P・ブラウン（Brown, 1999）の指摘した子どもの教育達成に対するペアレントクラシー（親の知識や教育意識と財力の影響力）の概念を紹介しており、今日、この「ペアレントクラシー」という概念は、学歴達成機会と家庭の格差に着目する際のキーワードとなっている。同特集号の天童（二〇〇七）論文もまた家庭の格差と子育てに言及したものである。さらに翌二〇〇八年に出版された本田由紀の『「家庭教育」の隘路』では、アメリカの社会学者A・ラリュー（Lareau, 2003）の研究を紹介すると同時に、アメリカ同様、日本においても家庭の階層的位置に応じて親の子どもに対する教育的働きかけが異なることを明らかにしている。また片岡（二〇〇九）、石川他（二〇一一）も格差社会と教育する家族の問題に焦点を当てている。

このように、「学歴社会」をめぐる議論は世紀が変わるころより、「格差社会」というキーワードとともに展開していくことになる。

(3)ポスト近代社会における学歴研究のゆくえ

学歴をめぐる社会学的研究は、必然的に近代社会を問うことになる。戦後の教育社会学が学歴研究を通じて行ってきたことは、「〝生まれ〟で一生が決まる属性主義社会から〝個人の能力〟によって決まる業績主義社会へ」という近代化命題の確認作業だったといえる。そのような中、〇〇年代以降の教育社会学者の研究では、ポスト近代社会において学歴と社会の関係が新たなステージを迎えたことも示されている。

例えば苅谷（二〇〇一）や吉川（二〇〇九）は、今日の日本においては、もはや学歴は一部の人にしか魅力を持たないことを指摘する。「学歴分断社会」（吉川、二〇〇九）においては、かつてのような、大衆全体が学歴獲得に向けてのインセンティブを持つことは、もはやないのである。

さらにいえば、その一部が追い求める大卒学歴でさえ、十分な存在ではなくなっているという。この点において代表的な議論を展開したのが、本田（二〇〇五）の「ハイパーメリトクラシー」論である。本田はグローバル経済化やニューエコノミーの台頭が、昨今の日本社会を学力（学歴）を重視する近代型メリトクラシー社会から、創造力やコミュニケーション力、あるいは「人間力」と呼ばれるような新たな能力を重視するハイパーメリトクラシー社会へと移行させたと述べる。そして、これらの能力は学校教育で培われるものでは決してない。それが行われるのは家庭の場においてであり、だからこそ家庭環境の格差は一層重要な意味を持つ時代になったという（本田、二〇〇八）。実はペアレントクラシーの概念を創出したブラウン（Brown, 1990）もまさしくこの点を指摘している。ポスト近代社会における社会構造の変容は、必要とされる労働者の質を変容させ、学歴は、「つまらない労働者」の象徴となってしまったというのである。ポスト近代社会（本田の場合はハイパーメリトクラシー社会）に至っては、学歴は失業リスクを回避するための最低限の必要条件として活用されているに過ぎないというわけである。

もっとも、日本社会において学歴が何らかの意味を持っていたとされる時代、それが誰にとって意味を持つものであったのかについては再考の余地がある。格差社会が「発見」される以前、すなわち日本社会の中で「平等な競争が行われていた」と仮定されていた時、そこで想定されていたのは、一部の日本人男性に限られた範囲内での「平等な競争」に過ぎなかったのではないだろうか。

例えば女性と学歴獲得、地位達成に関しては、男性と同じモデルが描けないことが長らく指摘されてきた(6)。今日でも、大卒女性の労働市場における価値づけは、同一学歴の男性に比べると低いままであるが、真の意味において日本社会が「学歴社会」であると仮定するのであれば、この事実は社会にとって人的資本の大きなロスであるといえる。女性は、女性というその属性ゆえに、学歴社会や学歴社会論そのものにも不完全にしか取り込まれてこなかったが、戦後日本型家族モデルが崩壊する中、女性にとっての学歴獲得の意味を、社会全体が再検討・再評価しなければいけない時期にさしかかっている(7)。

あるいは近年ニューカマーの子どもたちが増える中で、国内の様々なエスニック・グループの子女に着目した教育社会学的研究も盛んになっているが、日本社会において「学歴」を獲得することが彼/彼女らの地位形成にいかなる意味を持っているといえるのだろうか。このこともまた、長い学歴研究の中ではメインストリームとはされてこなかったテーマであり、今後の発展が期待される(8)。

おそらく、真の意味での「学歴社会」とは、「有名大学で優秀な成績をおさめれば、ジェンダーやエスニシティ、あるいは外国生まれといったハンディもキャンセルされ、社会的成功をおさめることができる」といったような社会のことを指すのではないだろうか。その意味において、日本国籍を持たないエスニック・マイノリティやニューカマーの子どもたちには「教育の義務」さえ適用されず、「学歴」獲得と地位形成の機会保障から排除されている現在の日本社会は、学歴社会とはとてもいえないのである。

いずれにせよ、今日の学歴研究は、「格差」社会との関わりを避けて通れない。九〇年代以降の日本社会の大きな構造変化（労働力人口の変化や雇用システムや家族構造の変化）を踏まえれば、近年クローズアップされている学歴獲得と家庭（出身階層）の格差の問題だけでなく、ジェンダーやエスニシティを含んだ複合的格差の問題もまた、「二流市民」の問題としてではなく、日本社会の正規構成員の問題としていずれ立ち上げていく必要があるだろう[9]。

注

（1）通信制課程への進学者を除く。
（2）過年度高卒者等を含む。
（3）なお、日本教育社会学会学会誌『教育社会学研究』誌上では、学歴研究について過去三回レビュー論文が掲載されている(山崎博敏他「学歴研究の動向」(第三八集、一九八三年)、岩井八郎他『階層と教育』研究の動向」(第四二集　一九八七)、菊地城司「学歴・階層・職業」(第五〇集、一九九二年))。また、二〇〇七年に刊行された本田由紀・平沢和司編『リーディングス日本の教育と社会②：学歴社会・受験競争』では、その序論において、戦後の学歴社会論の今日に至るまでの展開が、教育政策の転換や当時の経済状況も絡めつつ詳細にまとめられている。紙面の都合により、本章で取り上げることのできる研究や研究が成立した詳しい社会背景は限られているため、関連する研究についてはこれらの論文も参照して欲しい。

(4)なお、本田・平沢(二〇〇七)は前掲書で、「学歴社会・受験戦争」をめぐる議論の展開を整理する中で、高度経済成長期以降の議論の展開を「一九八〇年中頃」と「一九九〇年代終盤」を境に、「八〇年代前半まで」、「空白期(八〇年代後半~九〇年代)」、「今日(二〇〇〇年代)」の三区分に分類している。本章が示す学歴社会をめぐる議論の展開は、本田・平沢の区分よりも細かく行っているところもあるが、「学歴社会」をめぐる議論の主要なターニングポイントについての認識は、両論文においてほぼ一致しているものと考えている。

(5)本田・平沢前掲書では、この時期を議論の「空白期」と区分されているが、本論では、この時代において、「学歴社会」そのものを研究対象とはしないものの、将来の学歴獲得へとつながる学校内部の進路分化メカニズムや、戦前期の学歴主義をめぐる人々の意識を対象にした研究が行われたことに着目し、一連の「学歴社会」研究の中に位置づけている。

(6)近代日本社会における女性の学歴と地位達成に関しては、エリート男性の妻としてふさわしい身分を示す機能も持つこと(天野(正)、一九八六)、教養志向や結婚アスピレーションと結びつく場合もあること(中山、一九八五)、男性同様の地位達成ルートを提供する学校歴と女性特有のルートを提供する学校歴が存在すること(中西、一九九八)、進学機会の拡大の先には男女に異なる地位達成ルートが用意されていたに過ぎないこと(尾嶋・近藤、二〇〇〇)が明らかにされてきた。

(7)なお、二〇〇〇年代以降の女性と学歴の関係性については、女性の高学歴獲得のベネフィットがコストに見合わないことを想定し、経済的余裕のない家庭は娘への教育投資を回避する傾向が近年増えていること（尾嶋、二〇〇二／中西、二〇一二）、一方で女性の非正規雇用化の学歴間格差は男性のそれより大きいものであり、女性だけの間で見れば大卒学歴のメリットは男性間よりも大きいこと（小杉、二〇一五）が明らかにされている。

(8)エスニック・マイノリティと教育には、志水編（一九九九）、宮島（一九九九）をはじめ、二〇〇〇年代に入って以降、急速に拡大してきた研究テーマである。当初そこで課題とされていたのは子どもたちの学校文化への適応問題であったが、しだいに彼／彼女らが日本社会、あるいは母国で将来獲得するであろう学歴や地位形成に着目した研究が登場するようになる（志水・清水編、二〇〇一／児島、二〇〇六／広崎、二〇〇七／鍛治、二〇〇七など）。グローバル化する社会の中でニューカマーの子どもたちの移住は増加し、すでに初期の移住者たちは大学進学の時期も迎えている今日、国内のエスニック・マイノリティ・グループを完全に異なる社会移動「トラック」を走る者として捉えることはもはやできないのである。

(9)なお、これら一連の格差発見型の議論の一方で、家庭間の格差を埋めるものとしての社会的「つながり」に言及した研究が登場してきている点も着目に値する。志水（二〇一四）をはじめ、いわゆる社会関係資本（ソーシャルキャピタル）が、教育格差を生み出す家庭の格差を是正するものとなる可能性に着目した研究である。

文献

天野郁夫、一九八二年、『教育と選抜』第一法規。

――――、一九八六年、『試験と学歴』リクルート。

――――編、一九九一年、『学歴主義の社会史――丹波篠山にみる近代教育と生活世界』有信堂高文社。

――――、二〇〇二年、「高等教育の構造変動」『教育社会学研究』第七〇集、三九―五六頁。

天野正子、一九八六年、『女子高等教育の座標』垣内出版。

麻生誠・潮木守一編、一九七七年、『学歴効用論』有斐閣。

Brown. P., 1990, "The 'Third Wave': Education and the Ideology of Parentocracy", *British Journal of Sociology of Education*, 11, pp.65-86.

「中央公論」編集部・中井浩一編、二〇〇一年、『論争・中流崩壊』中公新書ラクレ。

コリンズ、R・、一九八四年訳、『資格社会――教育と階層の歴史社会学』東信堂 (R. Collins, 1979, *Credential Society: A Historical Sociology of Education and Statification*, New York: Academic Press).

ドーア、R・P・、一九七八年訳、『学歴社会――新しい文明病』岩波書店 (R. P. Dore, 1976, *The Dploma Disease: Education, Qualification and Development*, Allen & Unwin)。

藤田英典、一九七九年、「社会的地位形成過程における教育の役割」富永健一編『日本の階層構造』東京大学出版会、三二九―三六一頁。

――――、一九八〇年、「進路選択のメカニズム」山村健・天野郁夫編『青年期の進路選択』有斐閣、一〇五―一二九頁。

原純輔・盛山和男、一九九九、『社会階層――豊かさの中の不平等』東京大学出版会。

橋本健二、二〇〇一年、『階級社会日本』青木書店。

橋爪貞雄編、一九七六年、『学歴偏重とその功罪』第一法規。

橋爪貞雄、一九八三年、『学歴主義からの脱却』黎明書房。

樋田大二郎・耳塚寛明・岩木秀夫・苅谷剛彦編著、二〇〇〇年、『高校生文化と進路形成の変容』学事出版。

広崎純子、二〇〇七年、「進路多様校における中国系ニューカマー生徒の進路意識と進路選択――支援活動の取り組みを通じての変容過程」『教育社会学研究』第八〇集、二二七―二四四頁。

広田照幸、二〇〇一年、『教育言説の歴史社会学』名古屋大学出版会。

――――、二〇〇七年、「教育社会学はいかに格差―不平等と闘えるのか?」『教育社会学研究』第八〇集、七―二一頁。

本田由紀、二〇〇五年、『多元化する「能力」と日本社会――ハイパー・メリトクラシー化のなかで』NTT出版。

本田由紀・平沢和司、二〇〇七年、「学歴社会・受験戦争　序論」本田由紀・平沢和司編著『リーディングス日本の教育と社会②：学歴社会・受験戦争』日本図書センター、三―一六頁。

本田由紀、二〇〇八年、『「家庭教育」の隘路――子育てに強迫される母親たち』勁草書房。

石川由香里・杉原名穂子・喜多加実代・中西祐子、二〇一一年、『格差社会を生きる家族――教育意識と地域・ジェンダー』有信堂高文社。

岩井八郎・片岡栄美・志水宏吉、一九八七年、「『階層と教育』研究の動向」『教育社会学研究』第四二集、一〇六―一三四頁。

岩木秀夫・耳塚寛明編、一九八三年、『現代のエスプリ№一九五・高校生』至文堂。

岩田龍子、一九八一年、『学歴主義の発展構造』日本評論社。

岩内亮一、一九六九年、「職業移動のための教育」『教育社会学研究』第二四集、一五―二八頁。

――――、一九八〇年、『学歴主義は崩壊したか』日本経済新聞社。

ジェンクス、C・、一九七八年訳、『不平等――学術成績を左右するものは何か』黎明書房（C. Jencks, 1972, *Inequality: A Reassessment of Effect of Family and Schooling in America*, Basic Books）。

鍛治致、二〇〇七年、「中国出身生徒の進路規定要因」『教育社会学研究』第八〇集、三三一―三四九頁。

カラベル、J・&ハルゼー、A・H・編著、一九八〇年訳、『教育と社会変動』（上）（下）東京大学出版会（J. Karabel and A. H. Halsey eds., 1977, *Power and Ideology of Education*, Oxford University Press）。

苅谷剛彦、一九九五年、『大衆教育社会のゆくえ――学歴主義と平等神話の戦後史』中公新書。

――――、二〇〇一年、『階層化日本と教育危機――不平等再生産から意欲格差社会へ』有信堂高文社。

――――、二〇〇二年、『教育改革の幻想』ちくま新書。

片岡栄美、二〇〇九年、「格差社会と小・中学受験――受験を通じた社会的閉鎖、リスク回避、異質な他者への寛容性」『家族社会学研究』二一（一）号、三〇―四四頁。

吉川徹、二〇〇六年、『学歴と格差・不平等――成熟する日本型学歴社会』東京大学出版会。

――、二〇〇九年、『学歴分断社会』ちくま新書。

菊地城司編、一九九〇年、『現代日本の階層構造③』東京大学出版会。

――、一九九二年、「学歴・階層・職業」『教育社会学研究』第五〇集、八七―一〇六頁。

――、一九九八年、「学歴社会のゆくえ――労働市場の変貌と資格制度」佐伯胖・黒崎勲・佐藤学・田中孝彦・浜田寿美男・藤田英典編『岩波講座現代の教育⑩・変貌する高等教育』岩波書店、二六九―二九一頁。

小池和男・渡辺行郎、一九七九年、『学歴社会の虚像』東洋経済新報社。

児島明、二〇〇六年、『ニューカマーの子どもと学校文化』勁草書房。

近藤博之編、二〇〇〇年、『日本の階層システム③――戦後日本の教育社会』東京大学出版会。

小杉礼子、二〇一五年、「若年女性に広がる学歴間格差―働き方、賃金、生活意識」小杉礼子・宮本みち子編著『下層化する女性たち――労働と家庭からの排除と貧困』勁草書房、二四二―二五二頁。

Lareau, A., 2003, *Unequal Childhoods: Class, Race and Family Life*, University of California Press.

松原治郎、一九六九年、「社会移動と教育」『教育社会学研究』第二四集、二―一四頁。

耳塚寛明、二〇〇七年、「小学校学力格差に挑む」『教育社会学研究』第八〇集、二三―三九頁。

宮島喬、一九九九年、『文化と不平等――社会学的アプローチ』有斐閣。

文部科学省、二〇一五年、『文部統計要覧』平成二七年版。

森口兼二、一九五六年、「入学試験の現状とその社会学的分析」『教育社会学研究』第一〇集、二―一四頁。

永井道雄、一九五七年、『試験地獄』平凡社。

中西祐子、一九九八年、『ジェンダー・トラック――青年期女性の進路形成と教育組織の社会学』東洋館出版社。

――、二〇一二年、「教育におけるジェンダーとペアレントクラシー―親が娘と息子にかける教育期待の違い」宮島喬・杉原名穂子・本田量久編『公正な社会とは――教育、ジェンダー、エスニシティの視点から』一〇〇―一一七頁。

中山慶子、一九八五年、「女性の職業アスピレーション」『教育社会学研究』第四〇集、六五―八六頁。

日本教育社会学会、一九九二年、「教育社会学研究総目次」『教育社会学研究』第五〇集、二四九―二八一頁。

OECD教育調査団著、深代惇郎訳、一九七二、『日本の教育政策』朝日新聞社。

尾嶋史章、二〇〇二年、「社会階層と進路形成の変容――九〇年代の変化を考える」『教育社会学研究』第七〇集、一二五―一四一頁。

――――・近藤博之、二〇〇〇年、「教育達成のジェンダー構造」盛山和夫編『日本の階層システム④』二七―四六頁。

Rosenbaum, J. 1976, *Making Inequality: The Hidden Curriculum of High School Tracking*, New York: Wiley Intersciensce.

佐藤俊樹、二〇〇〇年、『不平等社会日本』中公新書。

清水義弘、一九五七年、『試験』岩波新書。

志水宏吉、二〇一四年、『「つながり格差」が学力格差を生む』亜紀書房。

志水宏吉編、一九九九年、『のぞいてみよう！今の小学校――変貌する教室のエスノグラフィー』有信堂高文社。

――――・清水睦美編著、二〇〇一年、『ニューカマーと教育――学校文化とエスニシティの葛藤をめぐって』明石書店。

新堀通也、一九五五年、『大学進学の問題』光風出版。

橘木俊詔、一九九八年、『日本の経済格差――所得と資産から考える』岩波新書。

竹内洋、一九八一年、『競争の社会学――学歴と昇進』世界思想社。

――――、一九八八年、『選抜社会』リクルート出版。

――、一九九一年、『立志・苦学・出世――受験生の社会史』講談社現代新書。

――、一九九五年、『日本のメリトクラシー――構造と心性』東京大学出版会。

天童睦子、二〇〇七年、「家族格差と子育て支援」『教育社会学研究』第八〇集、六一―八三頁。

トロウ、M・著、一九七六年訳、『高学歴社会の大学――エリートからマスへ』東京大学出版会（M. Trow, 1974, "Problems in the Transition from Elite to Mass Higher Education" in OECD, *Policies for Higher Education*, Paris, pp.51-101）。

潮木守一、一九七一年、「高等教育の国際比較――高等教育卒業者の就業構造の比較研究」『教育社会学研究』第二六集、二―一六頁。

――編、一九八〇年、『現代のエスプリ　№一五二・ゆれる学歴社会』至文堂。

山崎博敏・島田博司・浦田広朗・藤村正司・菊井隆雄、一九八三年、「学歴研究の動向」『教育社会学研究』第三八集、九四―一〇九頁。

ヤング、M、一九八二年訳、『メリトクラシー』至誠堂選書（M. Young, 1958, *The Rise of the Meritocracy*, London: Thames and Hudson）。

安田三郎、一九七一年、『社会移動の研究』東京大学出版会。

第7章　新宗教研究と近代性の理解

——戦後の宗教社会学とその周辺

島薗　進

1　新宗教の位置づけへの問い

第二次世界大戦後の日本の宗教史のもっとも注目すべき事実のひとつが、新宗教の急速な展開であることは異論があるまい。一九五一年に創価学会の公称会員数は五千人余りだったが、一九七〇年には七五〇万世帯達成を呼号するに至った。一九七〇年には佐木秋夫他『五大教祖の実像』という書物が刊行されているが、そこで取り上げられている、霊友会、立正佼成会、ＰＬ(パーフェクトリバティー教団)、世界救世教(世界メシア教)、生長の家のうち、一九二〇年に存在したものはなかった。一九三〇年にはＰＬの前身のひとのみち教団がすでに急成長をとげていたが、他の四教団はまだ形をなしていないか、ようやく信徒集団が形をなし、教団の独自性もまだ定かでない段階に過ぎなかった。これらの教団の巨大な発展期は一九四五年以後である。そして敗戦から六〇年代にかけて、「雨後の筍のように」と形容されたように、その他にもまことに多くの新宗教教団が目覚ましい発展をとげたのだった。

この多数の新宗教集団の簇生、発展という事態をどのように理解するかは、一九五〇年代以降、日本宗教の学問的理解にとってきわめて重要な課題となった。社会学者、宗教学者、歴史学者、民俗学者らがこの問題に関わって、さまざまな見方を提示した。それらは新宗教にアプローチする際の視角のいくつかであるとともに、日本の近代宗教史の歴史的、社会科学的理解のいくつかの傾向を示すものともなっている。ここでは一九五〇年代から現代までのその変化のあらましを述べて、新宗教をめぐり「せめぎあうパラダイム」を問うていきたい。

だが、その前に、「新宗教」という語が何を指すのかについて明らかにしておかなくてはならない（井上他編、一九八九／島薗、一九九二b）。現在広く受け入れられている見方では、新宗教は一九世紀の初期以来に発生し、従来の宗教伝統とは異なる観念や実践の体系を備えたものを指す。如来教（一八〇二年、立教）、黒住教（一八一五年、立教）などが初期のもので、オウム真理教、幸福の科学、ワールドメイトなどがもっとも新しい時期のものである。一九七〇年代以降に目立った発展をとげたものを「新新宗教」とする呼び方もあるが、これは新宗教の中の新しい段階のものという意味であって、新宗教とは異なる新しい何かという意味ではない（島薗、二〇〇一）。

「新宗教」という語よりも「新興宗教」という語の方がよく使われる時期もあった。五〇年代、六〇年代であるが、「新興宗教」という用語を用いる論者は、これを比較的新しいものに限定する傾向があった。二〇世紀に入る頃から以後、すなわち大本以後の運動を指そうという考えや、一九二〇年代以降、すなわちひとのみちや霊友会以後の運動を指そうという考えがある。この限定的な「新興宗教」の用語と対応していると思われるのが、「民衆宗教」という語である。この用語が指し示そうとするのは、主に江戸時代にすでに発生しており、明治期以後、教派神道の枠内で公認された宗教としての地位を得た運動である。石門心学は含めないとしても、早く富士講があり、続いて黒住教や天理教があり、大本教もそこに含められるが、それ以後のものは含めない。富士講を熱気ある庶民参加の運動へと転換させた食行弥勒《じきぎょうみろく》（一六七〇―一七三三）は、近世の民衆宗教の代表的なリーダーであるとされるから、一八世紀の初頭にはすでに民衆宗教が展開していたことになる。

そもそもこれらの用語法の相違が、新宗教やその周辺の現象をとらえる学問的視角の相違と関わっている。やや単純化することになるが、一七〇〇年頃から始めて一九三〇年前後を区切りに「民衆宗教」と「新興宗教」を分けて論じていた時代から、一九世紀以後をひとまとめにして「新宗教」として論じる時代へと展開してきたと概括できる。

「民衆宗教」と「新興宗教」を分けて論じていた五〇年代、六〇年代には、「民衆宗教」は近代化や民主主義にとってポジティブな特徴をもったものとして論じられた。このような論調を確立し、その後の「民衆宗教」論の枠組みを決定する役割を果たしたのは、村上重良の『近代民衆宗教史の研究』(初版、一九五八、第二版、一九六三)である。ここでは、近世の段階での民衆宗教は封建社会の枠内にとどまるものであったのに対して、「近代民衆宗教」は民主的開明的な近代精神を志向していたと論じられている。

天理教の教義には、民衆の救済、現世中心主義、平等観、ヒューマニズム、平和思想、夫婦中心の家族観、反権力性、独自の創造神話など、民衆の要求を反映した前進性がたどられる。とくに教祖が、明治前期を通じて 政府にたいし一貫してきびしい批判を加えつづけた事実は、単に禁圧にたいする受動的な反抗のみではなく、天皇を頂点とする絶対主義権力の本質的な反動性を直観的にとらえていたことを示すものである(村上、一九六三：一六二)。

ところがその後、国家神道体制が整えられていくとともに、近代民衆宗教は元来の自由な精神を抑圧され、民主主義に合致する特徴や開明性を失っていく。そして、国家神道体制確立以後に発生してくる「新興宗教」は、初めからそのような開明性をもたず、前近代的な呪術的信仰のレベルを抜け出ることができないものが多くなると理解されている。

「新興宗教」は、日本の資本主義が帝国主義段階に入って以後、成立した諸教団をいう。その主要な基盤は、都市の中間層と農民であり、それぞれ、呪術的な現世利益信仰、観念の世界での現実の矛盾からの逃避・救済などを特徴とし、とくに祖先崇拝を強調するものもある。その教義は、幕末いらいの民衆宗教の伝統をつたえているものが多い。系統的には、大本教系と、法華系在家教団が有力であるが、他に、修験系、神道系、真言系等がある（同：一九三）。

これら「新興宗教」についての村上のとらえ方は、必ずしも明快ではない。天皇制国家が確立して以後の「新興宗教」には自由な精神が欠けているとする一方で、戦後の仏教系の新宗教には自由な普遍主義的精神が宿っていたとも論じている。

習合神道系の新宗教には、その成立の基礎として、民族宗教（自然宗教）の性格を保持しているため普遍的価値への指向性が弱く、教義体系が未発達な神道の伝統が存在した。これらの新宗教は、多元的な習合神道系教義をとり入れて、新たに独自の普遍的価値を指向する教義をつくりだして発展したが、国家神道への従属の強制は、これらの新宗教の基盤にあった民族宗教的な性格を復活させ、その反面、普遍的性格の展開を押しとどめる結果となった。（中略）

国家神道が消滅した現代では、仏教系の新宗教は、民族宗教的性格の強制から解放され、普遍的性格をそなえた本来の発達した教義体系をさらに展開して、めざましく発展することができた。習合神道系の新宗教は、近代天皇制のもとでなかば体質化した民族宗教的性格の枠を充分に克服できないまま、全体として停滞する結果となったということができる（村上、一九八〇：四四―四五）。

この叙述に従えば、仏教系の新宗教は「新興宗教」よりも、むしろ「近代民衆宗教」と性格がよく似たものということになるだろう。ある段階から、村上が「近代民衆宗教」と「新興宗教」を区分する用語法に消極的になり、「新宗教」の用語を積極的に用いるようになったのは、近代性を指標として両者を区分するやり方が妥当性をもちにくいことに気がついたからかもしれない。

同じ時期に他の論者たちは、もっと単純に、新宗教は前近代的な呪術性を色濃く宿しており、キリスト教などがもつ近代性に欠けるところがあると見なしていた。あるいは、もはや宗教そのものが過去のものになろうとしているのであり、科学的合理性や教団の枠を超えた「個人的信仰」こそが未来を代表するものだと見なしていた。「シャマニズムと祖先崇拝との混淆形態が、「新興宗教」の基本構造をなしている」（小口、一九五三：八〇）とする小口偉一は、新宗教は既成宗教に対する批判を契機として成立しているが、実は既存の宗教的権威を批判するというより、それに依存しているのであり、革新的なものとは言えないととらえていた。このことと呪術性の残存とは密接に関連しており、こうした「民衆を解放しうる力は、おそらくは合理的・科学的精神のみであろう」(同：五五)と言うのだ。小口や村上の議論は歴史の発展につれて人間の精神も進歩し、宗教は近代化するか、科学的合理性に場所を譲るというような図式に基づいており、新宗教に見られるような日本の現実がこうした図式と対応するかどうかについての十分な吟味が欠けていた。

一方、戦後も時間を経るに従って、より現実に即した研究態度が広がっていくようになる。たとえば、森岡清美や井門富二夫は新宗教の活動形態や共同性のあり方に注目し、それが現代の民衆の欲求に合致するものであることを示そうとしていた(森岡、一九七五／井門、一九七二、一九七四)。たとえば、森岡清美はすでに一九六五年に書かれた文章の中で、次のように述べている。

> 戦後の社会的混乱と、これに接続して現れた激しい社会変動の波のなかから、いわゆる新興宗教が雨後の筍のように出現した。飛躍的に教勢の伸長をなしとげて巨大教団に成長したものさえあるのは、既成教団の側で新しい時代の欲求に応えうるものが乏しかったからである(森岡、一九七五：一六)。

新宗教教団にしばしば見られる小集団の集会は、このような新たな欲求に応える宗教活動や共同性のあり方をよく示すものである。浄土真宗についての精緻な調査研究を通して、既成教団における小集団活動によく通じていた森岡は、立正佼成会の車座形式の語り合いである法座に早くから注目していたが、先の引用箇所に続く部分で、次のように論じていた。

まず法座という聞法形式によって、信頼すべき人間的接触の場を与えられ、悩みを解決するための力強い指針を与えられる。さらに、法座を介して教団全体の組織のなかに位置づけられ、この大組織のメンバーであるということから、満足感と安定感をえるのである。その整った儀式や大会の運営を目のあたりにするだけでも、人は属する組織の力を感じ、先行き不安もけしとんでしまうかもしれない(同：一六―一七)。

森岡は欧米の宗教社会学の成果に学びながら、新宗教を「転換期の宗教」として特徴づけている。近代化に伴う社会変動の中で、新しい社会状況に生きる人々の欲求に応えようとするものとして新宗教をとらえようという立場である。この立場から立ち入った調査を行ったのは鈴木広(一九六三―六四)であり、福岡を舞台とした創価学会についての研究は、新宗教についての社会学的調査研究のひとつの範を作った。鈴木や森岡や井門は七〇年代以降に展開する新たな新宗教研究に、経験科学的な方向を指し示したと言えるだろう。

2 救済思想と近代へのオルタナティブ

宗教社会学者らによる「新興宗教」研究の新たな展開と並行して、「民衆宗教」研究の方でも歴史学者による新しい研究の展開があった。広い領域にわたって概説的な研究を積み上げていく村上重良の仕事と並行して、「民衆思想史」研究を志す研究者によって、歴史的資料を読み込んで、指導者の「思想」を読み解いていこうとする業績が積み重ねられていく。とりわけ社会変革という視点から、彼らの「思想」がどのように評価されるべきであるかに関心が集中している。鹿野政直（一九六九）、小澤浩（一九八八）、桂島宣弘（一九九二）らによる研究成果があるが、もっとも幅と厚みのある研究は安丸良夫によるものである（一九七四、一九七六、一九七七、とくに、一九七四）。

安丸は大きく言って二つの視点から民衆宗教にアプローチしている。一つは「通俗道徳」の実践とそれを支える民衆思想という観点である。通俗道徳とは勤勉・倹約・謙譲・孝行などの徳目の実践を促し、安定した家族関係と家業経営による幸福の実現を目指すものである。一八世紀初頭の元禄・享保期に京都・大坂・江戸の三都で始まり、次第に農村に広まり、一九世紀末には最貧層にまで浸透した。民衆宗教の教祖は通俗道徳の徹底した実践を説くが、そこには「心」の転換により世界全体まで変革できるとするような唯心論的な世界観が見られるという。新宗教論の文脈で言うと「心直し」の側面に注目する観点と言えよう。宗教運動に限らず、修養道徳や社会教育や精神衛生といった領域にまで及ぶ広い展望をもった立論であるが、民衆宗教論に広い歴史的展望を示した意義は大きい。

もう一つは、千年王国論（終末観）的な変革思想という観点であり、世界史的な比較の展望の下に提示されている。ドイツ農民戦争、ピューリタン革命、太平天国（中国）、東学（天道教、韓国）の例に見られるように、民主主義社会の成立に先立ち、宗教的な民衆叛乱が起こり、その準備を行った例は少なくない。社会変革には精神的な変革が先立ち、民衆自身が担い手となる宗教的なユートピア思想の広まりが見られるとする。では、日本ではそのような民衆を担い手とする宗教的変革思想は、どのような形で存在したのか。このような観点から安丸らは富士講、丸山教、大本などを論じ、また百姓一揆の中にそのような思想がどのように見られるかを検討した。「世直し」論の観点である。

「心直し」と「世直し」は当初はともに、近代性に対してポジティブに貢献するはずのものとして論じられた。しかし、やがてそれらを通して、「近代批判」の観点が示されるようになる。前者については、それが近代の抑鬱的な規律訓練の浸透と不可分であることが強調されるようになる。また、後者については、たとえば大本の女性教祖の生涯についての立ち入った伝記的研究であり、民衆宗教研究のもっとも深度のある業績と言える『出口なお』で、次のように論じられている。

筆先には、「今年［明治三十年］が世の変り目で、今年来年で世を変すぞよ」、「明治三十四年、絶命ざ」、「悪の世は明治四十年で切替」など、時期を特定した終末観的変革観念の表現がきわめて多い。(中略)こうした終末観は、何回裏切られてもゆるがないのが特徴で、終末の時の遅延は、終末観念をかえっていっそうドラスティックにするものだった。なおの神がかりからその教義がほぼ定着する日露戦争ごろまでの時期は、産業革命をへて近代化してゆく日本の社会体制が確定する時期にあたっており、力強い上昇期ということもできよう。そのような時期に、なおが(またその周囲の信者たちが)こうした切迫した終末観をいだきつづけたことは、天皇制国家による国民意識の統合が、「文明開化」「富国強兵」の驚異的といってよい達成に裏づけられて展開したことを考えれば、驚くべきことだと思われる。それは、近代化してゆく日本社会にたいするトータルな否定精神であり、近代化日本への根本的な憤激なしにはありえないものだった(安丸、一九七六:一九二—一九三)。

近代化によって生じる資本主義的利潤追求や競争社会の過酷さ、また国民国家の対内的・対外的な攻撃性や差別・排除の構造などを「近代」の負の特性と見て、それに対する批判の言説に民衆宗教の「思想史的な意義」を見出す研究が次第に増えてくる。安丸の業績はそのような流れに棹さしながら、指導者の経験や思考のひだにまで迫ろうとする。そのことによって、近代性へのオルタナティブを示す思想像を探ろうとする試みである。

一方、宗教社会学の研究系譜では、一九世紀初期からの宗教運動を「新宗教」としてひとまとめにして扱い、宗教教団を社会集団として、また指導者や参加者を社会的行為者として研究する姿勢が定着していく（「民衆宗教」研究と「新宗教」研究の関係については、島薗、一九九五、参照。また、民衆宗教研究の対象とされてきた教派神道に対する宗教社会学的な研究に、井上、一九九一、がある）。調査方法としてはフィールドワークが重視されるようになる。この動向を代表するのは、一九七〇年代の後半に社会学や宗教学を専攻する若手の研究者の一群によって結成された宗教社会学研究会である。この会は必ずしも新宗教研究のみを目的としたものではなかったが、最初の論集である『現代宗教への視角』（宗教社会学研究会、一九七八）に寄せられた一四の論文のうち、七篇が内外の新宗教やそれに類似した運動を扱っていることからもわかるように、当初から新宗教研究が中心的な位置を占めていた。

調査研究を重視し、正確な経験的事実の把握に努める姿勢や、輸入された理論をあてはめるのではなく、現象に即した理論の構築を目指そうとする姿勢が目立った。新宗教の宗教史的な位置づけという点で斬新だったのは、対馬路人らによる「新宗教における生命主義的救済観」（一九七九年）という論文である。この論文では、幕末から一九七〇年代に至る主要な新宗教の一一教団を取り上げ、習合神道系、仏教系などさまざまな系譜に属するものがあるにもかかわらず、その救済観が共通のパターンをもっているとして、それを「生命主義的救済観」と名づけている。その内容を要約すると次のようになる。

宇宙全体が究極的実在である根源的生命（親神、宇宙大生命など）から発したものであり、それ自身一つの生命体から成り立っている。個々の人間は根源的生命から生命を分与されたものであり、根源的生命との調和的な関係を保つことこそが最高の幸福を実現する秘訣である。死やこの世を超えた生にあまり関心を向けず、この世で人々とともに幸せを分かち合うことこそ救済であるとする。現世利益が救済の現れとして高い評価を受けるのは当然でもある。したがって生命主義的救済観は現世主義的であり、その点で伝統的な救済宗教と対照的である。民俗宗教的（アニミズム的）な文化を継承し、近代日本の民衆を主要な担い手とする新宗教がこのような現世志向的な救済観を特徴とするのは理解の難しいことではない（筆者による要約）。

この論文は新宗教の教えの、宗教生活の現実に即した把握を目指すことによって、宗教と近代との関わりについて、従来の理論枠組みとは異なる展望を示すことに成功している。宗教の役割が小さくなっていくとする世俗化論のパラダイムや、プロテスタントのような合理的な宗教こそ近代にふさわしいとする近代化論のパラダイムに対して、民俗宗教に近く、呪術を排除せず、現世主義的な傾向をもつ宗教、しかも首尾一貫した救済観を備えた救済宗教が近代の環境に適合的であり、日本の新宗教はそのことを示す格好の事例として見ることができるとしたのである。近代日本の現象をとらえることによって、マックス・ウェーバー以来の西洋中心の宗教社会学の伝統に新たな観点を導入するよう促したものである。

「新宗教における生命主義的救済観」に限らず、宗教社会学研究会のメンバーによる新宗教研究は、西洋的な宗教社会学の理論に学びつつも、比較の展望をもちつつ日本の現象に即した理論化を深めようとする意欲をもつものが多かった。その際、当事者の宗教的世界の内在的な理解を標榜し、民衆の「生きられた経験」に内から接近してそれを記述し、そこから歴史を再構成しようとすることが目指された（島薗、一九九二a）。文化人類学、社会史、日本の民俗学の成果に学びながら、近代民衆の生活世界を宗教という観点から把握するという野心をもったものだった。なお、この時期、こうした研究と並行して、日本の新宗教の海外での発展についても研究が蓄積されるようになり、新宗教をグローバルなコンテクストからとらえる姿勢を育てたといえる。とりわけ移民研究やエスニック集団の研究を土台としながら、ブラジルの日系宗教を研究した前山隆（一九八二、一九九七）らの業績は、新宗教研究を新しい文脈に置き直す上で大きな意義をもった（中牧、一九八九／渡辺、二〇〇二）。

3　近代性を相対化する

近代性の特徴である効率主義や合理主義の支配に対するオルタナティブを宗教に見ようとする傾向

は、近代的な学問の形成の当初から宗教研究に伴いがちなものだった。しかし、資源・環境問題が露わになり、近代化による進歩の限界が目立つようになった一九七〇年代以降、その傾向は一段と強まる。さらに国民国家が強化してきたアイデンティティが引き起こす差別や排除への抗議も高まるようになり、一九八〇年代後半以降、「近代批判」のモチーフと宗教との関わりは複雑な様相を見せるようになる。新宗教は合理主義的近代のもたらした暴力を批判する可能性をもつものとして好意的にとらえられるとともに、近代が産み出し、増幅した抑圧に荷担するものとしてあらためて批判の対象ともされるようになる。他方、一九七〇年代以降、世界的に宗教復興の動向が注目されるようになり、その観点から宗教運動を見直そうとする姿勢も育つようになる。八〇年代後半以降の日本の新宗教研究、あるいは宗教運動研究はこのような状況の中で展開するようになる。また、このような新しい宗教運動の特徴をどのようにとらえるかも大きな関心の的となった。

このような近代「以後」をにらんだ宗教研究の問題意識にとって、もっとも重要な事例がオウム真理教であることは異論がないだろう。一九九五年の地下鉄サリン事件以後、オウム真理教についておびただしい量の論文や書物が刊行されたが、新宗教研究の流れに連なるものとしては、島薗進『現代宗教の可能性』(一九九七)と島田裕巳『オウム』(二〇〇一)が主なものである。これらはオウム真理教が自己中心的で退廃的な暴力に、またテロリズムに陥った原因を、その宗教的世界の構造の中に探ろうとしたものである。この探求はオウム真理教が八〇年代半ばから九〇年代前半という時期に、熱心な若者の支持を得たのはなぜかという問いと不可分のものである。宗教運動の発展の要因を考察することと、その運動の破壊性の要因を説明することがセットで進められることになった。島薗（一九九七）は麻原彰晃が指導するオウム真理教が、日本の近代宗教、とりわけ「旧」新宗教がもっとも典型的に体現していた、現世主義的な宗教性に対する不満を背景として登場したものととらえる。現世主義を超えようとする意志とともに、外部社会への憎悪とこの世での力を拡充しようとする意志が歯止めを失い、「暴力の坂を自滅的にころがって」いったとする解釈である。

超越を志向する宗教性が活性化してくる、日本の七〇年代から八〇年代前半の環境の中で、麻原は自らの宗教的世界を形づくっていった。そこにはこれまでの日本の現世主義的宗教性を超えていく、新しい信仰生活の息吹があるように感じられ、多くの若者がそこに集うこととなった。彼らが現代社会の病理を深刻に受け止め、一見、体系的で徹底していて、ほんものらしく見えるオウムの世界に新鮮な希望を見出したことは疑えない。そこには確かに魔的な吸引力があった。しかし、実際には彼らが飛び込んだ世界は、外部の病理を極端な形で増幅させ、奇怪なまでに肥大した絶望的な暴力をかかえた世界だった。そのような病理をかかえた世界であったからこそ、小さなきっかけという汚れ玉のまわりに、短期間のうちに暴力を正当化する言説をまぶして塗り固め、それをころがして大きな暴力の雪だるまをこしらえてしまったのだった（同：一九六）。

オウム真理教を新宗教史上にどのように位置づけるかという問題については、地下鉄サリン事件などの無差別テロ事件以前から論じられていた。それは「新新宗教」をめぐる議論である。すでに、一九七九年の「新宗教における生命主義的救済観」（前掲）において、生命主義的救済観とはやや異なるタイプの宗教性が登場していることが指摘されていた。やがて西山茂はそれを「新新宗教」とか「〈霊＝術〉系新宗教」の名で特徴づけるようになる（西山、一九八八）。そして、これらの運動には神秘性や呪術性への傾斜が顕著に見られるが、それらは近代化や合理主義への対抗の意志を含んだものであるとする。

こうした現象は、「非合理的な呪術や神秘はもちろん、合理化された宗教ですら、近代化のふかまりとともに次第に衰退する」という通俗的な「世俗化」論の妥当性を否定するだけでなく、近代化を経験ないし達成した世界の人々が、却って「合理主義の呪縛」から逃れるべく「呪術への解放」を企てる傾向があるということを示唆しているように思える。その意味で、〈霊＝術〉系新宗教の流行は、近代化の忌まわしい果実を与えられた近・現代の民衆の宗教的な反（脱）近代主義の運動であると言うこともできよう（西山、一九八八：一七二）。

続いて沼田健哉の『現代日本の新宗教』（一九八八）、『宗教と科学のネオパラダイム』（一九九五）、島薗進の『新新宗教と宗教ブーム』（一九九二c）などにより、新しいタイプの新宗教が展開するようになったこと、オウム真理教はその代表的なもののひとつと見なしうることが行論の前提とされるようになる。この立場からは、「オウム真理教の暴力」という問題は、一部の新新宗教が暴力的な傾向を帯びるのはなぜかという問いとして問われることになる。
西山と島薗はそれぞれに、新新宗教はある程度近代化が達成された後に、近代とは異なる価値意識を志向して登場し、人々の支持を得るものであると論じようとした。従来の新宗教（「旧」新宗教）と近代性との間に対応関係があるものととらえ、一九七〇年代以降に発展が著しい新新宗教は、それとは異なる特徴をもつものと理解するのである。これに対しては井上順孝から異論が提示され（井上、一九九七）、そのような概括には実証的根拠がないこと、個々の事例研究を積み重ねるべきであることが主張された。新宗教の中に新しい傾向が顕著に見られるのかどうか、それをどう特徴づけるのかについての議論はその後も継続されていく（奥山他、二〇〇二）。調査研究としては、真如苑について詳細な記述がなされている（芳賀・菊地、二〇〇七／秋庭・川端、二〇〇四）
一方、オウム真理教と並んで、他のいくつかの教団が「カルト」として一括され、反社会的であるとして批判される機会が増えてきた。宗教が市民に危害を及ぼすとして告発されるとき、研究者はその対立にどのように関与するのかが大きな論題となった（櫻井、二〇〇六）。現在も信徒であるその集団の支持者の側から理解するのではなく、被害を受けたと感じている退会者の側からの視点を導入すべきだという主張も説得力をもつようになってきた。宗教集団が市民の自由の侵害者として現出するような事態をどう理解し、どのような実践的指針を提示するかも、研究者の役割に含まれるものと考えられるようになった（南山宗教文化研究所編、二〇〇二／櫻井編、二〇〇九）。だがその一方で、新たに出現する教団についての研究はあまり活発ではない。教団が防衛的な姿勢を強めているために調査研究が困難であること、研究に携わることと当事者同士の対立関係に関与することとが切り離せないために、慎重にならざるをえないこと、オウム事件以後、新宗教研究そのものがスティグマを負う傾向が増してきたことなどがその要因であろう。とはいえ、事件や訴訟を通して得られる資料を駆使し、独自のフィールドワークを支えたすぐれた業績もあげられている（藤田、二〇〇八／櫻井・中西、二〇一〇）

一九八〇年代後半以降、このように新宗教研究がやや停滞気味であったのに対して、新宗教の周辺に位置づけられる霊性的な運動への関心が強まってきた。欧米でニューエイジとよばれているものと似たような現象が、一九七〇年代以降、日本でも「精神世界」とよばれるものを中心に顕著に見られるようになったととらえて、それを宗教運動の新たな形態として理解しようとするものである。島薗はこれをグローバルな類似現象群の日本的な現れとしてとらえ、欧米も含めて世界各地で見られるものの全体を「新霊性運動」あるいは「新霊性文化」とよぶことを提唱している。「宗教」にかわるものとして「霊性」こそが価値あるものであるとし、自らそれを追及しつつ、人類の未来をそこに託そうとするものである。島薗（一九九六、二〇〇七）によれば、これは救済宗教と世俗的合理主義という二つの普遍主義的アイデンティティに対抗しつつ、第三の普遍主義的アイデンティティのタイプとして台頭してきたもので、ポストモダン的な時代相に対応するものだと言う。

近代性の問題に引き付けたこのような解釈を好むかどうかは別として、一九九〇年代には「宗教」

という概念の流動化を意識しつつ、宗教集団以外の現象に宗教運動的なものを見出す研究が増加した。これは近代の運動である「旧」新宗教に対して、「それ以後」を展望しようとする傾向に関わっており、「新新宗教」に関心が向けられることと対応している。島薗の場合、「新新宗教」と「新霊性運動」をポストモダン的な時代相を反映する宗教運動の二つの種類と見なしている（島薗、一九九六、二〇〇一）。ともに近代的なアイデンティティのあり方が動揺する中で、新しいタイプのアイデンティティのあり方を提示しようとしているという理解である。

新霊性運動と新新宗教はたいへん異なる方向性をもっているようだが、一点において共通の方向性をもっている。それは近代合理主義や客観化する態度（道具的理性）に依拠する現代社会のあり方への不満と異議申し立てである。新霊性運動はその不満を主に個人の霊性の追求深化という方向で解決しようとする（新霊性運動文化の共同性については、葛西、二〇〇七、小池、二〇〇七、樫尾、二〇一〇などの調査研究の成果があげられている）。しかし、最初は魅力的に見えたそのような道もじきに限界が見えてくる。「自由」や「自然さ」は確かに心地よいが、孤独や不確かさや空しさを代償としていることが次第にわかってくる。そのようなとき、再び、「宗教」の力を思い知らされることになる。しっかりとした思想体系をもち、生活規範と行動の秩序を提供し、信徒の共同体の中に居場所を与え、相互のケアとサポートのシステムを提供してくれる。すでに霊的宗教的な体験や価値に目覚めた個人にとって、そうした体験や価値を安定したシステムの中に位置づけてくれる宗教教団はやはり魅力的に感じられるだろう

(同、二〇〇一：一八六)。オウム真理教にひかれた若者の多くが、それ以前に「精神世界」に親しんでいたという事実は、これを裏書きするものととらえられている。

以上、八〇年代の後半以来、同時代に展開してきた宗教運動への研究関心が新たに高まってきたことを見てきた。しかし、一九世紀初頭以来形成されてきた「旧」新宗教への関心がまったく薄れてしまったわけでないことは言うまでもない。森岡清美は立正佼成会の展開過程について、宗教集団のライフサイクルの観点から包括的な研究を行った(森岡、一九八九)。入信過程を主題に多くのフィールドワークの積み重ねによる渡辺雅子の業績もまとめられた(渡辺、二〇〇七)。ロバート・キサラは新宗教の社会倫理に注目し、福祉活動と平和観についての比較研究を行った(キサラ、一九九二・一九九七)。マーク・マリンズはキリスト教系の新宗教が日本にいくつもあったことを示し、それらが日本的な宗教性や日本文化の特徴をどのように含み込んでいるかについて論じた(Mullins, 1998)(この二人は日本に在住する外国人研究者である。海外に在住する日本宗教研究者による新宗教研究も多くの成果をあげているが、本章では紙数の限界があり、言及する研究者の範囲を国内に限定することにしている)。これらの業績は、『新宗教事典』(一九八九)と並んで、新宗教研究の広がりと深まりを示すものであり、新宗教をとらえる目を多角化することに貢献した。

多くの女性研究者が新宗教史のさまざまな局面を取り上げ、ジェンダーの観点からの探求を進めてきたのもこの時期の特徴である。女性教祖や女性の信徒の信仰をどのようにとらえるかについて、多くの個別研究が積み上げられ、新宗教が近代の家族形態やジェンダー意識に深い関わりをもつものであることが明らかにされてきた。歴史学の影響が強い民衆宗教研究の系譜でも、ジェンダーの視点からの研究が力強く進められ、如来教を対象とした、浅野美和子『女教祖の誕生』(二〇〇一)のような濃密な研究書を生み出している。なお、浅野の業績は神田秀雄の『如来教の思想と実践』(一九九〇)を踏まえたものであるが、これらは近代と近世の宗教の関係を問う上で貢献の大きいものである。民衆宗教研究の系譜では、この他にも近代性を相対化するという観点からの業績が目立つ。近代天皇制国家の形成との観点で初期の新宗教(民衆宗教)を位置づけるという巨視的な展望をもったものとしては、安丸良夫『近代天皇像の形成』(一九九二)が傑出している。

近代日本の国家体制に対する問いと結びつけて新宗教をとらえようとした試みとして新しいのは、大谷栄一『近代日本の日蓮主義運動』(二〇〇一)である。この書物は、一八八〇年代から一九二〇年代にかけての田中智学と本多日生の思想と行動をたどりながら、彼らが指導した国柱会や統一閣による日蓮主義運動を通して、近代日本における国家と宗教の関係を問おうとしたものである。田中と本多の運動は既成仏教教団と密接に連携しながら進められており、大谷の研究は狭い意味での新宗教の範囲を超えている。また、新宗教という枠組みを超えて、むしろ民俗宗教とよばれるような現象に注意を向け、都市の地域住民の宗教生活を明らかにしようとする共同研究が、関西の宗教社会学の会によって進められてきた(宗教社会学の会、一九九五・一九九九・二〇〇一)。新宗教とよばれる現象こそが近代宗教史を代表するといった見方を相対化し、近代日本の宗教の多様性に光を当てる上で、大きな意義をもつ業績だった。

一九九〇年代末以降は以上の諸業績に限らず、近代・現代の日本の社会への大きな展望を問いながら新宗教に関心を抱く研究者が、「宗教」概念の再検討を踏まえ、宗教集団研究という枠を超えて、新しい宗教社会学の方法論を模索する動向が目立つようになっている。たとえば、ラジニーシ運動研究の業績がある伊藤雅之は、社会の諸制度と並んで、ある自立した領域を持つ「宗教」に注目すると言うよりも、諸社会制度領域の中に経済的次元や政治的次元などと並んで宗教文化的次元があるととらえ、横断的に研究を進めていく必要があるとし、従来の宗教集団中心の「たて割の宗教社会学」に対して「よこ割の宗教社会学」の探求を提唱している（伊藤、二〇〇二）。新宗教概念が相対化されるとともに、そもそも宗教集団から宗教をとらえようとする考え方が問い直されている。これはひとつには新霊性文化の発展のような研究対象の側から促された変化であると同時に、「宗教」概念がゆらぎ、「宗教」を位置づける近代的な枠組そのものが歴史的にとらえ返されていることとも関わりがある。

このような動向は、日本の宗教社会学が世界的な宗教社会学の展開に歩調を合わせ、比較の展望を強化していることにも対応している。一九六〇年代頃までの新宗教研究は、欧米の発展段階論的な社会理論を範とした歴史の発展図式に新宗教を位置づけようとする傾向が強かった。七〇年代以降には新宗教の発展を日本の近代宗教史の重要な特徴ととらえ、新宗教という現象にこだわりながら、欧米と対比しつつ近代性を問い直す姿勢で研究が進められた。八〇年代後半以降は世界的な比較を視野に入れつつ、新宗教だけではなくその周辺のさまざまな集団や運動、あるいはそもそも運動とよびにくいような現象をも含め、欧米を範型とすることなく近代性を考え直すという態度が目立つようになっている。日本の新宗教の海外における展開についても多くの研究成果が積み上げられてきている（前山、一九八二、一九九七／渡辺、二〇〇一／松岡、二〇〇四／寺田、二〇〇九）。マックス・ウェーバーが比較宗教社会学の展望を提示してから、一世紀を経ようとしている。新宗教研究を媒介として発展してきた日本の宗教社会学も、そろそろ新たな世界的展望をもった比較社会学の中にその成果を結実すべき時が来ているのかもしれない。

付記　本稿を執筆してから長い年月が経ち、新しい業績を大幅に盛り込めなかったことをお詫びしたい。

文　献

秋庭裕・川端亮、二〇〇四年、『霊能のリアリティへ――社会学、真如苑に入る』新曜社。

浅野美和子、二〇〇一年、『女教祖の誕生――「如来教」の祖・媹姾《りゅうぜん》如来喜之《きの》』藤原書店。

芳賀学・菊池裕生、二〇〇七年、『仏のまなざし、読みかえられる自己――回心のミクロ社会学』ハーベスト社。

藤田庄市、二〇〇八年、『宗教事件の内側――精神を呪縛される人々』岩波書店。

井門富二夫、一九七二年、『世俗社会の宗教』日本基督教団出版局。

———、一九七四年、『神殺しの時代』日本経済新聞社。

井上順孝・孝本貢・対馬路人・中牧弘允・西山茂編、一九八九年、『新宗教事典』弘文堂。

井上順孝、一九九一年、『教派神道の形成』弘文堂。

———、一九九七年、「〈新新宗教〉概念の学術的有効性について」『宗教と社会』第三号。

伊藤雅之、二〇〇一年、「宗教・宗教性・霊性——文化資源と当事者性に着目して」国際宗教研究所編『現代宗教二〇〇一』東京堂出版。

神田秀雄、一九九〇年、『如来教の思想と信仰——教祖在世時代から幕末期における』天理大学おやさと研究所。

鹿野政直、一九六九年、『資本主義形成期の秩序意識』筑摩書房。

葛西賢太、二〇〇七年、『断酒が作り出す共同性——アルコール依存からの回復を信じる人々』世界思想社。

樫尾直樹、二〇一〇年、『スピリチュアリティ革命——現代霊性文化と開かれた宗教の可能性』春秋社。

桂島宣弘、一九九二年、『幕末民衆思想の研究』文理閣。

キサラ、ロバート、一九九二年、『現代宗教と社会倫理』青弓社。

———、一九九七年、『宗教的平和思想の研究』春秋社。

小池靖、二〇〇七年、『セラピー化の社会学——ネットワークビジネス・自己啓発・トラウマ』勁草書房。

小澤浩、一九八八年、『生き神の思想史』岩波書店。

前山隆、一九八二年、『移民の日本回帰運動』日本放送出版協会。

———、一九九七年、『異邦に「日本」を祀る』御茶の水書房。

松岡秀明、二〇〇四年、『ブラジル人と日本宗教——世界救世教の布教と受容』弘文堂。

森岡清美、一九七五年、『現代社会の民衆と宗教』評論社。

———、一九八九年、『新宗教運動の展開過程——教団ライフサイクル論の視点から』創文社。

Mullins, Mark, 1998, *Christianity Made in Japan: A Study of Indigenous Movements*, University of Hawaii Press.

村上重良、一九六三年、『近代民衆宗教史の研究』第二版、法蔵館（初版、一九五八）。

——、一九八〇年、『新宗教——その行動と思想』評論社。

中牧弘允、一九八九年、『日本宗教と日系宗教の研究——日本・アメリカ・ブラジル』刀水書房。

南山宗教文化研究所編、二〇〇二年、『宗教と社会問題の〈あいだ〉——カルト問題を考える』青弓社。

西山茂、一九八八年、「現代の宗教運動——〈霊＝術〉系新宗教の流行と『2つの近代化』」大村英昭・西山茂編『現代人の宗教』有斐閣。

沼田健哉、一九八八年、『現代日本の新宗教』創元社。

——、一九九五年、『宗教と科学のネオパラダイム』創元社。

小口偉一、一九五三年、『日本宗教の社会的性格』東京大学出版会。

奥山倫明他、二〇〇二年、「島薗進『ポストモダンの新宗教』を読む」『南山宗教文化研究所　研究所報』第一二号。

大谷栄一、二〇〇一年、『近代日本の日蓮主義運動』法蔵館。

佐木秋夫・鈴木宗憲・梅原正紀・猪野健治・西村謙介、一九七〇、『五大教祖の実像——霊友、佼成、PL、メシヤ、生長の内幕』八雲井書院。

櫻井義秀、二〇〇六年、『「カルト」を問い直す——信教の自由というリスク』中央公論社。

櫻井義秀・中西尋子、二〇一〇年、『統一教会——日本宣教の戦略と韓日祝福』北海道大学出版会。

櫻井義秀編、二〇〇九年、『カルトとスピリチュアリティ——現代日本における「救い」と「癒し」のゆくえ』ミネルヴァ書房。

島田裕巳、二〇〇一年、『オウム——なぜ宗教はテロリズムを生んだのか』トランスビュー。

島薗進、一九九二年a、「宗教理解と客観性」宗教社会学研究会編『いま宗教をどうとらえるか』海鳴社。

——、一九九二年b、『現代救済宗教論』青弓社。

——、一九九二年c、『新新宗教と宗教ブーム』岩波書店。

――、一九九五年、「民衆宗教か、新宗教か――二つの立場の統合に向けて」江戸の思想編集委員会編『江戸の思想』第一号。

――、一九九六年、『精神世界のゆくえ――現代世界と新霊性運動』東京堂出版。

――、一九九七年、『現代宗教の可能性――オウム真理教と暴力』岩波書店。

――、二〇〇一年、『ポストモダンの新宗教――現代日本の精神状況の底流』東京堂出版。

――、二〇〇七年、『スピリチュアリティの興隆――新霊性文化とその周辺』岩波書店。

宗教社会学研究会編、一九七八年、『現代宗教への視角』雄山閣出版。

宗教社会学の会編、一九九五年、『宗教ネットワーク――民俗宗教、新宗教、華僑、在日コリアン』行路社。

――、一九九九年、『神々宿りし都市――世俗都市の宗教社会学』創元社。

――、二〇〇二年、『新世紀の宗教――「聖なるもの」の現代的諸相』創元社。

鈴木広、一九六三―六四年、「都市下層の宗教集団」上・下、東北社会学研究会編『社会学研究』二二、二四、二五号。

寺田喜朗、二〇〇九年、『旧植民地における日系新宗教の受容――台湾生長の家のモノグラフ』ハーベスト社。

対馬路人・西山茂・島薗進・白水寛子、一九七九年「新宗教における生命主義的救済観」『思想』六六五号。

渡辺雅子、二〇〇一年、『ブラジル日系新宗教の展開――異文化布教の課題と実践』東信堂。

――、二〇〇七年、『現代日本新宗教論――入信過程と自己形成の視点から』御茶の水書房。

安丸良夫、一九七四年、『日本の近代化と民衆思想』青木書店。

――、一九七六年、『出口なお』朝日新聞社。

――、一九七七年、『日本ナショナリズムの前夜』朝日新聞社。

――、一九九二年、『近代天皇像の形成』岩波書店。

第8章 流言研究と「社会」認識
——戦後日本社会学における「社会的なるもの」への想像力

佐藤 健二

1 「社会」の自明性と「社会的なるもの」の潜在化

いつのまにか社会学の研究者自身が、「社会 society」ということばの輪郭や内実を問わなくなった。しかし、いま「社会的なるもの the social」をどのように指ししめし、どう立ちあげなおすかは社会学的想像力の大切な課題である。いかなるカテゴリーとして想像し、どのように共有しなおすか。論じられてこなかったわけではない。つねに論じてきたのだともいえる。そのときどきでキーとなってきたいくつものコンセプトが、「社会的なるもの」を指さす役割を分担してきたからである。この一〇年ほどのあいだ、「公共性」と名づけられ、「多文化共生」として語ってきた課題は、かつて草創期の社会学者たちが「社会」ということばであらわそうとした内実と無関係ではない。古くは「ゲゼルシャフト」や「アソシエーション」や「コミュニティ」「コミューン」等々の直輸入したままの外来語で、新しい「社会的なるもの」の質を表象した。社会学とはなにか、と紹介するときにもちだされる「共同生活」や「対人関係」「相互作用」への注目も、あるいは「個人」でなく「自然」でなく「家族」でなく「共同体」でなく「国家」でなく……と否定形の連続でとらえようとした努力も、その一形態である。さらに踏みこんで「責任倫理」や「対自性」や「再帰性」等々の抽象概念をもちだす解釈のいずれもが、ある現実の手ざわりすなわちリアリティをもとにして、「社会的なるもの」を提示しようとする試みだった。

にもかかわらず、それら散在する多くの試みによって、社会ということばの力が豊かになったようにはみえない。なぜか。「社会」ということばのほうが、第一にすでに一九二〇年代には行政が率先して使う用語として普及して一般化し、第二に意味の範囲が無秩序に拡大することで抽象化し、第三に実体化して名詞化してしまったからである。

今はまだないもの、あるべきもの、つくりあげていくものを浮かびあがらせ、ともに考えさせるようなことばの役割においてではなく、今あるものを指さし、はみださないように印づけ、さしあたり見えるところに置く役割で、ことばが名詞として使われる。マンハイムのいう意味において「ユートピア」の契機、すなわち未然形 potentia や可能態 dynamis をふくむ未来への動きが、そこから失われていったのである。このプロセスには、社会調査の発達と制度化も、複合的に作用していると思う。

いつのまにか「社会」は、わからないのなら調べればよい実体の、存在領域をしめす標識のようにイメージされていった。

「社会的」という形容詞や「社会構造」「社会現象」などの複合語をあたりまえのように使っていると、社会が消滅したり、そもそも存在していなかったりすることがあるという感覚が遠のいてしまう。そこに社会がないということは、過疎高齢化でだれもいなくなった村や、特別な災害の異常時などをのぞいて、想定されにくくなっている。そこには、存在しつづけることへの奇妙な信頼がある。

しかし、錯覚である。社会はまるで自然のように見いだせる実体的な環境でもなく、逃れられないほどに強い関係の絆でもない。

じっさいに社会ということばでわれわれが論じてきた仕組みは、動きをはらんで複雑だがたいへんに微妙なもので、それゆえにじつは壊れやすい構築物である。「社会」に対する遍在性と恒常性の錯覚が無時間の抽象的な意味世界で生みだされてしまった、その責任は、社会学の理論がつくりあげてきた文脈にもある。近代社会学の哲学的で原理的な考察は、「社会」は人間の本質にかかわる、不可避の制度であることを強調した。たとえば人間個人の外部にありながら、無視できない拘束力を、事実そのものが有していると論じてきた。その理屈の強い印象だけが肥大して、ほんとうはそうした力が、環境や条件に応じて変化しやすく、変質しやすい繊細な仕組みにささえられているという、もうひとつの側面が薄らいでしまったのである。

人間をとりまく環境の装備が情報化し、グローバル化し、想定外のリスクにさらされるようになった今日だからこそ、そうした変容に翻弄される人びとの微細なリアリティの固有の歴史性をとらえることが重要になる。社会は萌芽のままにとどまって、持続的な共生の制度として育っていかないこともある。また、かつて幸福な相乗効果と効率性とを実現していた相互作用のシステムが、相克の失意と崩壊の悪循環のなかで衰弱していくプロセスもめずらしくない。社会の作用は空気のように人間生活を満たしているがゆえにとらえにくく、あっという間に拡散し、無力な記号になってしまいやすい。そうした困難を前にして、なおそこを生きる人びとの経験に残された、「社会的なるもの」へのかすかな希望を鋭敏に映し出す、その力を今いかに復活させることができるのか。

この小さな論考が問いたい核心は、じつはそこにある。この論考で「社会意識論」をとりあげるのは、社会ということばの衰弱と、この領域での研究の変容とがじかにつながっているからだ。二〇年前にくらべて研究分野としては印象が薄くなったように思われるのも偶然ではない。とりわけ集合性の象徴でもあった「流言」の日本での研究にしぼって、その内につつみもたれた「社会的なるもの」のとらえかたの変容と問題点を浮かびあがらせてみることとしよう。

2　清水幾太郎『流言蜚語』の戦前と戦後

清水幾太郎の『流言蜚語』の再版を岩波書店が刊行したのは、一九四七年（昭和二二）である。「序」に「久しく絶版になっていた」ことが明記されているにもかかわらず、私自身もあまり注意せずに、この著作の意義を戦後日本のデモクラシーとばくぜんとむすびつけて理解していた。眼につくもののほとんどが戦後に版を重ねた再版であったこと[1]も、その印象形成に作用していると思う。読者の多くもまた戦後民主主義の枠組みにおいて、流言蜚語を「潜在的」な「輿論」とみるこの書物を受容し、じっさいの誕生が一九三七年（昭和一二）にさかのぼる事実をあまり気にかけなかった。しかしこの書物の日本評論社発行の初版と岩波書店の再版（以下、戦後版と呼ぶ）とのあいだには、「戦争」と「大本営発表」と「敗戦」とがはさまっている。書き手である清水幾太郎をふくめて、すこし読みかたのバランスが変わった点は無視できない。

その重心の変化を、書きかえられた序文で確かめることができる。

戦後版の「序」は、流言が研究に値するとは思われず、ほとんどかえりみられていないことの批判に始まる。報道、輿論、宣伝については相当の研究があるのに比して、流言はほとんど研究されていない。だが「報道や輿論が人間を動かすのと同様に、流言蜚語も人間を動かす。いや流言蜚語だけが人間を動かす唯一の力であるような時期もあるのである」（清水、一九四七：二）。だから研究すべきであると論じたとき、いかなる時代状況を思いうかべていたか。「流言蜚語それ自身も政治と社会とに対する一種の抗議」をふくむが、著者自身もまた流言の弁護者としてその分析をつうじて一種の抗議を試みているのだ、という。その位置づけを考えれば、戦時下の報道の状況が記憶のめだつところに配置され、意識されていた(2)のであろう。戦後版の序が、初版執筆のときは「ずいぶん手加減」をし、著者ばかりか読者も「歯がゆい思い」をしただろうといって「今はもう当時のような遠慮は要らない。今度こそ自由に書き改めようと思っていた」と書いているのは、明らかに戦時期の言論統制を意識し、そこでおこなわれていた自主規制を問題にしていると読める。

これに対して、初版の「序文」は、考えてみると「関東大震災」と「二・二六事件」までの流言の経験だけで書かれている。だが、流言を論ずる必要は当時それが増加し蔓延していたからではない、という。宣伝や輿論が「新たなる重要性と形態とをもって」あらわれつつあり、報道と流言蜚語との境目に、論ずるべき「深い意味」が生まれつつあるからだと、次のように論じていく。

報道がわれわれに生きる道を教えるように、流言蜚語もまたわれわれに生きる道を教える。輿論が人を動かすように、流言蜚語もまた人を動かす。しかしこの二つのものを区別することはいかにして可能なのであろうか。流言蜚語をもって科学が取り上げるにはあまりにも卑俗なものであるとするのはひとつの偏見である。かえってそれは人間生活におけるもっとも基礎的なもの、人間社会の本質といわるべきものと離れがたく結びついている。この間の事情をとらえることなくしては、とうてい流言蜚語の驚くべき作用を明らかにすることはできない。私が本書においてしばしば社会生活にかんする根本的考察に立ち入らなければならなかったゆえんである(清水、一九三七：二)。

あえていうならば初版『流言蜚語』は、デュルケームの『自殺論』の副題が「ひとつの社会学研究」であったと同じ意味において、社会学的想像力そのものの模索であった。いわば情報の複製技術時代における「社会的なるもの the social」の多面体のひとつとして、あるいはそこに考察をおよぼすための切り口として、流言がある。それに対して、付けかえられた新しい戦後版の序は、すでに使われている輿論のカテゴリーと近似する位置に流言を置いて、公衆の政治的な意義をめだたせ、あからさまではないにせよ明らかに総動員体制批判と異議申し立ての民主主義へとつなげている。微妙なちがいであるが、初版のスタンスでは社会という基礎・根本を問おうという姿勢がつよく、その意味で流言の作用の内側をのぞきこもうとしている。それに対して、戦後版はすでに現実が必要とする輿論の研究と調査の枠組みを前提とした、応用が前面にでている。

しかしながら、戦後版の序が意気込んだほどには、書きかえることができなかった事実も見落とせない。あらためて注目しておいてよいのは、「容易なはずの加筆がどうしてもできない。無理におこなおうとすると、幽霊を白昼の街頭へ引き出すようなことになるので、私はとうとうこれを断念して、だいたい旧版のままこれを印刷することにした」という清水の正直な告白である。考察の本体自体はほとんど変わらなかった、そこに、この本の個性がある。そして頭というか顔として付けられた戦後版の序の「手加減」や「遠慮」の記憶と、胴体である本文の実質的な維持とは、明らかにねじれている(3)。

清水は戦後版の序文での回顧と感慨を、「きっと流言蜚語などというものは、あの不安な暗い空気のなかにだけ住むもので、またその同じ空気のなかでこそ書くべきものなのであろう」とむすんでいる。この言明は、流言蜚語が単なる研究対象ではなく、まさに研究主体をもつつみこむ「社会的なるもの」であったことをものがたる。もちろん私自身は、その当時の空気の共有のなかでしか流言という対象を分析できないとは、まったく思わない。けれども、そこを満たす空気のリアリティをふまえ、満たされた場の全体を対象化することなしに、流言の「社会的なるもの」の根も「驚くべき作用」も論ずることはできないという指摘は鋭いと思う。

3　流言研究の機能分化のなかで

「社会的なるもの」をとらえようとした『流言蜚語』から、日本の流言研究はいかなる方向へと展開したか。民主主義や科学への熱い思い入れなど、時代の空気でもあった複数の問題設定や関心(4)が、その方向性に作用した。具体的な研究の細部にまでふれることはできないが、その基本的な特色をたどり、可能性を掘りおこしてみよう。

(1)虚偽と階級

第一にめだつのが、「デマ」との互換性[5]である。

この政治の枠組みのつよさは、戦後思潮のひとつの特徴でもあった。オルポートとポストマンが第二次大戦下でのアメリカでの流言研究の成果を一九四七年にまとめた古典 *The Psychology of Rumor* が、南博によって『デマの心理学』として訳され、公刊されたのは一九五二年である。この本は **rumor** を徹底して「デマ」と訳した。関東大震災の悲劇を思いおこさせる「流言」ということばよりも、タイトルとして世にアピールしてわかりやすいと判断されたのだろう。あまり訳語に迷った形跡がない[6]。

戦後いちはやく流言を特集して論じた『デマの功罪』[7]という一冊は、その時代の雰囲気を伝えている。編集後記は、次のような問題意識から編まれたものだと記す。

> 終戦後「世論調査」の重要性が認められたのは喜ばしい。しかし、輿論の変形ともいうべき「デマ」が、社会学からも社会心理学の立場からもまったく等閑にされているのはまことに不可解である。今や、労資対立の激化、社会不安の深刻化とともに、デマはますますその暴威をふるいつつある。果たしてその対策はどうか、その真偽判断の基準は如何?　本集はこの意図のもとに、特集され

た（木村、一九四九：裏表紙）。

この特集でジャーナリストの大宅壮一は、デマを「ねつ造された、あるいは歪曲された報道」「社会化された虚言」「姿なき暴力」とさまざまに言い換えて、その力を伝えようとしている（木村、一九四九：八―一二）。その中心は「虚偽」である。しかも、「官製デマ」として神話や明治維新などを歴史家たちが論じていることに象徴されるように、権力をもつものたちが虚偽の宣伝をなすという、反体制の運動論的な認識へと方向づけられている。

デマ(8)ということば自体、一九三〇年代の使いはじめからみると、すこし意味が変わった。かつては政治家の、おのれ一人の利益からの扇動で、そのためのゆがんだ情報伝達や誇張を指した。つまり公益に対立するエゴイズムが批判の根拠である。これに比して、戦後の言語空間のなかでは、集団としての「階級」の利益にもとづく宣伝へと、その含意が移動した。そして、その利益を階級の私益であると批判する。

すなわち、言明内容における「虚偽」を基本的な判定基準とし、その生成の動機を「階級」とむすびつけるところにおいて、デマということばに置きかえられた「流言」理解が生まれている。この理解は単純でわかりやすいが、虚偽であることをだれが判定し、いかなる根拠にてそれが虚であり偽であることを証明するのかという点では、すぐに立場をめぐる「神々の争い」へとなだれこんでしまう。

(2)社会不安と真実

第二の論点として、メディアの理解もまた、「社会的なるもの」の認識を分ける。清水の『流言蜚語』をはじめ一九五〇年代までの研究は、無理からぬこととはいえメディアの特質の把握において不十分であった。とりわけ、流言を口頭の声のコミュニケーションに限定し[9]、メディアが幾重にも作用している実態を軽視しがちであった。

マスメディアの代表が具体的には新聞であり、その力への思い入れゆえの限界があった、と私は考える。すなわち、真実を伝えるべき新聞報道やジャーナリズムへの高い期待と、流言を自然発生的で自然消滅的なものと位置づける理解とが、天秤のようにつりあっていたのである。このメカニズムの作用のつなぎ目に、「社会不安」「集合的不安」という、それ自体が流言と相互依存的に使われるカテゴリーが置かれている。この配置もまた、「社会的なるもの」をめぐるひとつの理解の型であった。

この流言の理解は、少なくとも二つほどの問題をかかえこんでいる。

第一は、事実との関係である。しばしば「真実」という表現が好まれ、「報道の検閲」と「言論の自由」との二項対立のなかに議題が設定された。官報／新聞／流言の三つをあげたメカニズムの『流言蜚語』での説明は、新聞というメディアによる情報伝達への期待を、わかりやすくあらわしている。

官報――新聞――流言蜚語。この三者の関係の把握は本質的に重要である。新聞が独自の機能を失って官報化すればするほど、その空隙を埋めるものとして流言蜚語がはびこってくる。「検閲の厳格さの程度と流言蜚語の量とは一般に正比例す」という法則が立てられるかもしれない（清水、一九三七：四二）。

この認識は、オルポートとポストマンが引用した、アメリカの戦時情報局の高官の次のような言明とも基本的に対応している。

デマは、ニューズのえられない時に拡がるものである。だからわれわれは国民に、もっとも正確なニューズをすみやかにかつ完全に、提供する必要がある（Allport & Postman, 1947 ＝ 一九五二：一）。

しかしオルポートらも、この説明の正しさが部分的なものであることを知っている。新聞が発行されて報道が機能していれば、流言は発生せず活性化しないかといえば、そうはいえないからである。清水幾太郎が正確に指摘するように、容易に接することができて直接に眼や耳で確かめられる日常的で具体的な事実は、新聞で報道もされないが、流言にもならない（清水、一九三七：六二―七四）。新聞が報道する種類の情報は、身体的な感覚器官をもって直接には捕らえることができない範囲に日常生活が広がったところ、すなわち「社会的なるもの」が拡大したところで必要となる。しかも皮肉なことに、そこでは事実であるかどうかの判断がむずかしい。眼や耳、すなわち直接の身体的な感覚器官がとらえられない領域の情報なので、直接に確かめることができない。そして、動きはじめた疑念を打ち消すような、確証をあたえてくれる迅速で万全な手段はない。それゆえ、まさに信じられるものかどうかの確認が差し迫られる、その状況のただなかでは「本当の報道と流言蜚語とを区別することはできない」(同上：七二)という深刻な事態に直面する。「正確なニュース」の配布をただただ強調し重視する対応は、その状況のリアリティの理解を欠いている。

もうひとつは、社会不安との関係である。流言現象発生の基盤に社会不安を配置するまなざしは、歴史的な経緯に依存している。流言の社会問題化が、いつも事件や災害を契機としていたからだ。それゆえ、不安を解消するために、真実を発表せよという主張が、制度化されたジャーナリズムの立場からくりかえされる。しかし、流言発生のメカニズムは、必ずしも社会不安に終始するものではない。目配りのきいた多くの古典が言及しているように、笑いやパロディという動機もまた流言の発生や流布のメカニズムに作用している。その点を排除することは、流言現象のもつ「社会的なるもの」の厚みを最初から限定してしまうことになる。

正しい情報が供給されていないところにおいて、流言は自然発生するという理解の簡潔な図式は、そのまま真実を公表すれば、流言は自然消滅するという楽観的な対策へと早上がりする。しかし、その単純な結論は、リップマンがその「疑似環境」論において直面し、清水幾太郎が直接に確認できない「事実」の対処しにくさをめぐって逡巡した、複製技術メディアが深く認識の手段に浸透した近代の、「社会的なるもの」の多面性を捨象している。とりわけ、インターネット空間という新しい場において力をもつ流言までを視野に入れるならば、「社会不安」概念への安易な依存は、明らかな制約であろう。

新聞はたしかに、客観的な事実を迅速に伝達するという、近代報道の基本構造をつくりあげた、二〇世紀のメディアであった。しかしその報道中心のパラダイムは、流言をしばしば「誤報」という情報レベルの存在へ縮減してしまう。メッセージの内容のレベルでの間違いや偏見や非合理性には光があてられるものの、メディアの形式のレベルでの質のちがいへの考察には、不十分なものが残された。清水の『流言蜚語』が、報道が文字における再認可能性の形式の特質を有しているのに対して、流言は「口頭という不安定な形式を生きている」（同上：七六）と指摘して、信頼の構造的特質に迫ろうとしているのは鋭いが、この段階では断片的なものにとどまっている。

一九七〇年代のトイレットペーパー・パニックの分析や「オルレアンのうわさ」分析のように、日常生活のひだに分け入って、流言が表象する「社会的なるもの」の輪郭をたしかめる作業が必要になる。そこで問題にされたのは、報道の「真実」や「正確さ」ではない。トイレットペーパーというモノが、水洗トイレをかかえる現代住生活においていかに不可欠の存在であるかと同時に、スーパーマーケットという新しい消費装置の安売り競争広告の目玉であったというメディア性（宮崎、一九七四）であり、あるいは流行の最新ファッションを話題にする場の問題や、変身というテーマが担う脱出願望の都市的な舞台装置の考察（Morin, 1969＝一九八〇）である。それらはまた、流言が映し出す社会的なるものが、たんなる情報レベルの「間違い」や「偏見」ではなく、生活を成り立たせているさまざまなメディアに深く根ざした「表象」であることをものがたっている。

(3) 質と量

第三の論点は、科学である。

科学の方法に即することが、学問の条件としてとりわけつよく意識されたのは戦後の健康な志向性であったが、その「科学的研究」の立場をめぐって、いくつものアプローチが覇権をあらそった。そのことも、「社会的なるもの」のとらえかたの一環として再検討すべきだろう。とりわけマルクス主義に代表される構造的な規定性を重視する立場と、個人のもつ態度や性格に焦点をあてていくアメリカ社会心理学の立場との対立は、当時においても社会のとらえかたの分かれ道として明確に意識されていた[10]。

やや乱暴な整理だが、ヘーゲル―マルクスを主軸とする社会論とアメリカ社会心理学の社会論の対立は、大きく「社会意識論」と「社会心理学」の対抗的な展開と重ねて理解することができる。そして全体の傾向としていうならば、「社会意識論」の固有のパースペクティブが根づよく生き延びつつも潜在化し、「社会心理学」の技法としての調査・実験の応用可能性が「科学」の意味の表面をおおっていくプロセスが、戦後の社会心理研究の展開であった。

個人の独立した著作にまでふみこむ余裕がないので、講座のように複数の研究者が全体の体系性をあるていど意識しつつ書いた論集にかぎるが、「社会意識(論)」[11]を一冊のタイトルとして正面に掲げたものに、以下の四つがある。

①国際社会科学協会編『社会意識』(社会科学講座第四巻、二見書房、一九四七)

②田中清助編『社会意識論』(講座現代社会学3、青木書店、一九六五)

③見田宗介編『社会意識論』(社会学講座12、東京大学出版会、一九七三)

④池井望・仲村祥一編『社会意識論を学ぶ人のために』(世界思想社、一九九八)

まずもっとも新しい④が直面した現状を確認しておこう。社会意識ということばは、「よく考えてみるとわかったようでわからない」に加えて、社会意識論も「哲学、人間学、心理学、理論社会学、文化社会学……の境界線上を行きつ戻りつしている、あまり判然としないテーマである」(池井・仲村編、一九九八：三―五)とのためらいは、すでにわれわれの分野ではおなじみのイントロである。「社会意識論のわかりにくさ」についての二重三重の弁明は、この小考で問題にしている「社会」あるいは「社会的なるもの」を正面から問おうとするときの、社会学者の困難に酷似している。ただ、この論集がつけ加えた「「社会意識」が戦後のわれわれの言論界にはれて登場するのは、終戦からほぼ四、五年、一九五〇年頃」(同上：六)で、「欧米にはその概念や用語が見あたらない」ことを考えると「社会意識なる事象への学的関心」は「日本の社会学に固有ともいえる」（同上：二八一―二八二）ではないかとの観察は、検討してみるに足る。

いかに形成されたか、①から③はその素材となる。

①の新明正道による社会意識の規定は、社会の「内的意識的構成」の「過程的統一」または「機構的統一」という独特の、いささか難解なものである。しかしながら、しばしば社会そのものと紛れてしまう社会意識を、より限定された複数のカテゴリーの設定を通じて整理し、分析的な認識をうみだそうとする、その筋道は理解できる。そして書物の全体の構成はというと、戦後日本で浮かびあがってきた具体性をもった諸問題を社会意識という切り口で論じようとする積極性[12]を感じさせる。

②の特質は、ヘーゲルからマルクスへの社会思想の発展のなかに「社会意識」概念を位置づけている点にあろう[13]。この書物の編者は、一九六〇年代前後の「大衆社会論」を克服する「社会意識論」を目指したのだというが、なるほど階級の概念はその批判の準拠点であった。客観的な「社会的存在」に対して主観的な「社会意識」を対置し、土台―上部構造の一元的な決定論からは多少の距離を置く「相対的独立性」を設定しつつも、「真実の社会意識＝階級意識」（田中編、一九六五：一九）から現実の「〝虚偽の〟社会意識」を批判するという方向性をつよく打ち出す。虚偽を批判する根拠が、同じく「階級」から導き出されている点は、さきほど論じたデマの問題設定と呼応している。

③は、ひとつの到達点であり、開かれた折り返し点というべきか[14]。見田宗介の総説は「社会意識」

を「ある社会集団の成員に共有されている意識」とする定義の「薄い」形式性を共有しつつ、その内実となるものを、「厚みのある」構成体の形で読解されるべきものとして提示する。すなわち「さまざまな階級・階層・民族・世代その他の社会集団が、それぞれの存在諸条件に規定されつつ形成し、それぞれの存在諸条件を維持し、あるいは変革するための力として作用するものとしての、精神的な諸過程と諸形象」こそが社会意識であり、その「人間の被規定性と主体性」「歴史の必然と人間の自由」の交錯する現実の構造を実証的にきりひらく企てが社会意識論である、という（見田編、一九七三：二）。あえて存在と意識のあいだ対応の論理の再確認に終始せず、むしろ規定・維持・変革の「力」として作用しているものを手がかりとした、「諸過程と諸形象」の解読という方法を強調している点に、解読の実践という段階にふみこんだ社会意識論の構えをみる。

イデオロギー暴露にとどまらず、社会意識に、いわばそれぞれの主体の社会認識までを読んでいこうとする方向性は、「社会的なるもの」の考察が継いで発展させるべき視点であった。こうした「社会意識論」のこだわりに対して、たとえば南博『社会心理学』（一九四九）がいちはやく紹介したアメリカ社会心理学のさまざまな理論と方法とは、

(1)その個人を単位として全体の分布・比率をみる方法
(2)心理に問題を集約していく心理中心主義的な解釈
(3)実験を通じた検証への傾き

(4)非合理や偏見の存在を強調する説明の傾向
(5)実用的政策的な利用への熱心

等々の点で、かなり異なる方向性を有していた。GHQを媒介した「世論調査」の技法の組織的な導入、とりわけランダム・サンプリングの科学性をめぐる戦後の議論なども、技法としての社会心理学の有効性の受容を後押しした。

流言研究の領域にもどって、この「社会意識論」と「社会心理学」の対抗[15]を考えたとき、池内一の「太平洋戦争下の戦時流言」（一九五二）という論考には、ある分岐と移行の痕跡がうかがえる。「今度の戦争の末期に若干の資料を蒐集して整理研究してみた」（清水、一九四七：三）と清水が書いた同じ資料[16]をつかって、池内一はこの論文をまとめたが、その資料の扱いかたにおいて明らかに流言の発生量の変化を分析するという方向へ傾斜している。それはしだいに応用力を増してくる「社会心理学」の方法の科学観に即したものであり、「社会的なるもの」をある分布や比率の相においてとらえようとする試みに近づいていった。そこでは清水幾太郎が「プガチョフの伝説」を素材に説いたような、一つの話のなかのリアリティの構造のなかに、さまざまな作用として現れる「社会的なるもの」を読もうとする志向が遠のいていった[17]。資料の質において機会の制約を免れえない歴史資料よりも、新たなる収集や観察を企画しうる喫緊の現象（たとえば災害など）へとフィールドが移動していくことともなった。

⑷主体の位置

第四の論点として、主体の問題をあげたい。流言をめぐるさまざまな主体は、「社会的なるもの」の認識という観点からみると、どう論じられるか。

基本的に流言の背後に厳密な意味での主体を置く理解は少ない。むしろ集合的で形をもたない群れを想定している。これも、流言がつねに対処すべき事件、あるいは社会問題としてあらわれてきたという、歴史的な経緯が深く作用している。しかし、研究者の主体としての位置は、いったいどこに配置されているのか。基本的には対処にあたる治安秩序維持のセクターと同じく、外がわから流言をまなざす位置が考えられるが、そこに終始するものかどうか。

文化人類学という異文化社会学の局面から鋭く提起された社会調査そのものの権力性という問題は、むしろ「社会意識論」がこだわった問題構制、すなわちさまざまな主体のもつそれぞれの存在諸条件からの規定性という、理解の回路抜きには対応しにくいものであった。流言研究では、豊川信用金庫取り付け騒ぎにおいて、警察の捜査という名の調査によってはじめて伝達経路の詳細を描き出せたという事実をつきつけられるが、それは新しい問題ではなかった。関東大震災から戦時下まで、流言の収集はいつも警察や憲兵など権力をもつ機関がもっとも組織的に行いえた現実がすでにあったからである。であればこそ、問題はその解読が、いかに主体の社会的属性の把握のむずかしさが刻印された収集の限界をのりこえ、いまだ読み込まれていない「社会的なるもの」を浮かびあがらせることができるかであった。しかしながら、その主題はあまり明示的には論じられなかった。

日本だけでなく、ヨーロッパの研究でも群衆論は、あふれ出しはじめた「社会的なるもの」の対象化のひとつの源流であった。清水幾太郎の『流言蜚語』が「潜在的」という形容詞付きではあれ「公衆」を中心に組みたてられているのは、一九一〇年前後から日本でさかんに論じられた「群衆心理」論[18]への抵抗と抗議を意図したものだ。一九二三年の関東大震災でも流言の理解をささえていたのは、基本的にこの通俗化した群衆論であった[19]。いま群衆を正面から概念化しようとする試みはすくないが、その基本的なまなざしは、社会心理学の「非合理」「退行」「逃避」等々のカテゴリーに変換されているともとらえることができる。そして群衆はたしかに流言を担うという意味で主体だが、それは意思をもたず、みずから行動を統制できず、対話することもできない。群衆は逃避的で衝動的で攻撃的であり、覚醒した主体とはまったく別な生き物である、と。

これに対して、南博はむしろ集合的なままであれ、そこに表出された抗議を「抵抗意識」と抽象することで、そこに「ホンネ(本音)」としての主体の現れを仮象する。

第二次大戦の敗戦が、民衆にも予測される事態になると、厳しいタブーとして取り締まりの対象となっていた天皇批判も、ついに流言のかたちで噴出することになる。このメカニズムは言論と思想の統制が行き渡っているファシズム国家、社会主義国家の場合、それぞれ意図や内容は異なっても支配層に対する民衆のホンネとして流れるのである（Rosnow & Fine、一九七六＝一九八二：訳者あとがき二三六）。

ここで摘出している「抵抗意識」は「身辺的、個人的な抵抗」で、南が価値を置く集団的で組織化された「革命的抵抗」（南、一九六二：三三七）ではない。しかし「念仏的お題目的な抵抗精神」で呪術的であっても、それは変革の心理的な土台となりうるもので、「漠然としたかたちではあるが、階級意識が、そこに表現されている」（同上：三四〇）と論じていくとき[20]、そこには潜在的な主体性が措定されている。ときどき使われる「集合的不満」の概念は、そうした担い手の態度を記述するもので、流言現象と主体との接着剤の役割を果たす。しかし、ここでは流言の創造それ自体を、条件づけられた場での主体の問題解決の努力としてみるシブタニ（1966＝一九八五）の観点は強くない。

清水幾太郎が、流言をになうのは「群衆」ではなく「潜在的公衆」であると論じたとき、主体という点ではいかなる立場にたっていたのか。清水は、流言蜚語は時として公衆の意見よりも優れた生産性を有することがある[21]と指摘しつつも、次のように説く。

だが流言蜚語の含む生産性は、政治に関与する人びとによって、これが真に生かされ救われるときにおいてのみ明らかとなる。（中略）これを生産的たらしめるか破壊的たらしめるかは流言蜚語を担うもの自身の中にあるのではなく、これの外に立つものにあるのである。これは流言蜚語が流言蜚語であるのは自己自身によってでなく、他の条件によってであることと結びついている（清水、一九三七：二〇二）。

この議論の組みたては、両義的である。

もし引用の第一文の「政治に関与する人びと」という指示を、流言蜚語を統制しようとする政府や警察やジャーナリズムや運動組織などにおいて、権力をもっている主体に実体化するならば、まだ「群衆」論のパラダイムである。その枠組みは、パワー・エリートと大衆を対置させる大衆社会論の図式でも、前衛である指導者が民衆の政治的覚醒を外から注入する運動論の図式でも、基本的にくりかえされているということになろう。しかし、その「政治」を「これの外に立つもの」という表現と重ねあわせ、主体を実体として指すものではなく、その外に立つ実践の位置、すなわち突きはなして自覚的にとらえるという認識の有無や行為の成否をあらわすととらえれば、議論がひらく局面がかなり変わってくる。流言の担い手たる「潜在的公衆」の潜在的という形容詞が、まさにその限界としてもつところの潜在性を克服していくプロセスを含意しうるからだ。

清水が設定しているカテゴリーを、すこしていねいにたどってみよう。公衆は、理念としての個人の集合である。個人としての権利をもち、その力の自覚をそなえ、公の領域でそれを生かすことができるという自信に裏づけられている。それに対して、群衆にはその個の自覚と自信とが欠落している。それゆえ、ある機会におのれを投じて「偉大なる感情」に燃え上がって、はじめて一つの力となる。そして「群衆においては跡もなく失われる個人的なものが潜在的公衆においてははっきりと残っている」(同上：二〇六)。しかし思想と運動のコミュニケーションを通じて、変革をしうるという公衆の「開かれた魂」はない。

潜在的公衆は閉ざされた魂を持っている。生来閉ざされているのであるよりもむしろ偶然の事情によって閉ざされている。(中略)しかし開くことが恐ろしい結果を持つことを知っているのである。開こうとして開かれぬ魂が潜在的公衆の中に住んでいる。自己を開こうという欲求を、この不幸な条件の下で充たすとき、そこに生まれるものが流言蜚語である(同前：二〇六—二〇七)。

いうまでもなく、このいささかパセティックな語りは、流言の発生のメカニズムの説明としてみるかぎり、あまりに一面的である。しかしながら、「潜在的」「潜在性」の根源を、個として閉ざされた「不幸な条件」に関係づけている点は、「社会的なるもの」の特質の明確化として、さらに展開させるべき結びめである。

ふたたび、流言のなかの「公」と「共」と「私」という問題がうかびあがり、課題は最初のまなざしに回帰していく。『流言蜚語』という彷徨する思考の一冊が、一方で重要なものとして提起した社会への「信仰」あるいは「信頼」は、その有無の結論にだけ還元してしまうのではなく、「社会的なるもの」をそれぞれが想像する実践のありようとして、もういちど問われはじめる。

4 「社会的なるもの」の位相を問う

戦後日本のアカデミズムの世界で、社会学がまがりなりにも、学問分野として成立し科目として学会として制度化されたからであろうか、学的実践の本質をめぐる「学論」ばかりか、社会調査技術以外の「方法論」の必要性すら忘れさられてよい領域に追いやられつつある。一方で、グローバル化は国民国家の内側にとどまっていた社会の外延を、現実の国境線をこえた世界へと拡げ、情報化のさまざまな技術革新とテクノロジーの普及とは、生活世界に時空をこえた相互作用の次元を、社会というわれわれの経験の形に幾重にか加えつつある。明治の社会学導入時の思想家たちが、society をいかなることばでつかみ、受けとめるかに苦労したように、いま消滅という事態までをも含めて変質しつつある「社会的なるもの the social」を、いかに想像し描きだすか。その道具として使われる、ことばの力の回復と洗練こそ、この小考が踏みだそうとした一歩である。

新しいパラダイムは、いくつかの新しい概念や新語をそこに導入するだけでは、立ちあがってはこない。相互依存のネットワークである言語は、じつは社会とよく似ている。歴史を背負って変化してきたひとつひとつの語の位置と意味とを、整理し調整し、ときに切断する作業をくりかえしながら、新しいつながりを浮かびあがらせる以外には、新しい意味も機能も組織されないのである。

流言の従来の基本的な理解枠組みは、本章がスケッチしてきたように、第一に「虚偽」との本質規定のうえに、第二に「不安・不満」を動機としながら、第三に「偏見」に歪められて燃え上がる炎であるから、第四に新聞などのメディアが真実を公開すれば最後には消滅していくものであった。この基本図式のなかに、デマの概念や、虚偽意識、イデオロギーのやや古典的な理解がちりばめられている。どこかで、新聞をはじめとするメディアは事実を客観的に伝えるべきであるという理念を前提とし、情報統制に対する言論の自由という二項対立の一方を担う主体として、ジャーナリズムに期待する枠組みがこの理解をささえている。事実の伝達ゲームのなかでいかに誤報すなわち誤りが生まれてしまうかという、オルポートの実験の問題意識も、じつはその範囲にとどまっていた。しかし、このようないわば報道新聞モデルそれ自体が、「社会的なるもの」を理解することばとしては、有効性とリアリティとを失っている。

前述の「新聞」モデルの枠組みの政治的意味は認めつつも、最初からいわば「うわさ」モデルを基礎において事実の困難と向かい合ったほうが、「社会的なるもの」の現代性をとらえうるのではないかと私は考える。そのとき流言は、事実と異なる虚偽の情報であるという定義を出発点とせず、終着点ともしない。真実であるか虚偽であるかはひとまず置いて、異常を感じさせるほどの複製や流布を結果する連鎖的コミュニケーションであるという形式にまず注目する。フィードバックのループもふくみながら、情報を異常に増殖させていくプロセスである。そうした前提のなかで、ある一定の人びとが熱心にその情報を伝え、ときに信じこんでしまうという現象がいかに共有されてしまうのかが問われる。その信頼や共有の形成プロセスをていねいに分析することが、現代における「社会的なるもの」を浮かびあがらせる手がかりとなる。

パラダイムの転換とは、華々しいスローガンのインストールのしなおしではなく、小さな事実をめぐる解釈の視点の変化の積み重なりをとおして力をもつ[22]。

注

（1）多くの研究者が引用しているのも、戦後版である。ちなみに、Webcatでこれを所蔵する大学図書館の数を調べてみると、初版が一九に対して戦後版は一〇九。初版は初刷のみだったのか、再版とも二刷と明記したものをいまだ見ない。戦後版は発行が確認できた一九六九年(昭和四四)年の四刷までで も、二〇年以上にわたって読まれたことになる。

（2）傍証として、『社会心理学』の自叙伝的な、つまりいささか破格の文献解題にあらわれる、次のような文章をあげておく。「やがて、戦争が始まり、そして、終わった。戦争の経験は誰しも気づくように、社会心理学の問題に満ちている。われわれの間を飛び回るおびただしい流言蜚語、マス・コンミュ《ママ》ニケーションによる大規模な政治的宣伝、内部的集団と外部的集団との関係、機械のようなビュロクラシー、声になろうとする途端に嘆息に変じてしまう輿論、等々」(清水、一九五一:二二〇)。

(3)粉川哲夫(一九八一)は、このねじれをいささか冷ややかに見ている。戦後版の序が「手加減」を気にする必要などなかったほどに、本文の基本姿勢は支配勢力による操作と正統化の手段として流言蜚語を活用する方法を説くという点で一貫していると論じた。しかし、初版『流言蜚語』の全体は、立ち位置もふくめてさまよいつつ思考している跡がここかしこにあって、必ずしもそう単純には切り捨てられない。

(4)このような時代の問題関心が、社会調査の流行と、技法としての受容においていかに作用したか。一九五〇年代から一九六〇年代にかけての社会調査論の地平の創出にあたえた影響について、すでに別な論文で論じたことがある(佐藤健二、一九九六)。

(5)木下富雄は「流言」と「デマ」という二つのことばが、「ことにわが国において、しばしば混同して使用されている」(木下、一九五九:二〇八)と述べている。

(6)しかし同じ南博の翻訳でも、一九八〇年代のロスノウとファインの著作(Rosnow & Fine 1976 = 一九八二)では、むしろデマということばをあまり使わず、rumor を基本的に流言と訳し、うわさやゴシップなどの別なことばも使っている。

(7)清水幾太郎もここに『流言蜚語』の冒頭のプガチョフ伝説の分析を抄出しているが、それ以外に大宅壮一、服部之聡、南博、池内一などが寄稿している。

(8)「デマ」は新語辞典の類で調べると昭和初年に、自分一人の利益のために大衆を扇動する政治家を「デマゴーグ」と批判した直輸入の用法から、略語として派生している。

(9)のちにこれは「くちコミ」という用語を生みだすにいたる。南博+社会心理研究所(一九七六)参照。

(10)たとえば高橋徹(一九五六)や日高六郎(一九五六)など。これ以外にも、精神分析的な立場や、伝承論・

伝播論をつよく打ち出す立場など、いくつかを加えることができるので、この二項対立はあくまでも当時のリアリティのなかでの整理である。
(11)いずれも戦後の講座の一冊であるので、社会意識という概念は戦後生まれのものなのかというと、そうではない。高田保馬が一九二二年(大正一一)にまとめた『社会学概論』は、その構成において「社会意識」を章の一つに取り上げているし、一九二七年(昭和二)に刊行された林房雄によるボグダーノフの翻訳には『社会意識学概論』というタイトルがつけられている。
(12)新明正道の「社会意識概論」につづき、日高六郎「階級意識」、黒川純一「民族意識」、米山桂三「輿論」、戸田武雄「流行」、玉城肇「家族制度」、松浦孝作「青年心理」、阿閉吉男「群衆心理」の七編が並んでいる。
(13)真田是「社会意識と社会的存在」、田中清助「科学的社会主義・共産主義の問題をめぐって」、真田・田中「社会体制と労働の組織・意識」の三編で構成されている。ただし編者自身が自覚しているように「社会意識の諸形態、すなわち政治的見解や思想、道徳、芸術、宗教、哲学といったそれぞれの形態に立ちいって論ずる必要」(田中編、一九六五：五)にはまったく取り組まれておらず、マルクス解釈学の一本調子の原理論に終始している。
(14)見田宗介「現代社会の社会意識」という枠組設定の総論のほか、田中義久「私的所有と社会意識」、庄司興吉「現代労働者の社会意識」、栗原彬「日本型管理社会の社会意識」、宮島喬「社会意識研究の発展と現状」、田中義久「社会意識研究の現実的課題」の計六編を収める。
(15)もちろん、ここでは「社会心理学」ということばを、実際の使われかたからすると、いささか単純化して「社会意識論」に対抗させている。もし枚数が許されるならば、清水幾太郎『社会心理学』(一九五一)をはじめ佐藤毅編『社会心理学』(一九七一)などは、むしろここでいう「社会意識論」の問題構制に近かったことをていねいに論じなければならない。
(16)具体的には、佐藤健二『流言蜚語』(一九九五)の第二章を参照。
(17)調査方法の継承と教育という点では、「社会意識論」は具体的な技法としても発展させていく必要のあった「質的データ」分析の方法論を共有できないままだったのに対し、「社会心理学」はその名のもとで標準化された調査の技法において、一定の成果を蓄積していく。

(18)たとえば谷本富『群衆心理の新研究』(一九〇八)などであり、ル・ボンの群衆心理の翻訳が大日本文明協会から出たのは一九一〇年であった。その後、新明正道『群集社会学』(一九二九)、大石兵太郎『群衆心理学』(一九三〇)、今井時郎『群衆社会学』(一九三七)などがつづき、また通俗的な説教のなかに群衆心理論を織り込んだものとして加藤咄堂(一九三三)などがある。

(19)速水(一九二三)、森田(一九二三)、三宅(一九二三)など、関東大震災時の心理を論じた論説の多くに群衆論が影を落とし、警察がまとめた報告にも影響をあたえている(警視庁、一九二五)。震災は土田杏村に『流言』(一九二四)の一冊を書かせた。みずからの雑誌『変態心理』で震災後に流言を特集した中村古峡は戦時期に『流言の解剖』(一九四二)をまとめるが、そこにも群衆心理のカテゴリーは枠組みとして作用している。

(20)カルチュラル・スタディーズの一部にみられる過剰な主体性の読み込み、あるいはメディア・リテラシー論の批判的解読への期待のなかでも、こうしたまなざしは受け継がれている。いまだあらわれていない可能態を丹念に解読する努力は正当に評価されるべきであるが、群衆や階級のような主体を自動的にかつ理念的に呼び出す図式にとどまれば、失敗をくりかえすことになる。

(21)同じような高い評価を、清水は別の角度から、次のような表現でも説いている。「完全に嘘であるにもかかわらず現実以上に真実であるような流言蜚語があるのである。優れた芸術が現実よりももっと現実的であるように、優れた流言蜚語というものがある」(清水、一九三七:四四)。

(22)本稿は二〇〇八年五月に脱稿したもので、ごく一部に語尾や語感の調整があるが、構成も論旨も変わっていない。事情で刊行が延びる間に、「(近刊)」のまま他者の論文に引用されたりもしたので、一言申し添えておく。

文　献

Allport, G.W. and Postman, L. J., 1947, *The Psychology of Rumor*, Holt Rinehart & Winston. ＝一九五二年、南博訳『デマの心理学』岩波書店。

別冊宝島編集部編、一九八九年、『うわさの本』別冊宝島92、ＪＩＣＣ出版局。

Cantril, H., 1940, *Invasion from Mars*, Prinston University Press ＝一九七一年、斎藤耕二・菊地章夫訳『火星からの侵入』川島書店。

藤竹暁、一九七四年、『パニック――流言蜚語と社会不安』日本経済新聞社。

速水滉、一九二三年、「流言蜚語の心理」『思想』、二五号：一七六―一八三。

日高六郎、一九五六年、「社会心理学的研究における二、三の問題点について」福武直編『日本社会学の課題』有斐閣：三七―四五→一九六〇年、『現代イデオロギー』勁草書房。

広井脩、一九八八年、『うわさと誤報の社会心理』日本放送出版協会。

池井望・仲村祥一編、一九九八年、『社会意識論を学ぶ人のために』世界思想社。

池内一、一九五一年、「太平洋戦争中の戦時流言」『社会学評論』二巻二号、日本社会学会：三〇―四二

――――、一九五七年、「流言」千輪浩編『社会心理学』誠信書房：一八九―二〇一。

稲葉三千男、一九五四年、「流言」日本応用心理学会編『社会心理』心理学講座10、中山書店：一八―三〇。

――――、一九五五年、「流言飛語」日高六郎編『現代社会とマスコミュニケーション』マスコミュニケーション講座5、河出書房：四一―五七。

伊藤陽一・小川浩一・榊博文、一九七四年、「あるデマの一生」『文芸春秋』、五二巻四号：一七八―一八八。

――――、一九七四年、「デマの研究――愛知県豊川信用金庫〝取り付け〟騒ぎの現地調査」『総合ジャーナリズム研究』一一巻三号：七〇―八〇、一一巻四号：一〇〇―一一一。

今井時郎、一九三七年、『群衆社会学』高陽書院。

加藤咄堂、一九三三年、『群衆と教化』新興出版社。

警視庁、一九二五年、『大正大震火災誌』警視庁。

木下富雄、一九五七年、「流言研究の歴史とアプローチ」『心理学評論』、一号：一三二―一五六。

――――、一九五九年、「流言」戸川行男ほか『大衆現象の心理』現代社会心理学4、中山書店：二〇八―二四五。

木村亨編、一九四九年、『デマの功罪』特集ジャーナル社。

粉川哲夫、一九八一年、「流言蜚語：捏造された〝気分〟をめぐって」『同時代批評』、三号、土曜美術社：一二〇―七。

国際社会科学協会編、一九四七年、『社会意識』社会科学講座第四巻、二見書房。

南博、一九四九年、『社会心理学』光文社。

――――、一九六二年、「流言飛語にあらわれた民衆の抵抗意識」『思想』、三〇巻四号、岩波書店：三三三―三四二
南博＋社会心理研究所、一九七六年、『くちコミュニケーション』誠信書房。

見田宗介編、一九七三年、『社会意識論』社会学講座12、東京大学出版会。

三宅雪嶺、一九二三年、「震災関係の心理現象」『思想』、二五号：一三三―一三九。

宮崎義一、一九七四年、「パニックの社会経済構造」『世界』、七月号：三五―七〇。

森田正馬、一九二三年、「流言蜚語の心理」『変態心理』、一一月二〇日号：二四二―二七二。

Morin, E., 1969, *La Remuer d'Orléan*, Éditon du Seuil ＝一九八〇年、杉山光信訳『オルレアンのうわさ――女性誘拐のうわさとその神話作用』みすず書房。

中野収、一九七五年、「噂とパニックにおけるコミュニケーション論」『マスコミ評論』、一巻一号：八二―八七、マスコミ評論社。

中村古峡、一九四二年、『流言の解剖』愛之事業社。

大石兵太郎、一九三〇年、『群衆心理学』巌松堂書店。

Rosnow, R. L. and Fine, G. A., 1976, *Rumor and Gossip : The Social Psychology of Hearsay*, Elsevier Scientific Publishing Company＝一九八二年、南博訳『うわさの心理学』岩波現代選書74、岩波書店。

Shibutani, T., 1966, *Inprovised News : A Sociological Study of Rumor*, Bobbs-Merrill.＝一九八五年、広井脩・橋元良明・後藤将之訳『流言と社会』東京創元社。

佐藤健二、一九九六年、「量的／質的方法の対立的理解について」『日本都市社会学会年報』、一四号、日本都市社会学会。

――、一九九五年、『流言蜚語――うわさ話を読み解く作法』有信堂高文社。

佐藤毅編、一九七一年、『社会心理学』有斐閣。

清水幾太郎、一九三七年、『流言蜚語』日本評論社
――、一九四七年、『流言蜚語』再版、岩波書店。

――、一九五一年、『社会心理学』岩波書店。

新明正道、一九二九年、『群集社会学』ロゴス書院。

高橋徹、一九五六年、「社会心理学」丸山眞男ほか『社会科学入門』みすず書房、二三九―二五四頁。

田中清助編、一九六五年、『社会意識論』講座現代社会学3、青木書店。

谷本富、一九〇八年、『群衆心理の新研究』六盟館。

土田杏村、一九二四年、『流言』小西書店。

終章　日本における社会学理論の展開
——グローバル化する二一世紀社会への課題

西原　和久

はじめに——本章の視角と問題の所在

これまでの章で明らかなように、日本社会学のいくつかの専攻分野における「戦後」の展開を論じてきた本書は、とくに次の三点に考察を集中させてきたことになる。すなわち、主に二〇世紀後半からの日本社会学の、

第一に、家族・親族（第1章）や農村・都市（第2、3章）への取り組み、

第二に、階級や階層そして企業のあり方（第4、5章）への取り組み、

第三に、教育や宗教そして社会意識を含む文化面（第6、7、8章）への取り組み、である。もちろん、こうした領域以外にも日本社会学の展開を論じる切り口はあるだろう。たとえば、逸脱研究、ジェンダー研究、社会運動研究などが即座に思いつく。しかしながら、本書が検討を加えてきた社会の諸相は、いわば社会組織の制度的・意識的な側面の核心にある代表的側面である。それらの研究は、ある意味では地味な研究領域ではあるが、少なくとも二〇世紀後半における日本社会の変化を象徴するものでもあった。まず、このことの意味を考えてみたい。

本書は、明らかに社会の「骨組み」に着目してきた。社会の骨組みといえば、すぐに政治・法・経済の制度面が思いつくが、社会学的視点から見れば、何よりも日常生活の場である社会文化面というもうひとつの重要な骨組みがある。このことを意識して、私たちの生活の場での、主に二〇世紀後半から現在に至る社会学の相争いつつ展開される歴史（「せめぎあうパラダイム」）を明示していくことが本書のねらいであった。とはいえ、実際のところ、事情はそれほど単純ではないし、より細部への社会学的検討がさらに求められることは間違いない。だが、そうした細部へのこだわりが逆に、より重要な・より大きな社会の変化を見過ごす場合もある。ここで考えてみたいのはこの点である。

近代日本社会が、明治維新後、富国強兵・殖産興業に邁進し、西洋列強に追いつき追い越せという路線を推進してきたことは明らかだ。日本において近代化とは、脱亜入欧に象徴されるように「欧米化」であった。それは一九四五年の敗戦後にも妥当する。だが、日本社会がただちに欧米化したわけではない。生活の一部が欧米化するにはそれなりの時間が必要だった。日常生活場面での洋装化、女性の社会進出、椅子とテーブルの食事風景などを考えてみればわかりやすい。政治の変化と社会の変化にはタイムラグがある。別の言い方をすれば、むしろ社会生活場面の変化によって、ようやく政治社会全体の変化が具現化すると言うこともできる。

このように「欧米化」といっても、制度上と実生活との変化にはズレがあるうえに、さらに「欧米化」は、日本のそれまでのあり方に合わせて受容されるケースも多々ある。身近な例を挙げれば、カーペットを畳の上に敷くこと、ベースボールを野球道として説くこと、こうしたことがすぐに思いつく。このこととの関連では、とりわけ「和魂洋才」という言葉がよく知られている。しかしこの種の発想は、日本だけではない。中国の近代化においては「中体西用」という語がしばしば用いられた。先進国に追いつくべく「近代化」を目指そうとする国や地域にとって、このような発想は少しも奇異ではない（現代中国でも社会学の本土化＝中国化が語られる）。

とはいえ、日本の近代化の場合、それまでの伝統的な社会の生活様式に対して、欧米的な政治・経済・法・教育などの国家制度の変革と整備が、「外からの圧力」のもとでの「上からの改革」の形で強力に推し進められた。いわゆるアジア太平洋戦争（十五年戦争）の終結後にＧＨＱによる諸改革がおこなわれた際も、同様である。明治維新と敗戦後の「外からの圧力」のもとで「上からの改革」が近代の日本の目立った変化の特徴だった。

しかしながら、終戦の一九四五年以後、ある時期には「下からの動き」が注目に値する場面もあった。それは、端的にいえば、「外からの圧力」を一定程度ばねにしつつ、「下からの改革（というよりも変革というべきだろう）」が進んだ時期であった。あるいは少なくとも、戦後日本にそのような変革の動きが日常生活者の側から顕在化した時期があったと言った方がよいかもしれない。それは、戦前の自由民権運動期や大正デモクラシー期をしのぐ、大きな変化だったと言えるかもしれない。

その大きな変化は、高度経済成長期とその後の経済大国化の時期に見られた。一九六〇年代から一九七〇年代にわたる時期である。経済の成長に伴う形で農村から都市へと人口移動がみられて都市化が問題となり、見合い結婚より恋愛結婚の比率が高まり、核家族化（そして小家族化も）が進行し、高学歴化も進展し、九割中流意識言説が定着する時期である。自由主義世界第二位の経済力という地位の獲得もあって、日本人論の隆盛も見られた。このような状況の中で、一九六〇年代を中心とする学生運動や、その後も続く公害反対運動や地域・住民運動の存在も際立つ特徴である。本書のこれまでの諸章でも、高度成長期および高度成長期後の社会変容が語られてきた。意識的、無意識的な日常生活者の動き（運動）が、国家や社会の骨組みをも組み替えていく。

だが、一九九〇年前後からは、もうひとつの新たな変化が見え始めていた。それもまた「外からの圧力」に由来するが、しかしその圧力は、後述するように今度は「社会」概念それ自体に再考を迫るような動きだと捉えることができる。そして、この点を示すことが本章の目的の一角を形成する。そこで、あらためて問題がどこにあるのかを示しておきたい。

筆者がここで問題にしたい最大の問題は、二〇世紀後半の日本社会に対応する日本社会学は、日本という国家の内部の「社会」を考察の中心に据えてきたのではないか、という点にある。これまでの日本社会学の関心の大部分は、「日本社会をどう捉えるか」にあったのではないか。しかし、一九六〇年ごろから次第に明確になり、さらに一九九〇年前後の東欧ソ連の激変＝東西冷戦の終結以降、はっきりと新しい動きが本格化する。すなわちそれは、この時期に世界のグローバル化が本格化し、日本自身もそれに対応せざるをえなくなったことである。国内の製造業自体が国外移転を余儀なくされる「産業の空洞化」が語られ始めたのは一九八〇年代である。それ以降、さまざまな領域でトランスナショナルな動きが見え始める。人びとの多様な交流が国境を越え始める。それゆえ、「社会」を国家の中だけに閉じ込めて考察する思考は限界を示し始めている。たとえば、現在は行政用語にもなっている「多文化共生」。それは来日する外国人を日本社会に「同化」させることではないはずだ(1)。共生のあり方や条件を問う必要性がある。今後見込まれる日本の労働力人口の減少だけでなく、世界からの（市場開放を核とする）「開国」の圧力に、日本社会がこれまでの「国家内社会」レベルだけで思索を重ねるのはもはや無理である。グローバルないしはトランスナショナルな思考が求められるゆえんである。

では、ここに至るまで、日本社会学は世界とどう向き合ってきたのか。とくにここでは社会学理論の展開に焦点を当てつつ、これからの日本の社会学と世界の社会学との関係を考えるための基礎作業をおこなっておきたい。

1 戦前の日本社会と日本社会学

今日たしかに、日本は「美しい国」だと外国人観光客から言われる。それは欧米系の旅行者のみならず、増大する中国系観光客からもしばしば聞かれる言葉である。しかしもう反面の重要な現代日本の特徴も忘れられてはならない。つまり、日本は「閉ざされた国」だという面である。在留外国人や留学生の数に関して、現代日本は先進国の中で低い割合であることが知られている。外国人労働者に関しても、原則として単純労働者を認めないなど、鎖国とはいえないまでも厳しい入国管理が続いている。「第三の開国」が求められるゆえんである。江戸期の鎖国政策が長らく続いたのちの近代の入り口で一八五九年になって、ようやく横浜を含む港の外国への開放によって実質的に日本は開国に踏み切った。そして、一八六八年、維新後の日本が新たな近代という時代に入ることによって、欧米の社会文化が急速に入りこんでくる。日本の社会学もそうした流れの中でスタートを切ったのである。

そこで、戦前期の社会学理論の流れを簡潔に追っておこう(2)。まずH・スペンサーの社会学が、ついでA・コントの社会学が、一八八〇年代を前後して日本のアカデミズムの場に導入される。スペンサーの社会学は、一方でその進化論的・弱肉強食的な側面によって日本政府に部分的に支持されると同時に、他方でその革新的・民主的な側面によって反政府的な自由民権運動家によっても注目されていた。その後に本格的に導入されたコント社会学に関して言えば、彼の社会有機体は、当時の帝大の指導的な社会学者によって国家の頂点に天皇がいる形の「国家有機体」と読みかえられていたことに象徴されるように、一九世紀後半から二〇世紀初頭の導入後間もない社会学は、時代の思潮と密接にかかわっていたと言えよう(西原、二〇〇六)。

その後、マックス・ヴェーバーの社会科学方法論(「価値判断排除」)に注意が向けられるようになり、一九二〇年代にはG・ジンメルの形式社会学も社会学の性格をめぐって論じられるようになっていった。社会関係への着目でもある。高田保馬の『社会関係論』の出版は一九二六年のことであった。だが、社会学が価値中立的で社会関係の「形式」だけを扱うような傾向に対しては、それに対抗する形で、一九三〇年代には「内容」を伴った文化社会学が注目されるようになる。だがそれもやがて、「日本の文化社会学」が「日本文化の社会学」へと変質していく(河村、一九七三、一九七五)。戦前の日本社会学のもつナショナリスティックな見解が、帝国日本のアジア・太平洋エリアへの侵略と、結果的にせよ関係していたことは間違いないだろう。

とはいえ、このような歴史状況において、経験的・統計的な社会調査に基づく実証的社会学の立場もまた、一九三〇年代に導入され始めていた(戸田、一九三三)。加えて、もうひとつの日本の論壇状況に社会学も関係していた。すなわち、日本社会学は、一九二〇年代後半—三〇年代にかけてもうひとつの転換点を見出す。その象徴的な立ち位置は、いわゆる「日本資本主義論争」（庄司、一九七五、参照）において一部の社会学者がとった立場である。日本は絶対主義の天皇制をいだくいまだ半封建的社会であるとし、ブルジョワ民主主義革命をへて社会主義革命を押し進める「二段階革命」論を説く講座派と、現下の課題は天皇制と地主的土地所有をただちに変革する「社会主義革命」であるとする労農派との対立において、社会学者の一部は独自のいわば第三の道を歩むことになる。それは、「原理論」でも「段階論」でもなく、大部分の人口を占める農村を中心とする日本社会の実証的な「現状分析」を徹底して押し進める道であった。そして、こうした農村研究・村落研究は、地域研究として同時にその対比項である都市研究への着目も導くことになった。本章では、こうした戦前の動向にこれ以上立ち入るつもりはないが、本書の第2章で論じられた日本農村社会学の戦後とともに、戦後日本社会学の動向を見定めるためには、触れておかざるをえない傾向であった。

かくして戦前日本の社会学においても、いくつかの「せめぎあうパラダイム」が出始めていたのであった。マクロな社会有機体的社会学理論 vs ミクロな社会関係的社会学理論、価値判断問題、形式社会学と文化社会学、理念的哲学的研究と経験的実証的研究、そして第三の道……。

ちなみに、今日ほとんどの社会学研究者が属している日本社会学会は、一九二四年に始動し始めた。戦前にはその機関誌として、『社会学雑誌』（一九二四年—一九三〇年）が七七号、『季刊社会学』（一九三一年—一九三二年）が四号、そして『年報社会学』（一九三三年—一九四三年）が九号、刊行された。戦後は『社会学研究』（一九四七―四八）が四号のみ刊行された後、『社会学評論』が一九五〇年に創刊され、現在も二五〇号を超えて継続して刊行されている。この『社会学評論』は、原則として年に一巻・四号の季刊で、二〇〇〇年三月の刊行をもって五十巻・合計二〇〇号を超えた（ただし若干の合併号がある）。二〇世紀の後半は、日本の社会学にとっては大きな「発展期」であった。しかしそれは、いかなる「発展」であったのか。

2 戦後の日本社会と日本社会学(3)

ここでまず、二〇世紀後半の日本の社会と社会学を見る際のひとつの視角として、敗戦後ほどなくして高田保馬が著した『世界社会論』（一九四七年）の刺激的ないくつかの言葉に着目してみたい(4)。戦前社会学の中心的存在の一人・高田が、戦後のこのスタート時点で何を語ったか。高田はこの著作の序文（高田、一九四七：自序二）で、「過去十年あまり、日本にはヘーゲル国家論の影響があまりに強きに過ぎた」と述べる。そして、「世界の結合が忘れられ、ことに世界国家の形成を永久に亘りて否定するが如き主張が学問の名において行われた」と高田は付け加えた。高田にとって、「世界社会というのは各国家または各民族に限られることなく、世界の各地域の人びとをすべて成員として包括する社会である」（同書：本論一）。

これらの高田の言説は、さまざまな解釈が可能であるが、ここではヘーゲルの家族―市民社会―国家の弁証法が、しかも弁証法的に止揚された完成態としての国家観が批判的に想定されていると思われる。おそらく高田は、これまでの社会学が国家内の社会だけを念頭に置いて考えてきたことを批判し、そして彼は、いまや「世界社会」を語るときであるという時代認識をこの時点ではもっていたのではないだろうか。「世界社会すなわち世界としての社会は同時に人類としての社会である。……世界社会によりて対立的に予想され否定せられているものは、相対立する狭き地域団体、事実においては一々の国家であろう」とも高田は述べていた(高田 一九四七：八)(5)。

しかし残念ながら、高田のこの「提言」は、二〇世紀後半の日本社会学においては十分に顧みられなかった。もちろんそれにはそれなりの理由があろう。終戦後、日本はその再建に力を注がなければならず、また「もはや戦後は終わった」(一九五六年度『経済白書』)と語られ始めた時期からは、経済の高度成長に向けてひた走り始めた時期であり、一九七〇年代の「外からの」二度にわたるオイルショックも乗り切っていったのである。この成長期に必要とされた労働力は、一九六〇年代には農村から都市への労働力の移動で事足りた。また一九七〇年代後半になってからも、たとえば復帰後の沖縄などからも労働力が移動したし、また大企業を中心にオートメーション化の推進などで乗り切ってきた。

しかしながら、一九八〇年代には、国内での労働力需要にはっきりと陰りが見え始め、また日本経済が諸外国の経済発展と拮抗するようになってくると、国内での製造業は立ち行かなくなり、一部で外国に活路を見出す傾向もはっきりと顕在化してきた。そして一部業種では、国内において外国人労働力の確保を模索するようになってきた。

そうした事態をふまえて、一九九〇年に改定入管法が施行されたのである。それ以降、日系南米人の急増、そして研修生・技能実習生という名の（中国人をはじめとする）「労働者」の増加を含めた、いわゆる出稼ぎ労働者の増大が現実のものとなった。それまでの日本では、ハワイや北米、そして南米などむしろ出移民（emigration）が語られてきたが、いよいよ入移民（immigration）が問われ始めたわけだ。そして当然、そうした外国人にわれわれ日本人はいかに対処するべきかが大きな課題となったのである。前述の「多文化共生」という言葉がそれを象徴する言葉であったことは言うまでもない。

では、こうした戦後日本の流れの中で、暫定的に敗戦後から現在までを一五年刻みで区切っておきたい。もちろん、筆者がすでに何回か示したことがあるが、この区切りは経済と政治を中心にみた暫定的なものにすぎない。だが、以下での論述のために、ひとつの指標とはなりうると考えている。それは、おおよそのところ、

第一期（一九四五年夏―一九六〇年頃）：戦後復興期＝改革と民主化と近代化の段階、
第二期（一九六〇年頃―一九七五年頃）：経済成長期＝高度経済成長と都市化の段階、
第三期（一九七五年頃―一九九〇年頃）：経済大国期＝低成長期と消費社会化の段階、
第四期（一九九〇年頃―二〇〇五年頃）：平成不況期＝国際社会化と情報社会化の段階、

である。ただし、二〇〇五年頃からは、中国の著しい経済発展と日本の少子高齢化＝人口減少社会への突入とが重なり、新たな段階（第五期）に入りつつあると判断できる。それは、明治維新後、敗戦後に続く「第三の開国」が語られ始めていることからも推測できる本格的なグローバル化の段階である。

さて、二〇世紀後半の日本の社会学理論の動向を理解するために、私たちは日本の社会学研究者の主要研究領域のデータの変化を見ることができる。**表1**を参照願いたい(6)。それは日本の社会学研究者のほとんどが属していると思われる社会学会会員の専攻分野別割合（本人の申告データ）を、一九六〇年頃まで、一九八〇年直前、二〇〇〇年前後（そして現在）といった具合に、ほぼ二〇年ごとに追ったものである。この間に、（会員にとっては選択肢である）専攻分野の区分も変わり、そして太字にしてあるように、農村関連の研究者の減少、情報関連の研究者の増大、環境や差別問題などの新たな専攻分野の登場などにもすぐに気づくであろう。

さらに**表2**は『社会学評論』の特集題目リストであり(7)、**表3**は同じく『社会学評論』掲載の論文のタイトルに名前の挙がった社会学者名を一〇年刻みでカウントしたものである(8)。これらの簡単なリストも活用して、戦後の日本社会学と社会学理論の動向の一端を垣間見たい。

そこで、以上の表をさらに補足する意味も込めて、この間の動向を時期ごとに追ってみたい(9)。

第一期に当たる時期には、一九五〇年刊行開始の『社会学評論』の、その創刊号で「日本社会の非近代性」と題された特集が組まれた。それは当時の社会学の課題意識がどこにあったかを示す象徴的なものである。それは単に探求されるべき課題としての「日本社会の非近代性」というだけでなく、方法の点においても一定の特徴を伴っていた。それは明らかに、戦前の家族・農村研究などを引き継ぐ実証的な精神・方法を強調するものであったが、同時にアメリカの社会調査をベースとする実証主義的な社会学の展開のスタートでもあった。とくにこうした方向は、特集ではないが、一九五一年の『社会学評論』第四号における「誌上討論・社会学に対する私の立場」で示されている。そこでは、法則性を追求する理論社会学者・高田保馬を媒介点にしながら、戦前からドイツ社会学学説研究を推し進めてきた理論家・新明正道に対して、尾高邦雄は(そしてこの企画者の一人とされる福武直も)、実証的な社会学研究の重要性を強く主張していくことになる[10]。じじつ尾高は、この討論の最後を締めくくる形で、新明や高田の学問観を指示しながら、「遺憾なことには、わが国の社会学は、従来このような学問それ自体の性質に関する『学説』の主張者によってあまりにも多く代表されてきたように思われる」とし、「実態の趨勢は、かかる『不生産的』理論闘争をおきざりにして先へ進むであろう」と総括している(『社会学評論』第四号、一〇四頁、ただし旧仮名遣いは新仮名遣いにあらためた)。加えて、敗戦後再出発時の日本社会学は、たとえば『評論』第二号ではアメリカ社会学の紹介記事が五つも載るなど、アメリカ社会学の実証的方法の導入が強く意識されている。つまりドイツやフランス出自の理念的・社会哲学的な社会学から、アメリカ出自の実証的・社会統計学的な社会学への傾斜である。

第二期の社会学理論の特徴は、二つある。一つは表2に見られるように、特集において、「日本」

表1　専攻分野別割合

専攻分野	(4)2006		(5)2015
01: 社会哲学・社会思想・社会学史	*14,5	**5,3	*13,7
02: 一般理論	14.0	5,1	12,3
03: 社会変動論	4,9	1,8	3,9
04: 社会集団・組織論	7,7	2,8	6,4
05: 階級・階層・社会移動	6,7	2,5	7,6
06: 家族	15,1	5,6	14,7
07: 農山漁村・地域社会	12,9	4,7	13,6
08: 都市	10,1	3,7	9,6
09: 生活構造	5,7	2,1	2,7
10: 政治・国際関係	6,3	2,3	6,0
11: 社会運動・集合行動	6,2	2,3	6,8
12: 経営・産業・労働	10,0	3,7	9,5
13: 人口	1.5	0,6	1,8
14: 教育	10,3	3,8	11,4
15: 文化・宗教・道徳	14,7	5,4	17,0
16: 社会心理・社会意識	12,3	4,5	11,9
17: コミュニケーション・情報・シンボル	15,8	5,8	16,7
18: 社会病理・社会問題	9,7	3,6	9,5
19: 社会福祉・社会保障・医療	17,3	6,3	17,7
20: 計画・開発	2,7	1,0	2,3
21: 社会学研究法・調査法・測定法	7,1	2,6	8,8
22: 経済	2,5	0,9	2,0
23: 社会史・民俗・生活史	10,9	4,0	11,9
24: 法律	1,5	0,6	1,8
25: 民族問題・ナショナリズム	8,0	2,9	10,7
26: 比較社会・地域研究(エリアスタディーズ)	12,9	4,7	14,2
27: 差別問題	5,4	2,0	5,7
28: 性・世代	10,7	3,9	11,5
29: 知識・科学	3,8	1,4	4,8
30: 余暇・スポーツ	2,9	1,1	3,5
31: 環境	5,2	1,9	5,6
32: その他	2,9	1,1	4,4
回答者数	3354		3657

表１（続き）　日本社会学会会員の専攻分野別割合

専攻分野	(1) 1946-1960		(2) 1978	
01: 社会哲学・社会思想・社会学史	*15.1	**6.3	*15.5	**5.9
02: 一般理論	12.9	5.4	16.6	6.4
03: 社会変動論	6.8	2.9	7.0	2.7
04: 社会集団・組織論	11.5	4.8	12.1	4.7
05: 階級・階層・社会移動	7.9	3.3	9.4	3.6
06: 家族	18.4	7.6	19.5	7.5
07: 農林山村漁村・地域社会	28.5	11.9	24.9	9.6
08: 都市	13.4	5.6	12.1	4.7
09: 国際関係論・地域研究	7.1	3.0	5.0	1.9
10: 政治	8.2	3.4	5.6	2.2
11: 社会運動・運動論	4.1	3.4	4.1	1.6
12: 経営・産業・労働	12.9	5.4	14.0	5.4
13: 人口	3.0	1.3	2.8	1.1
14: 教育	12.1	5.0	12.9	5.0
15: 文化・宗教	13.7	5.7	13.8	5.3
16: 社会心理・社会意識	13.7	5.7	14.9	5.7
17: コミュニケーション・情報・シンボル	6.6	2.7	6.6	2.7
18: 社会病理・社会問題	16.7	7.0	16.1	6.2
19: 医療・社会福祉	12.9	5.4	16.5	6.4
20: 計画・開発	6.3	2.6	5.0	1.9
21: 調査法・測定法	5.5	2.3	4.6	1.8
22: 経済	1.1	0.5	2.6	1.0
23: 社会史	0.5	0.2	2.5	1.0
24: 法律	0.5	0.2	1.9	0.7
25: 民族・民俗	0.5	0.2	5.4	2.1
26: 余暇・スポーツ	0.5	0.1	2.3	0.9
27: その他	-	-	4.3	1.7
回答者数	365(877)		1339(3480)	

・(1)のデータは、福武（1974: 270）　（　）は専攻分野別回答数
・(2)(3)は、西原・杉本（2001: 9）　* は対回答者百分比
・(4)のデータは今回調べたもの。　** は対回答数百分比
・(5)は対回答者百分比で、データは日本社会学会ホームページの会員専用サイトに基づく（2015 年 6 月 15 日閲覧）
・会員が自己申告した 3 つ以内の専門分野

専攻分野	(3) 1998	
01: 社会哲学・社会思想・社会学史	*15.8	**5.8
02: 一般理論	16.4	6.1
03: 社会変動論	5.7	2.1
04: 社会集団・組織論	7.2	2.6
05: 階級・階層・社会移動	6.9	2.5
06: 家族	16.1	5.9
07: 農山漁村・地域社会	**13.0**	**4.8**
08: 都市	9.5	3.5
09: 生活構造	4.2	1.5
10: 政治・国際関係	6.4	2.4
11: 社会運動・集合行動	5.3	1.9
12: 経営・産業・労働	11.7	4.3
13: 人口	1.6	0.6
14: 教育	10.9	4.0
15: 文化・宗教・道徳	14.6	5.4
16: 社会心理・社会意識	13.8	5.1
17: コミュニケーション・情報・シンボル	**16.3**	**6.0**
18: 社会病理・社会問題	10.5	3.9
19: 社会福祉・社会保障・医療	15.2	5.6
20: 計画・開発	3.5	1.3
21: 社会学研究法・調査法・測定法	5.9	2.2
22: 経済	2.7	1.0
23: 社会史・民俗・生活史	11.1	4.1
24: 法律	1.7	0.6
25: 民族問題・ナショナリズム	6.4	2.4
26: 比較社会・地域研究（エリアスタディーズ）	12.3	4.5
27: 差別問題	4.3	1.6
28: 性・世代	9.3	3.4
29: 知識・科学	3.9	1.5
30: 余暇・スポーツ	2.4	0.9
31: 環境	4.4	1.6
32: その他	1.9	0.7
回答者数	2901 (7859)	

35巻3号	1984	■特集：高度情報社会
36巻1号	1985	■特集：社会事象の計測・観察・解釈
36巻2号	1985	■特集：新明理論の展開
37巻1号	1986	■特集：日常経験と理論
38巻2号	1987	■特集：戦後の日本社会学
38巻4号	1988	■特集：現段階における日本社会の特質
39巻3号	1988	■特集：女性と現代
40巻2号	1989	■特集：現代社会へのコミュニケーション論的アプローチ
40巻4号	1990	■特集：蔵内理論／清水理論の諸相
44巻3号	1993	■特集：マクロ社会学理論の展開
44巻4号	1994	■特集：情報化社会の中のエスニシティ
45巻4号	1995	■特集：現代社会と環境問題―環境社会学の視点―
47巻1号	1996	■特集：戦後50年と日本社会学
48巻4号	1998	■特集：21世紀の社会学に向けて
49巻3号	1998	■特集：福祉国家と福祉社会
50巻2号	1999	■特集：階級・階層の現代像
50巻4号	2000	■特集：21世紀への社会学的創造力－新しい共同性と公共性
51巻4号	2001	■特集：21世紀の社会学へ－視点と構想－
52巻4号	2002	■特集：ミクロ・マクロ問題への挑戦
52巻4号	2003	■特集：社会調査－その困難をこえて－
54巻4号	2004	■特集：「個人化」と社会変容
55巻3号	2004	■特集：差異／差別／起源／装置
56巻1号	2005	■特集：還暦を迎える日本社会学
56巻2号	2005	■特集：グローバル化と現代社会
56巻3号	2005	■特集：テキストに映し出される社会学の知
57巻1号	2006	■特集：理論形成はいかにして可能か
57巻2号	2006	■特集：社会運動の今日的可能性
57巻4号	2007	■特集：社会理論の復権－グローバル化時代における社会理論の課題
59巻1号	2008	■特集：現代社会論の現在
59巻4号	2009	■特集：階層論の拡大する可能性
60巻1号	2009	■特集：「見る」ことと「聞く」ことと「調べる」こと
60巻3号	2009	■特集：グローバル化論・再考
60巻4号	2010	■特集：記憶と場所―近代的時間・空間の変容―
61巻3号	2010	■特集：周辺への／周辺からの社会学
61巻4号	2011	■特集：「心理学化」社会における社会と心理
62巻3号	2011	■特集：複合社会調査データ分析の新展開
62巻4号	2012	■特集：都市社会学の新たなパラダイムのために
63巻2号	2012	■公募特集：社会学理論とフィールドの互酬性
63巻4号	2013	■公募特集：ポピュラーカルチャーの社会学
64巻3号	2013	■特集：東日本大震災・福島第一原発を読み解く―3年目のフィールドから

表2 『社会学評論』通巻の特集題目（小特集等を含む）リスト

1巻1号	1950	■特集：日本社会の非近代性
1巻2号	1950	■特集：教育社会学
1巻3号	1950	■特集：社会学とその周辺
1巻4号	1951	■特集：日本村落問題の焦点
2巻1号	1951	■特集：政党の諸相
2巻2号	1951	■特集：マス・コミュニケイション
2巻3号	1952	■特集：産業と人間関係
2巻4号	1952	■特集：ソ連の社会
10巻3・4号	1960	■特集1：社会変動
10巻3・4号	1960	■特集2：社会学の応用
11巻3・4号	1961	■小特集：農民の社会意識
12巻1号	1961	■特集：日本の経営
12巻2号	1962	■特集：同族とその変化
13巻1号	1962	■特集：社会運動
13巻3号	1962	■特集：都市化の理論
14巻1号	1963	■特集：社会学は社会的要請にどう応えるか
14巻3号	1964	■特集：日本における政治の社会的基底
15巻2号	1964	■特集：社会学の方法
16巻2号	1965	■特集：現代社会学におけるＭ・ウェーバーの意義
17巻2号	1966	■特集：戦後日本社会学の総括と展望
18巻2号	1967	■特集：現代社会と社会福祉の課題
20巻2号	1969	■特集：機能主義は社会変動を処理しうるか
21巻2号	1970	■特集：現代日本の都市問題と都市社会学研究の検討
22巻2号	1971	■小特集：青年問題
23巻2号	1972	■特集：高田社会学をめぐって
24巻2号	1973	■特集：アジア社会の近代化
25巻2号	1974	■特集：家族と現代社会
25巻4号	1975	■特集：日本社会学の現代的課題
26巻3号	1976	■小特集：保健・医療社会学
27巻2号	1976	■特集：生活環境破壊
28巻2号	1977	■小特集：戦前の日本社会学
29巻1号	1978	■小特集：日本社会学の展開
29巻2号	1978	■小特集1：社会的相互作用論の再検討
29巻2号	1978	■小特集2：「社会的なもの」の論理
32巻1号	1981	■小特集：社会学と社会調査
32巻3号	1981	■小特集：現実構成の社会学
33巻1号	1982	■小特集：アジアにおける社会発展の比較
33巻2号	1982	■小特集：現代マルクス主義と階級論
34巻2号	1983	■特集：日本社会の現状分析
35巻1号	1984	■特集：パーソンズ以後

という語の使用が目立つ時期だということ(念のため表2では「日本」を四角で囲ってある)。もう一つは、表3から見てとれるように、ヴェーバーやデュルケムと並んで、パーソンズの名前を冠する『社会学評論』掲載論文が目立つ点である。すでに一九五〇年代後半から目立ちだしていたパーソンズ社会学に対しては、だがまもなく、パーソンズ機能主義を批判する立場の社会学、とりわけ(この点も表3からその傾向がみられるように)マルクス主義系の社会学が注目されるようになり、それもこの時期の特徴となっている[11]。そして、この二つの潮流の拮抗状態が、一九七〇年代の『講座社会学』の(機能主義系の)第一巻『理論社会学』(青井編、一九七四)と(マルクス主義系を含む)第二巻『社会学理論』(濱島編、一九七五)の差異として現れたことは象徴的であろう。

しかしながら、第三期になると、こうした「せめぎあうパラダイム」にさらに「意味の社会学」系の諸潮流が(パーソンズ系の「機能の社会学」と対立しつつ)台頭して加わり、いわば三

表3 『社会学評論』掲載の投稿論文の題目に表れた社会学者の名前トップ10

	計	1950s	1960s	1970s	1980s	1990s	00-09
1. ヴェーバー	32	3	8	9	7	5	0
2. デュルケム	23	3	5	3	4	8	0
3. パーソンズ	19	5	4	3	4	2	1
4. シュッツ	13	0	0	0	8	3	2
5. マルクス	9	0	2	5	2	0	0
6. ハーバーマス	8	0	0	0	5	2	1
6. ルーマン	8	0	0	0	5	3	0
6. ミード	8	1	0	2	2	3	0
9. ジンメル	6	1	1	0	1	2	1
10. フーコー	4	0	0	0	2	1	1
計	130	13	20	22	40	29	6

つ巴の状況が社会学理論界に生まれる。とはいえ、機能系の社会学、マルクス系の社会学、意味系の社会学が出揃った段階で、アカデミズムの世界では、対立から統合へという傾向が出てきたことも事実である。具体的にはこの時期、欧米では、これらにさらに構造主義的思潮も加わり、それらの統合が模索され始めることになる。日本の社会学界に限っていえば、一九八〇年代の後半になって機能系社会学、マルクス系社会学、意味系社会学などが統合された社会学理論、たとえばJ・ハーバーマス（批判理論＋システム＋生活世界からなるコミュニケイション的行為理論）、P・ブルデュー（構造と実践、そしてハビトゥスなどからなる発生的構造主義）、A・ギデンズ（相互行為と構造における構造化する構造／構造化される構造からなる構造化理論）、N・ルーマン（社会学の基礎概念としての意味とシステム論の統合）といった「統合的社会学理論」が導入され始めたのである（西原、一九九四）。

そして第四期は、このような状況にさらにポストモダン（ないしポスト構造主義）の言説および構築主義系の社会学理論などが加わり――かつフランクフルト学派系を除くマルクス主義系社会学の凋落を同時に経験しながら――現代社会学理論の今日的状況[12]が生じ始めきたのである（西原一九九八、二〇〇三）。この点は、さらに別の重要な要素が日本の「外から」もたらされた歴史的時期でもあるので、いったん戦後日本社会学理論の略史はここまでとしておこう。というのも、こうした社会学理論史の展開とは少しかけ離れたところで、前述のように、日本社会に「グローバル化」の波が押し寄せてきたからである。しかもそれは、二一世紀に入ると誰の目にも明らかな形で、したがって社会学もそれに対応せざるをえない形で、切実な問いを発するものであった。つまり、日本社会学はこれまで経験したことのない新しい重大な問題に直面することになるわけである。そこで、次節でこの間の経緯をもう少し詳細に述べてみたい。

3　現代日本の社会学理論の主要論題――いま何が問われているのか

ここからは、あらためて第四期（とそれ以降）の現代日本社会学における社会学理論の動向を見ていくことになる。その際には、影響力のあったいくつかの出版プロジェクトを見ながら、論じていくことにしたい。第四期の社会学全体に特徴的なことのひとつは、複数の「講座もの」が出現したことだろう。岩波書店の『岩波講座 現代社会学』（全二六巻＋別巻）、および東京大学出版会の『社会学講座』（全一六巻）などである[13]。そこでは、前者の場合に『民族・国家・エスニシティ』という巻が、後者の場合は『国際社会』という巻が組み込まれたことは特筆すべきことである（後述参照）。しかしここでは、社会学理論自体に着目してみよう。前者の『岩波講座 現代社会学』は「別巻」として、『現代社会学の理論と方法』（一九九七年）を論じている。とくにそこでは、序論とまとめ的な論考を除くと、「システム理論」「マルクス」「権力（フーコー）」「意味の社会学」「合理的選択理論」「批判理論」「ルーマン」「ブルデュー」「ギデンズ」「新機能主義」の一〇の理論的テーマが論じられている[14]。

さらに、二一世紀の〇〇年代には、理論学説の概説書がもうひとつ刊行されている。それは、コンパクトな新書版の社会学史『社会学のあゆみ』(一九七九年に刊行、後に「パートI」と位置づけられた)と、その続巻であり、機能系社会学や意味系社会学(の対立)にも着目してバランスよく簡潔に理論的傾向を捉えた著作の『社会学のあゆみパートII――新しい社会学の展開』(一九八四年)を受けて刊行された『新しい社会学のあゆみ』(二〇〇六年)[15]である。この著作は、編者によるこれまでの社会学理論の動向(とくに機能主義とシンボリック相互作用論を中心とした動向)のフォローを経て、全一〇章からなる論考によって構成されている。その一〇章とは、(1)現象学的社会学、(2)エスノメソドロジー、(3)ブルデューの社会学、(4)フーコーの社会学、(5)ルーマンの社会システム論、(6)ハーバーマスの批判理論、(7)ギデンズの社会学、(8)社会的ネットワーク論、(9)合理的選択理論、(10)ウォーラースティンの世界システム論、であった。そこで目につくのは、ウォーラースティンの世界システム論の章であろう。それは、グローバル化に対応する社会学理論の先駆として、ウォーラースティンが取り上げられたことである。これもまた、社会学理論を論じていく際に、もはやグローバル化が避けて通れない論題となりつつあることを示唆しているのではないだろうか。

他方、『社会学評論』(の編集委員会)は、二〇〇四年から二〇〇七年にわたり、日本の社会学理論の活性化のために積極的に複数の特集を組んだ(表2参照)。その主なものは、社会構築主義の観点からの「差異/差別/起源/装置」を皮切りに、「グローバル化と現代社会」、「理論形成はいかにして可能か」、「社会理論の復権――グローバル化時代における社会学理論の課題」といった特集であった（その後も「現代社会論の現在」「グローバル化論・再考」といった特集が組まれたことも付け加えておきたい）。

このように、一九九〇年代後半から二一世紀に入って明確に「理論」への再着目と同時に、「グローバル化」という概念・視点が日本の社会学的思考の中心に躍り出てきた。おそらくそれは、一九八〇年代までに、ポスト構造主義や構築主義も含めた「社会学のせめぎあうパラダイム」が統合的に論じられながらも、そうした統合的社会学理論だけではもはや対応しきれない新たな事態が出現しつつあるからであろう。換言すれば、日本社会を実証的・中範囲理論的な枠の中で捉えようとしても、そこから漏れ出てしまうような問いが現実に社会学に突きつけられていると言えるのではないだろうか。それは、二つの側面で言えるように思われる。一つは、基層的・日常的な生活世界レベルでの確実な変容であり、もう一つはそうした変容する時代をどう捉え、どういう方向を目指すべきなのかといったグローバル化した世界を理念的・規範的に問う側面である。

戦前そして戦後の第一期の多くの社会学者が関心をもっていた日本農村研究を含む伝統的でローカルな地域を対象とする社会学は徐々に衰退し、グローバル化、環境、ジェンダー、情報化、高齢化といった領域が新たに出現し注目を集める研究主題となってきた（表1および表2参照）。そこで次節では、とくにグローバル化に焦点を当てて、日本社会学の現在および未来を論じてみたい。

4 日本社会学の現在から未来へ——トランスナショナル/グローバルな社会学は可能か

残念ながら、日本社会学において、現代のグローバル化の諸問題への社会学的な対応はこれまで十分に展開されているとは思われない。「国際社会学」と称される領域の先駆的な著作は一九八〇年代には複数刊行されていたが[16]、必ずしも社会学において注目されてはいなかったように思われる。ようやく一九九〇年代に入って、日本社会学の指導的な立場にある研究者によって『国際社会学』と銘打たれた編著が刊行された(梶田編、一九九二、なおこの著作は一九九八年に改訂版が、二〇〇五年には新版が刊行された)。しかもこの著作の英文名は、'International sociology'ではなく、的確にも'Transnational/Global Sociology'とされていた[17]。

このことは、二〇世紀の戦後日本社会学がそれまで国内の諸問題に焦点を当ててきた(あるいは日本社会との比較という観点から、せいぜい部分的に国外の「社会」の諸問題に関心を寄せてきた)ことを意味する。社会それ自身の内包も外延も近代国民国家という枠内に閉じ込められてきたのである。だがいまや、筆者自身の言葉を用いれば、「国家内社会」という「ナショナルな枠」内にある社会概念を超えて、近代国民国家を超える「脱国家的」な思考=トランスナショナルな社会のあり方の考察に向けて歩み出す時がきているのではないだろうか。前述のように敗戦後すぐに高田が、日本社会学は家族—市民社会—国家という発想であまりにもヘーゲルの影響のもとにありすぎたのであって、これまでの社会学が国家内の社会だけを念頭に置いて考えてきた時代は終わり、いまや世界社会を語る時である、と示唆した日本社会学の現状が、半世紀を経て日本社会の変化とともに、ようやく新しい段階に入り始めてきたことになる。それは、冷戦の終結、ＥＵの成立とそこでの通貨統合、中国の世界経済への参入、情報社会化の進展といったトランスナショナル／グローバルな局面に直面する「閉ざされた国」日本において、日系南米人やアジアの労働者さらには医療介護の方面での外国人の参入、あるいは国際結婚（とくにアジア間での国際結婚）や留学生の増大といった、少しずつではあるがこれまでとは異なった状況が生まれ始めている現状があるということだ。具体的な一例としては、今日、日本の小さな農村にも中国人、フィリピン人、インドネシア人などの農業労働者が（研修生および技能実習生という形にせよ）来ている例を挙げることができる。

こうした外国人労働者などの例は何を意味するのか。「時給三〇〇円の労働者」などとして問題視され、殺人事件を含めてさまざまな問題をも引き起こしている外国人労働者のこの現状に対して、つまり日本社会が敗戦後初めて本格的に直面する事態に対して、私たちはどう考え、そして実際にどう対応すべきなのか。前述した、「同化」の強制ではない「多文化共生」は可能なのであろうか。そして何よりもここでは、そのために社会学理論としてまず何をすべきなのであろうか。もちろん、現状把握が急務であることは間違いない。しかし理論としては、単に現状把握だけではなく、いかなる社会を理念的・理論的に構想しうるのかが問われているのではないだろうか。それが、上述の（最近の）日本社会学会の編集委員会の理論関連の「特集」に向けた問いでもあったはずだ。つまりここからは、人と人との「交流」のあり方の再検討、もっと言えば、変化する「社会」概念とともに、「国家」「市民」「市民社会」「相互行為」といった「社会的なもの」が理論的にも再検討されるべき時にきている、という認識がいま求められているのである。

二一世紀の〇〇年代最後の『社会学評論』の特集は、「グローバル化論・再考」であった。日本社会学がU・ベックやZ・バウマンといった先行の西洋の社会学的知見を参照するのは当然のことではあるが、同時にそれが世界の、そしてとりわけアジアや環太平洋の社会学者（およびNGO／INGO）との（フォーマル／インフォーマルな）社会的交流と結びついていかなければ、日本の現実像も未来像も捉え損ねるだろう。とくに、そうしたアジア（とりわけ東アジア）の社会学者とともに進むことはまた、「アジア太平洋戦争」といった悲惨な歴史とかかわった日本社会学（松井、二〇〇四）が果たしうる過去および現在のアジアのグローバル化に対する、ひとつの対応可能性＝責任（responsibility）であると思われる(Nishihara, 2010)。

おわりに――日本社会学の「国際化」という課題

最後に、結びに代える形で、日本社会学会が今日掲げている課題について言及しておきたい。人びとのトランスナショナルな移動・移民、人権問題・環境問題・格差問題、そして情報社会化の問題や平和問題(18)などを含む現代社会研究は、国家の枠内で解決できるものではない。たとえば、上述のような外国人労働者問題は、トランスナショナルな問題として社会学でも検討されるべき問題である。言い方を変えると、こうした問題はパーソナル・ローカル・ナショナルな視座だけでなく、リージョナル・グローバルな観点からも検討されなければならない。そして狭い「ナショナルな枠」を超えて、近隣のアジア・環太平洋地域の社会学者たちとの協力関係を拡大させていくことも、日本社会学にとって緊急かつ重要な課題である。ちなみに、こうしたことを国際化と称するならば、それはそれでよい。だが「国際」という語は、国家を不動のものとして不問にして「国家」と「国家」との「際」という意味合いを持ちがちである。しかし肝心なことは、現実に進行しつつある、国家の枠を超えた人びとの社会的交流による問題解決への道である。

日本社会学会は現在、「国際化」の推進を掲げつつ、たとえば二一世紀に入って年次大会でアジアからの研究者を招聘する「アジア・セッション」を設けたり、二〇〇七年度からは日本社会学会と韓国社会学会との学術協定に基づく学会大会での相互招聘による「日韓ジョイントパネル」の開催をスタートさせたり、またアジアを中心とする若手社会学者のセッションや英語部会の発足といった試みも開始している。これらはいずれも小さな一歩にすぎないが、日本社会学にとってはこれまでみられなかった画期的な試みである。現在は、中国社会学会や台湾社会学会との学術交流協定も進行中で、二〇〇九年の日本社会学会の年次大会には中国社会学会長が招聘され、さらに日本社会学会の組織委員会を中心に二〇一四年には国際社会学会の第一八回「世界社会学会議」横浜大会が開催された。国境を超えたこのような学術交流それ自体が、これまでの日本社会学会の閉ざされがちであった扉を確実に開いていくひとつの道であろう。社会学理論もこうした事態に的確に対応していくべき段階にあると言えよう。

以上、日本社会学にとって「国際化」が問われていること、すなわちグローバル化やトランスナショナルな問題が、日本社会の課題であるだけでなく、日本の社会学の、そしてとりわけ国家論をも検討の組上に載せなければならない社会学理論にとっても、緊急な課題であると示唆してきた。しかも、そうした社会学的思考は、「国家」間の国際関係・国際交流といったレベルにおいてではなく、むしろ人と人との関係、いわば人際《にんさい》関係・人際交流という社会的交流においても展開されるべきだろう。ちなみに、人際関係・人際交流とは、筆者が現象学および現象学的社会学の「間主観性」概念から展開している概念であり[19]、それが現象学の間身体性やB・S・ターナーのいう人間に共通の「傷つきやすさ(vulnerability)」といった概念と結びつくことにおいて、普遍的な「人権」の概念ともかかわってくる点でも重要な概念だと考えている[20]。

現在、人際交流とくに社会学者の交流においては、国家間や組織間などでの結び付きももちろん重要であるが、その基礎にある社会学研究者同士の、あるいは社会学者と一般の人びととの間のトランスナショナルな協働ないし関係がより喫緊の課題であろう(21)。要するに、国民国家の狭い枠を超えて、トランスナショナルにリージョナル／グローバルな関係性を構築していくためには、足元のいわば草の根の「人際交流」に基づく関係性の創造が求められているのである。「外からの圧力」に影響を受けながら、同時に下からの、しかもトランスナショナルな、新たな動きの活性化が、グローバルな現実に対する重要ないわばコスモポリタン的対応に連なっていく(西原、二〇一六、参照)。それは、社会学の展開においても、そして本章が焦点を当ててきた社会学理論の展開においても、これまで十分ではなかったからこそ、いま強く求められていることだと最後に述べておきたい。

注

(1) 戦前の帝国期日本は、「五族協和」を謳いながらも、実質上は(台湾や朝鮮半島の統治にみられるように)皇民化政策をとるなどして、同化の強制の方向に走っていった。その経験も含めて、日本文化に同化させるのではなく、「多文化」を認め「共生」するのが新たな目標であるとされる。そうした事態に、日本社会学はどう対処すべきなのか。

(2) 戦前の日本社会学に関しては、阿閉・内藤編(一九五七)、河村(一九七三、一九七五)、秋元(一九七九)、川合・竹村編(一九九八)、小笠原(二〇〇〇)などを参照されたい。なお、本論のこの個所の記述は、西原・杉本(二〇〇一)に依拠している。

(3) もちろんここで戦後の日本というのは、すでに本書の各章でも触れられてきているが、一九四五年の日本の敗戦後から現在までを指している。とはいえ、とりわけ二一世紀日本において青年期を過ごす今日の若い人びとにとって、「戦後」は、いわゆる高度成長期の終わりごろ、だいたい一九七〇年代の半ばごろまでを指すというイメージもある。また「戦後」というのは「戦前」（および戦中）と対になる言葉だが、その両者には断絶とともに連続もある。そしてさらに、戦後といっても必ずしも単線的なものでないし、まして二一世紀に入った日本社会は、二〇世紀とは異なる状況も生まれている。日本の社会学の歴史を振り返ることは、ある意味で日本社会の歴史を振り返ることである。もちろん、懐古的に歴史を振り返りたいのではない。歴史的検討は、過去を踏まえて現在を考え、未来を展望するためである。この視点から、戦後日本の社会学理論の展開を考えてみたい。

(4)ただし、ここでは戦前を含めた高田社会学それ自体を検討するつもりはないことを断わっておく。

(5)もちろん、こうした言明は、高田の「基礎社会」論の理論的展開として語られているのではあるが、この段階の高田社会学の射程がどこまで広がっていたかを示すものであろう。

(6)この一九六〇年頃のデータの出典は福武（一九七四：一二七〇）である。だが、そこで福武がおこなっていた三つの専攻分野の自己申告第一位に関するデータはここでは用いない。その理由は、自己申告者本人が専攻分野リストの番号順に自己の専攻を申告する可能性を排除できないからである。その一九八〇年頃、二〇〇〇年頃に対応するデータは、「日本社会学会会員名簿」に記載されている、会員自身が自己申告した専門分野の選択のデータをまとめたものである。ただし、表1に関しては、学会の専攻分野の分類数自体が増加していること、機関会員はカウントしていないこと、などの注意が必要であろう。したがって、以下のデータは、おおよその動向を把握するためにのみ用いるものであることを但し書きしておきたい。

(7)ただし、一九五六—五七年には「特集」と銘打って当該号に複数著者ないしは研究会によるかなり長文の単独論文が掲載されているが、リストにあるような複数論文からなる特集とは意味合いが異なるので、この表からは除外してある。ちなみに、合計四回なされたこの単独論文形式の特集のテーマは、産業・労働、犯罪・非行、家族、教育の四つのテーマであった。

(8)この表の作成に当たっては、『評論』の論文（投稿、依頼を問わない）と研究ノートを用いた。ただし書評および書評的な研究ノートは除いた。年代は当該年度分を含む。また、たとえば「ウェーバー社会学」「パーソンズ理論」「初期マルクス」など人名を使用した表現はカウントした。ただし、「マルクス主義」「デュルケム学派」、あるいは人名を冠しない「機能主義」「現象学的社会学」などの学派名はカウントしていない。タイトル（主題・副題）で複数の人名が挙げられているものはそれぞれ一としてカウントしてある。ただし、一タイトルに同一人名が出てくるケースは一つとみなした。なお、こうしたやり方を採用すれば、ウェーバー・ヴェーバーなど日本語表記の異なるものは、本章の表記法で統一した。そして、内外の社会学雑誌においても同一基準で比較可能になるという「読み」があることを付け加えておく。

(9) 表3からは、二一世紀の〇〇年代に社会学者の名前を冠する論文が激減している点など興味深い論点があるが、今回は触れない。なお、戦後の日本の社会学史に関しては、しばしば戦前の成果や問題点には反省的なまなざしが向けられてきたが、戦後全体の日本社会学を扱った著作は残念ながら非常に少ない。富永（二〇〇四）、庄司（二〇〇二）は労作であるが、部分的である。また論稿としても、主要なものは『評論』における「戦後五〇年特集」や「還暦を迎える日本社会学」などの諸論稿が、また「講座もの」における論稿としては、『社会学講座1』（高坂・厚東編、一九九八）や『岩波講座 現代社会学 別巻』（井上ほか編、一九九七）所収の諸論稿が目につく程度であろう。二一世紀に入って、さらに二〇世紀日本社会学に関するいくつか学説史的総括が試みられるであろうが、現時点では必ずしも十分な検討がなされているとは言えないのが実情である。本章の主眼を戦後日本の理論社会学の動向サーヴェイに置きたいと考えた理由のひとつはここにある。ただし、未来志向の議論が主眼であるが。

(10) 以下の記述は、西原・杉本（二〇〇一）で論じた点を繰り返している。ちなみに、高田が京都帝国大学、新明が東北帝国大学に在職していたのに対し、尾高や福武が新制の東京大学での社会学の指導的立場にあったことは、その後の日本社会学の動向になにがしかの影響を与えたであろう。その人脈に関しては、古いが山岡（一九八三）も参考になる。

(11) ちなみに、マルクス主義の影響の強い「講座もの」が編まれるのもこの時期である。濱島編（一九六四）参照。

(12)ちなみに、一九九八年の世界社会学会議（於：モントリオール）での「影響を受けた二〇世紀の社会学者の著作・トップテン」（参加者へのアンケート調査）は、①ヴェーバー『経済と社会』（二〇・九％）、②ミルズ『社会学的想像力』（一三・〇％）、③マートン『社会理論と社会構造』（一一・四％）、④ヴェーバー『プロテスタンティズムの倫理と資本主義の精神』（一〇・三％）、⑤バーガー＝ルックマン『現実の社会的構成』（九・九％）、⑥ブルデュー『ディスタンクシオン』（九・五％）、⑦エリアス『文明化の過程』（六・六％）、⑧ハーバーマス『コミュニケイション的行為の理論』（六・四％）、⑨パーソンズ『社会的行為の構造』（六・二％）、⑩ゴフマン『日常生活における自己提示』（邦訳名『行為と演技』）（五・五％）であったようだ（梶谷、一九九九：一二四を参照）。リスト作成の方法はまったく異なるにせよ、本章のリストと、この世界社会学会議のトップテンとを比較してみると、本章のリストの方法では、⑤バーガー＝ルックマンや⑦エリアスの名が一回もカウントされていないなど興味深い点が浮かび上がってくると思われるが、ここではこれ以上立ち入らない。

(13)東信堂の本企画全体もこのような出版プロジェクトのひとつである。なお、このような講座ものではないが、この時期に多数の論者が寄稿して社会学理論を回顧的に再検討している著作として、北川・宮島編（一九九六）などがある。

(14)フーコーに関しては、実質的に二つの論文で論じられているが、一つとみなした。

(15)最初の二つの著作の中心編者であった新睦人によって、いわばパートⅢに対応する形で同一出版社から編まれた。

(16)国際社会学は馬場（一九八〇）の提唱によるところが大きいと言われている。ただし「国際社会学」と銘打った本格的な著作の展開は、駒井洋らによって先鞭がつけられたと言うべきであろう（竹中・駒井編一九八五、駒井　一九八九）。

(17)梶田はその後も、国際社会学と銘打った著書を刊行している（梶田　一九九五）。なお、そうした著作がその後もいくつか刊行されているが割愛せざるをえない。ただし最近、ベテランの社会学者の日本における国際社会学のレビューを中心とした著作（三橋、二〇〇八）や、比較的若い世代による単独の著書として「国際社会学」の名を冠した著作が刊行されたことも付け加えておく（樽本、二〇〇九）。

(18) 国際社会学会（International Sociological Association）の五五ある研究委員会（Research Committees）の第一は、「軍事力と紛争解決の社会学」である。また一六番目は「社会学理論」であり、三一番目は「移民の社会学」であるが、とくに国際社会学という委員会はない。それは自明な前提と言うべきだろう。

(19) 新編（二〇〇六）の第一章「現象学的社会学」の拙論および西原（二〇一〇）を参照願いたい。

(20) ここでは詳述する紙幅はないが、普遍的な概念として人権を考える基盤は、万人に共通な私たちの傷つきやすい（vulnerable）身体をいかに（安全に）守るかという点にある。Turner (2006)、参照。

(21) その際に私たちは、英語によるコミュニケーションを強いるだけでなく、増大する留学生をはじめとした通訳者＝媒介者のトランスナショナルな存在にも十分に目を向けることができる点を付け加えておく。

文献

秋元律郎、一九七九年、『日本社会学史』早稲田大学出版部。

青井和夫編、一九七四年、『社会学講座1　理論社会学』東京大学出版会。

新睦人ほか、一九七九年、『社会学のあゆみ』有斐閣。

新睦人ほか編、一九八四年、『社会学のあゆみパートⅡ——新しい社会学の展開』有斐閣。

新睦人編、二〇〇六年、『新しい社会学のあゆみ』有斐閣。

阿閉吉男・内藤莞爾編、一九五七年、『社会学史概論』勁草書房。

馬場伸也、一九八〇年、『アイデンティティの国際政治学』東京大学出版会。

福武直、一九七四年、「日本社会学」福武直編『社会学講座18　歴史と課題』東京大学出版会。

濱島朗編、一九六四年、『現代社会学講座1 体制の社会学』有斐閣。

——編、一九七五年、『社会学講座2 社会学理論』東京大学出版会。

井上俊ほか編、一九九六年、『岩波講座 現代社会学24 民族・国家・エスニシティ』岩波書店。

——ほか編、一九九七年、『岩波講座 現代社会学 別巻 現代社会学の理論と方法』岩波書店。

梶田孝道編、一九九二年、『国際社会学』名古屋大学出版会。

——、一九九五年、『国際社会学』放送大学教育振興会。

——・宮島喬編、二〇〇二年、『国際社会1 国際化する日本社会』東京大学出版会。

梶谷素久、一九九九年、『社会学と日本』学文社。

川合隆男・竹村英樹編、一九九八年、『近代日本社会学者小伝——書誌的考察』勁草書房。

河村望、一九七三、一九七五年、『日本社会学史研究（上／下）』人間の科学社。

北川隆吉・宮島喬編、一九九六年、『20世社会学理論の検証』有信堂高文社。

駒井洋、一九八九年、『国際社会学研究』日本評論社。

高坂健次・厚東洋輔編、一九九八年、『講座社会学1 理論と方法』東京大学出版会。

厚東洋輔、一九九八年、「日本の社会学の戦後五〇年」高坂・厚東編、一九九八年、所収。

松井隆志、二〇〇四年、「東京帝国大学社会学研究室の戦争加担」『ソシオロゴス』No.28。

三橋利光、二〇〇八年、『国際社会学の挑戦』春風社。

西原和久、一九九四年、『社会学的思考を読む』人間の科学社。

——、一九九八年、『意味の社会学——現象学的社会学の冒険』弘文堂。

——、二〇〇三年、『自己と社会——現象学の社会理論と〈発生社会学〉』新泉社。

——、二〇〇六年、「日本の社会学史」宇都宮京子編『よくわかる社会学』ミネルヴァ書房。

——、二〇一〇年、『間主観性の社会学理論——国家を超える社会の可能性（1）』新泉社。

——、二〇一六年、『トランスナショナリズムと社会のイノベーション——越境する国際社会学とコスモポリタン的志向』東信堂。

Nishihara, K. 2010, The Development of Japanese Sociological Theory and its'Responsibility' to the Asian Future, *Colloquium: The New Horizon of Contemporary Sociological Theory*, No.5.

——・杉本学、二〇〇一年、「社会学理論と日本の社会学」情況編集部編『社会学理論の〈可能性〉を読む』情況出版。

小笠原真、二〇〇〇年、『日本社会学史への誘い』世界思想社。

小倉充夫・加納弘勝編、二〇〇二年、『講座社会学16　国際社会』東京大学出版会。

佐久間孝正編、一九九〇年、『現代の社会学史』創風社。

新明正道、一九五四年、『社会学史概説』岩波書店。

新明正道編、一九七三年、『社会学思想』学文社。

庄司興吉、一九七五年、『現代日本社会科学史序説』法政大学出版局。

——、二〇〇二年、『日本社会学の挑戦』有斐閣。

塩原勉、一九九八年、「日本の社会と社会学」高坂・厚東編、一九九八年、所収。

鈴木幸壽編、一九七二年、『社会学史』、改訂版［一九八二］、新版［一九九五］年、学文社。

高田保馬、一九二六年、『社会関係の研究』岩波書店。

——、一九四七年、『世界社会論』中外出版。

竹中和郎・駒井洋、一九八五年、『地球社会のなかの日本——国際社会学のすすめ』有斐閣。

樽本英樹、二〇〇九年、『よくわかる社会学』ミネルヴァ書房。

戸田貞三、一九三三年、『社会調査』時潮社。

富永健一、二〇〇四年、『戦後日本の社会学』東京大学出版会。

Turner, B. S. 2006, *Vulnerability and Human Rights*, Pennsylvania University Press.

山岡栄市、一九八三年、『人脈社会学——戦後日本社会学史』御茶の水書房。

ヤ行

ラ行

ワ行

ハ行

マ行

ナ行

タ行

サ行

事項索引

ア行

カ行

ナ行

ハ行

サ行

タ行

人名索引

ア行

カ行

島薗　進（しまぞの　すすむ）　上智大学神学部特任教授。東京大学名誉教授。
1948年生まれ。東京大学大学院人文科学研究科博士課程単位取得退学。
【主要著作・論文】『現代救済宗教論』（青弓社、1992年）、『時代のなかの新宗教』（弘文堂、1999年）、『ポストモダンの新宗教』（東京堂出版、2001）、『〈癒す知〉の系譜』（吉川弘文館、2003年）、*From Salvation to Spirituality*（Trans Pacific Press, 2004）、『宗教学の名著30』（筑摩書房、2008年）、『国家神道と日本人』（岩波書店、2010年）。

佐藤　健二（さとう　けんじ）　東京大学大学院人文社会系研究科教授。
1957年生まれ。東京大学大学院社会学研究科博士課程中退、博士（社会学）。
【主要著作・論文】『読書空間の近代』（弘文堂、1987年）、『流言蜚語』（有信堂高文社、1995年）、『社会調査史のリテラシー』（新曜社、2011年）、『ケータイ化する日本語』（大修館書店、2013年）、『論文の書きかた』（弘文堂、2014年）、『柳田国男の歴史社会学』（せりか書房、2015年）、『浅草公園凌雲閣十二階』（弘文堂、2016年）。

執筆者紹介

※編者は奥付参照

吉野　英岐（よしの ひでき）　岩手県立大学総合政策学部教授。
1960年生まれ。慶應義塾大学大学院社会学研究科博士課程単位取得退学。
【主要著作・論文】「戦後日本の地域政策」『地域社会学講座　第3巻　地域社会の政策とガバナンス』（岩崎信彦・矢澤澄子監修、東信堂、2006年）、「東日本大震災後の農山漁村コミュニティの変容と再生―岩手県沿岸地域での調査から」（コミュニティ政策学会編『コミュニティ政策10』、東信堂、2012年）、「昭和・平成の合併における地域統合政策の展開と課題―青森県八戸市南郷区を事例として」（佐藤康行編・日本村落研究学会企画『村落社会研究49 検証・平成の大合併と農山村』、農文協、2013年）。

†**藤田　弘夫**（ふじた ひろお）　元慶應義塾大学文学部教授。
1947年生まれ。2009年没。慶應義塾大学大学院社会学研究科博士課程修了、博士（社会学）。
【主要著作・論文】『都市の論理』（中公新書、2008年）、『路上の国柄―ゆらぐ「官尊民卑」』（文藝春秋社、2006年）、『都市と文明の比較社会学』（東京大学出版会、2003年）。

丹辺　宣彦（にべ のぶひこ）　名古屋大学大学院環境学研究科教授。
1960年生まれ。東京大学大学院社会学研究科博士課程単位取得退学。
【主要著作・論文】「産業の近代化と社会的空間」『講座社会学5　産業』（東京大学出版会、1999年）、『社会階層と集団形成の変容』（東信堂、2006年）、『豊田とトヨタ―産業グローバル化先進地域の現在』（共編著、東信堂、2014年）。

山下　　充（やました みつる）　明治大学経営学部准教授。
1966年生まれ。早稲田大学大学院文学研究科社会学専攻博士課程修了、博士（文学）。
【主要著作・論文】『「働くこと」を社会学する』（小川慎一・山田信行・金野美奈子・山下充著、有斐閣、2015年）、『工作機械産業の職場史1889-1945』（早稲田大学出版部、2002年）。

中西　祐子（なかにし　ゆうこ）　武蔵大学社会学部教授。
1968年生まれ。お茶の水女子大学大学院人間文化研究科博士課程修了。博士（学術）
【主要著作・論文】『ジェンダー論をつかむ』（共編著、有斐閣、2013年）、『格差社会を生きる家族』（共編著、有信堂高文社、2011年）、『ジェンダー・トラック―青年期女性の進路形成と教育組織の社会学』（東洋館出版社、1998年）。

編者紹介

池岡　義孝（いけおか　よしたか）

早稲田大学人間科学学術院教授。

1952年生まれ。早稲田大学大学院文学研究科単位取得学。

【主要著作】

『戦後家族社会学文献選集』（共同監修、日本図書センター、2009年）。

「戦後家族社会学の成立と家族調査」『年報社会科学基礎論研究』第2号（社会科学基礎論研究会、2003年）。

「戦後家族社会学の展開とその現代的位相」『家族社会学研究』22（2）号（日本家族社会学会、2010年）。

西原　和久（にしはら　かずひさ）

成城大学社会イノベーション学部教授。名古屋大学名誉教授。

1950年生まれ。早稲田大学文学研究科博士課程単位取得退学、博士（社会学）

【主要著作】

『意味の社会学―現象学的社会学の冒険』（弘文堂、1998年）。

『自己と社会―現象学の社会理論と〈発生社会学〉』（新泉社、2003年）。

『間主観性の社会学理論―国家を超える社会の可能性［1］』（新泉社、2010年）。

『トランスナショナリズムと社会のイノベーション―越境する国際社会学とコスモポリタン的志向』（東信堂、2016年）。

Reality of Post-war Japanese Sociology

シリーズ社会学のアクチュアリティ：批判と創造2

戦後日本社会学のリアリティ――せめぎあうパラダイム

2016年10月31日　初版　第1刷発行　〔検印省略〕

＊定価はカバーに表示してあります

編者©池岡義孝・西原和久　発行者　下田勝司　印刷・製本　中央精版印刷

東京都文京区向丘1-20-6　郵便振替　00110-6-37828

〒113-0023　TEL 03-3818-5521（代）　FAX 03-3818-5514

発行所　株式会社　東信堂

E-Mail tk203444@fsinet.or.jp　URL: http://www.toshindo-pub.com/

Published by TOSHINDO PUBLISHING CO.,LTD.

1-20-6,Mukougaoka, Bunkyo-ku, Tokyo, 113-0023, Japan

ISBN978-4-7989-1392-6　C3336　

刊行の辞

今日、社会学はかつての魅力を失いつつあるといわれる。19世紀の草創期以来、異端の学問であった社会学は徐々にその学問的地位を確立し、アカデミズムのなかに根を下ろし、多くの国で制度化された学となってきた。だがそうした制度的安定と研究の蓄積とは裏腹に、社会学は現代の内奥に、触れれば血のほとばしるようなアクチュアリティに迫れないでいるようにみえるのはなぜであろうか。

だが、ことは社会学にとどまるまい。9・11アメリカ同時多発テロで幕を開けた21世紀の世界は、人々の期待をよそに、南北問題をはじめ、民族・文化・宗教・資源・貿易等をめぐる対立と紛争が荒れ狂う場と化しつつある。グローバル化のなか政治も経済も、いや暴力もが国境を越え、従来の主権国家はすでに国民の安全を保障しえない。こうした世界の悲惨と、今日アカデミズムが醸《かも》し出しているそこはかとない「安定」の風景との間には、もはや見逃しがたい落差が広がりつつあるのは否めない。

われわれに現代社会が孕む対立と悲惨を解決する能力があると思い上がっているわけではない。しかしわれわれはこうした落差を強く意識することをバネに、現代最先端の課題に正面から立ち向かっていきたいと思っている。そのための武器は一にも二にも「批判《クリティーク》」、すなわち「自明とされているもの」を疑うことであろう。振り返れば、かつて後発の学であった社会学は、過去の既成の知を疑い批判することを身上として発展してきたのだ。過去に学びつつ過去と現在を批判的視点で見つめ直し、現代に即した「創造《クリエーション》」をめざすこと、それこそが本シリーズの目標である。その営みを通じて、われわれが現在いかなる岐路に立ち、そこで何をなすべきかを明らかにしたいと念願している。

2004年11月10日

シリーズ **社会学のアクチュアリティ：批判と創造**
企画フェロー一同

シリーズ 社会学のアクチュアリティ：批判と創造 全12巻

企画フェロー：武川正吾　友枝敏雄　西原和久　藤田弘夫　山田昌弘　吉原直樹

西原和久・宇都宮京子編
既刊 **第1巻 クリティークとしての社会学**——現代を批判的に見る眼
[執筆者] 西原和久、奥村隆、浅野智彦、小谷敏、宮原浩二郎、渋谷望、早川洋行、張江洋直、山嵜哲哉、宇都宮京子

池岡義孝・西原和久編
本書 **第2巻 戦後日本社会学のリアリティ**——せめぎあうパラダイム
[執筆者] 池岡義孝、吉野英岐、藤田弘夫、丹辺宣彦、山下充、中西祐子、島薗進、佐藤健二、西原和久

友枝敏雄・厚東洋輔編
既刊 **第3巻 社会学のアリーナへ**——21世紀社会を読み解く
[執筆者] 友枝敏雄、馬場靖雄、花野裕康、竹沢尚一郎、飯島秀治、今田高俊、室井研二、梶田孝道、内海博文、厚東洋輔

吉原直樹・斉藤日出治編
既刊 **第4巻 モダニティと空間の物語**——社会学のフロンティア
[執筆者] 吉原直樹、斎藤道子、和泉浩、足立崇、大城直樹、小野田泰明、植木豊、酒井隆史、斉藤日出治

佐藤俊樹・友枝敏雄編
既刊 **第5巻 言説分析の可能性**——社会学的方法の迷宮から
[執筆者] 佐藤俊樹、遠藤知巳、北田暁大、坂本佳鶴恵、中河伸俊、橋本摂子、橋爪大三郎、鈴木譲、 友枝敏雄

草柳千早・山田昌弘編
第6巻 日常世界を読み解く——相互行為・感情・社会
[執筆者] 草柳千早、好井裕明、小林多寿子、阪本俊生、稲葉昭英、樫田美雄、苫米地伸、三井さよ、山田昌弘

山田昌弘・宮坂靖子編
第7巻 絆の変容——家族・ジェンダー関係の現代的様相
[執筆者] 山田昌弘、田中重人、加藤彰彦、大和礼子、樫村愛子、千田有紀、須長史生、関泰子、宮坂靖子

藤田弘夫・浦野正樹編
既刊 **第8巻 都市社会とリスク**——豊かな生活をもとめて
[執筆者] 藤田弘夫、鈴木秀一、中川清、橋本和孝、田中重好、堀川三郎、横田尚俊、麦倉哲、大矢根淳、浦野正樹

新津晃一・吉原直樹編
既刊 **第9巻 グローバル化とアジア社会**——ポストコロニアルの地平
[執筆者] 新津晃一、成家克徳、新田目夏実、池田寛二、今野裕昭、倉沢愛子、ラファエラ・D.ドゥイアント、青木秀男、吉原直樹

松本三和夫・藤田弘夫編
第10巻 生命と環境の知識社会学——科学・技術の問いかけるもの
[執筆者] 松本三和夫、額賀淑郎、綾野博之、定松淳、鬼頭秀一、鎌倉光宏、田村京子、澤井敦・小谷敏、藤田弘夫

武川正吾・三重野卓編
既刊 **第11巻 公共政策の社会学**——社会的現実との格闘
[執筆者] 武川正吾、神山英紀、三本松政之、岡田哲郎、秋元美世、鎮目真人、菊地英明、下夷美幸、三重野卓

市野川容孝・武川正吾編
第12巻 社会構想の可能性——差異の承認を求めて
[執筆者]市野川容孝、山脇直司、山田信行、金井淑子、金泰泳、石川准、風間孝、井口高志、広井良典、武川正吾

※未刊の副題は仮題を含む

東信堂

〔シリーズ　社会学のアクチュアリティ：批判と創造　全12巻〕

クリティークとしての社会学—現代を批判的に見る眼　西原和久・宇都宮京子編　一八〇〇円
都市社会とリスク—豊かな生活をもとめて　藤田弘夫・浦野正樹編　二〇〇〇円
言説分析の可能性—社会学的方法の迷宮から　佐藤俊樹・友枝敏雄編　二〇〇〇円
グローバル化とアジア社会—ポストコロニアルの地平　新津晃一・吉原直樹編　二三〇〇円
公共政策の社会学—社会的現実との格闘　武川正吾・三重野卓編　二〇〇〇円
社会学のアリーナへ—21世紀社会を読み解く　友枝敏雄・厚東洋輔編　二一〇〇円
モダニティと空間の物語—社会学のフロンティア　吉原直樹・斉藤日出治編　二六〇〇円
戦後日本社会学のリアリティ—せめぎあうパラダイム　池岡義孝・西原和久編　二六〇〇円

〔地域社会学講座　全3巻〕

地域社会学の視座と方法　似田貝香門監修　二五〇〇円
グローバリゼーション／ポスト・モダンと地域社会　古城利明監修　二五〇〇円
地域社会の政策とガバナンス　岩崎信彦・矢澤澄子監修　二七〇〇円

〔シリーズ世界の社会学・日本の社会学〕

タルコット・パーソンズ—最後の近代主義者　中野秀一郎　一八〇〇円
ゲオルグ・ジンメル—現代分化社会における個人と社会　居安正　一八〇〇円
ジョージ・H・ミード—社会的自我論の展開　船津衛　一八〇〇円
アラン・トゥーレーヌ—現代社会のゆくえと新しい社会運動　杉山光信　一八〇〇円
アルフレッド・シュッツ—主観的時間と社会的空間　森元孝　一八〇〇円
エミール・デュルケム—社会の道徳的再建と社会学　中島道男　一八〇〇円
レイモン・アロン—危機の時代の透徹した警世家　岩城完之　一八〇〇円
フェルディナンド・テンニエス—ゲマインシャフトとゲゼルシャフト　吉田浩　一八〇〇円
カール・マンハイム—時代を診断する亡命者　澤井敦　一八〇〇円
ロバート・リンド—アメリカ文化の内省的批判者　園部雅久　一八〇〇円
アントニオ・グラムシ—『獄中ノート』と批判社会学の生成　鈴木富久　一八〇〇円
費孝通—民族自省の社会学　佐々木衞　一八〇〇円
奥井復太郎—都市社会学と生活論の創始者　藤田弘夫　一八〇〇円
新明正道—綜合社会学の探究　山本鎭雄　一八〇〇円
米田庄太郎—新総合社会学の先駆者　中久郎　一八〇〇円
高田保馬—理論と政策の無媒介的統一　北島滋　一八〇〇円
戸田貞三—家族研究・実証社会学の軌跡　川合隆男　一八〇〇円
福武直—民主化と社会学の現実化を推進　蓮見音彦　一八〇〇円

〒113-0023　東京都文京区向丘1-20-6　TEL 03-3818-5521　FAX03-3818-5514　振替 00110-6-37828
Email tk203444@fsinet.or.jp　URL:http://www.toshindo-pub.com/

※定価：表示価格（本体）＋税